Turismo e meio ambiente

ABDR
CÓPIA NÃO AUTORIZADA É CRIME
ASSOCIAÇÃO BRASILEIRA DE DIREITOS REPROGRÁFICOS
RESPEITE O DIREITO AUTORAL

Preencha a **ficha de cadastro** no final deste livro
e receba gratuitamente informações
sobre os lançamentos e as promoções da
Editora Campus/Elsevier.

Consulte também nosso catálogo
completo e últimos lançamentos em
www.elsevier.com.br

Turismo e meio ambiente

Regina Ferraz Perussi
Sidnei Raimundo
Silvia Maria Bellato Nogueira
Thalita Campos Lima

Reinaldo Miranda de Sá Teles (org.)
Edson Cabral
Fabrício Scarpeta Matheus
Fernando Kanni

© 2011, Elsevier Editora Ltda.

Todos os direitos reservados e protegidos pela Lei nº 9.610, de 19/02/1998.
Nenhuma parte deste livro, sem autorização prévia por escrito da editora, poderá ser reproduzida ou transmitida sejam quais forem os meios empregados: eletrônicos, mecânicos, fotográficos, gravação ou quaisquer outros.

Copidesque: C&C Criações e Textos Ltda.
Revisão: C&C Criações e Textos Ltda.
Editoração Eletrônica: C&C Criações e Textos Ltda.
Tradução: Quase a mesma coisa
    Ana Paula Spolon e Jorge Camargo

Elsevier Editora Ltda.
Conhecimento sem Fronteiras
Rua Sete de Setembro, 111 – 16º andar
20050-006 – Centro – Rio de Janeiro – RJ – Brasil

Rua Quintana, 753 – 8º andar
04569-011 – Brooklin – São Paulo – SP

Serviço de Atendimento ao Cliente
0800-0265340
sac@elsevier.com.br

ISBN 978-85-352-4752-7

Nota: Muito zelo e técnica foram empregados na edição desta obra. No entanto, podem ocorrer erros de digitação, impressão ou dúvida conceitual. Em qualquer das hipóteses, solicitamos a comunicação ao nosso Serviço de Atendimento ao Cliente, para que possamos esclarecer ou encaminhar a questão.
Nem a editora nem o autor assumem qualquer responsabilidade por eventuais danos ou perdas a pessoas ou bens, originados do uso desta publicação.

CIP-Brasil. Catalogação-na-fonte
Sindicato Nacional dos Editores de Livros, RJ

T846 - Turismo e meio ambiente/Reinaldo Miranda de Sá Teles (org.).
Rio de Janeiro: Elsevier, 2011.

(Coleção Eduardo Sanovicz de Turismo)

Inclui bibliografia.
ISBN 978-85-352-4752-7

1. Turismo - Aspectos ambientais. 2. Ecoturismo I. Teles, Reinaldo, 1966-. II. Série.

11-3106.   CDD: 338.4791
                            CDU: 338.48

Autores

REINALDO MIRANDA DE SÁ TELES

Graduado e Licenciado em Geografia pela Universidade de São Paulo. Mestre e Doutor em Ciências da Comunicação, Turismo e Lazer pela Escola de Comunicações e Artes da Universidade de São Paulo. Atualmente é Professor Doutor da Escola de Comunicações e Artes da Universidade de São Paulo. Proferiu diversas palestras sobre Turismo e Meio Ambiente e Dimensão Espacial do Turismo para Universidades no Brasil e no exterior e é autor de publicações sobre o tema em forma de livros e artigos científicos. Participa do Conselho Editorial da Revista Eletrônica de Turismo Cultural e como consultor Ad hoc das Revistas *Turismo em Análise, RITUR – Revista Iberoamericana de Turismo* e *Revista Nordestina de Ecoturismo*. Atua como líder do Grupo de Pesquisa Turismo Urbano (CNPq) e como vice-coordenador do Centro de Estudos de Turismo e Desenvolvimento Social CETES, de natureza interdepartamental sediado na ECA/USP. Sua atuação está relacionada aos seguintes temas: geografia, meio ambiente, espaço urbano, planejamento turístico e lazer.

SIDNEI RAIMUNDO

Bacharel e licenciado em Geografia pela Universidade de São Paulo, possui mestrado em Geografia (Geografia Física) pela Universidade de São Paulo e doutorado em Geografia (na área de análise ambiental e dinâmica territorial) pela Universidade Estadual de Campinas – UNICAMP. Atualmente é professor doutor da Escola de Artes, Ciências e Humanidades da Universidade de São Paulo (EACH-USP), onde também orienta no programa de mestrado em "Mudança Social e Participação Política". Tem experiência no gerenciamento de unidades de conservação, na elaboração de planos de manejo e com planejamento e gestão de impactos do turismo e lazer na natureza. Desenvolve sua linha de pesquisa no manejo de áreas protegidas, análise espacial, Geografia do Lazer e do Turismo e gestão de recursos naturais.

EDSON CABRAL

Bacharel e Licenciado em Geografia pela USP e Mestre e Doutor em Geografia Física (Área de Climatologia Urbana) também pela Universidade de São Paulo. Atualmente leciona nos Cursos de Turismo e Geografia da PUC-SP e no Curso de Aviação Civil da Universidade Anhembi Morumbi. Atua como docente e orientador de pesquisas na área de Geografia do Turismo. Atuou como Profissional de Meteorologia durante 14 anos na INFRAERO e como instrutor de pilotos de despachantes operacionais de voo na TAM Linha Aéreas. É Diretor Secretário da Associação Brasileira de Climatologia.

SILVIA MARIA BELLATO NOGUEIRA

Graduada em Geografia pela Universidade de São Paulo, com licenciatura em Geografia pela Escola de Educação da Universidade de São Paulo, mestre em Organização do Espaço Geográfico pela Universidade Estadual Paulista Júlio de Mesquita Filho – Campus de Rio Claro. Possui experiência em instituições de ensino superior, na área de Turismo e Meio Ambiente. Contribuiu como professora substituta no curso de Turismo da Escola de Comunicações e Artes da Universidade de São Paulo, entre os anos de 2008 e 2009, na disciplina Dimensão Espacial do Turismo II. Atuou como consultora em planejamento turístico e na elaboração de análises de Uso da Terra e Impactos Ambientais para diversos Planos de Manejo e Gestão no Instituto Florestal de São Paulo, entre os anos de 1992 e 2005. Atualmente é Pesquisadora Científica do Instituto Florestal de São Paulo, onde ingressou por concurso público em 2007, na Seção de Geociências e, em 2010 iniciou trabalhos para a Reserva do Cinturão Verde da Cidade de São Paulo, onde atua nas áreas de Planejamento Territorial Ambiental e Turismo em Unidades de Conservação.

THALITA LIMA

Bacharel em Turismo pela Escola de Comunicações e Artes da Universidade de São Paulo (ECA-USP). Cursando atualmente licenciatura em Geociências e Educação Ambiental na Universidade de São Paulo. Experiência em Agência de Viagens e pesquisas na Fundação Instituto de Pesquisas Econômicas – FIPE.

FABRICIO SCARPETA MATHEUS

Bacharel em Turismo pela Universidade de São Paulo e especialista em Gestão Ambiental pelo Centro Universitário SENAC. Foi Gerente de Visitação Pública e Ecoturismo da Fundação para a Conservação e a Produção Florestal do Estado de São Paulo, responsável pela gestão e regulamentação do ecoturismo nas Unidades de Conservação estaduais paulistas e por programas e projetos desenvolvidos pela Fundação Florestal, como o Programa Trilhas de São Paulo e o Programa de Voluntariado em Unidades de Conservação. Trabalhou também como responsável pelo Núcleo de Gestão da Visitação para o Ecoturismo do Projeto de Desenvolvimento do Ecoturismo na Região Mata Atlântica do Estado de São Paulo, desenvolvido pela Secretaria do Meio Ambiente do Estado de São Paulo, por meio de um contrato de empréstimo junto ao Banco Interamericano de Desenvolvimento – BID. Participou da elaboração de diversos projetos de planejamento e gestão da atividade turística pela T4 Consultoria em Turismo, entre eles o Plano Gestor de Turismo de Ilhabela, Plano Diretor de Planejamento Turístico de Paraty e a Avaliação Externa do Programa Olá Turista, desenvolvido pela Fundação Roberto Marinho.

REGINA FERRAZ PERUSSI

Bacharel em Turismo e Mestre em Ciências da Comunicação pela Escola de Comunicações e Artes da Universidade de São Paulo. Atualmente é docente no Campus SENAC Santo Amaro nos Cursos Superiores de Tecnologia em Marketing, Tecnologia em Hotelaria, Tecnologia em Gastronomia, Tecnologia em Redes de Computadores, Bacharelado em Hotelaria e Bacharelado em Sistemas de Informação, ministrando disciplinas ligadas ao Turismo, à Hospitalidade e ao Marketing, além de orientadora de Trabalhos de Conclusão de Curso. Possui doze anos de experiência como docente em cursos de graduação, tendo atuado em diversas instituições de ensino superior, como Cásper Líbero, UNIP, UNIBAN, FMU e UNIFIEO. Publicou diversos artigos na área de marketing, gestão de empresas turísticas e comunicação na área de Turismo. Foi agente de viagens nacional e internacional pela CVC Turismo e atua no mercado de turismo como consultora de viagens autônoma.

FERNANDO KANNI

Bacharel em Turismo pela Universidade de São Paulo e mestre Ciências da Comunicação, Turismo e Lazer pela Escola de Comunicações e Artes da Universidade de São Paulo. Possui experiência em instituições de ensino superior, na área de Turismo e Meio Ambiente. Atualmente é professor colaborador no curso de Turismo da Escola de Comunicações e Artes da Universidade de São Paulo e atua como consultor na área de planejamento turístico.

Apresentação

Turismo: ampliar conhecimento para crescer com o Brasil

Atuar no setor do Turismo gera inúmeras oportunidades para as pessoas que estão procurando inserir-se no promissor cenário econômico brasileiro, marcado pela inclusão de milhões de novos consumidores no mercado.

Gerador de expressivos resultados para as comunidades, nas quais se torna parte do ambiente econômico, o turismo recupera a autoestima, contribui para a preservação do meio ambiente, estimula a produção cultural e incentiva centenas de atividades nos mais variados portes.

Trabalhar em Turismo, nos seus vários segmentos e atividades correlatas, pode parecer complicado, mas é uma sequência muito objetiva de atos – trata-se de equacionar corretamente a articulação entre quatro verbos – comer, dormir, comprar e visitar. Estes são os verbos que um passageiro conjuga ao chegar a seu destino, na medida em que se utiliza da oferta gastronômica (ele come fora de casa); da oferta hoteleira (ele dorme fora de casa); da oferta comercial (ele faz compras) e da oferta lúdico-cultural ou natural (ele vai visitar e conhecer o lugar). O que muda é a razão pela qual ele os conjuga: férias e lazer, negócios e eventos, visita a parentes, provar de um prato ou bebida especial, praticar esportes, além de dezenas de outras razões que podemos imaginar.

Como profissional de turismo, venho atuando há vários anos tanto no setor público como no setor privado, especialmente no mercado internacional. Neste sentido, há muito tempo me chama a atenção o crescimento da produção intelectual do turismo brasileiro. Vários colegas vêm escrevendo e refletindo sobre o desenvolvimento do turismo ao longo dos últimos anos, com muita competência. Nossa produção bibliográfica inclusive tem a qualidade de estar distribuída ao longo de praticamente todo o país, incorporando, portanto, contribuições intelectuais que espelham a diversidade e o pluralismo cultural sobre os quais o Brasil está se construindo.

No entanto, quando iniciei minhas atividades docentes na Universidade de São Paulo, em 2008, uma questão de outra qualidade começou me chamar a atenção: se por um lado é fato que o Brasil construiu uma imagem internacional completamente nova, que o país hoje se coloca como um dos agentes econômica e politicamente destacados no cenário mundial, e que este fato vem se refletindo no turismo brasileiro, por outro, nossa produção intelectual, assim como a reflexão acadêmica de nossos colegas, ainda não se encontrou com a produção estrangeira para um diálogo de qualidade.

Ou seja, encontros como é prática antiga e corrente em diversos setores da produção cultural brasileira – música, teatro ou arquitetura, por exemplo – nos quais a realização de trabalhos construídos em parceria entre autores estrangeiros e brasileiros vem produzindo resultados memoráveis e marcantes, ainda não se verificam no turismo. Apesar do crescimento gerado pela inserção do Brasil no mercado turístico internacional – em volume de passageiros, em volume de conexões aéreas internacionais, em volume expressivo de crescimento no ingresso de dólares na economia brasileira, nossa produção literária em turismo ainda não viveu uma experiência desta qualidade.

Esta é a ideia central desta coleção – partindo de textos instigantes e inovadores de autores estrangeiros, cujos temas são de interesse dos brasileiros, construir uma relação com autores nacionais de uma forma que lhes desse toda a liberdade para reconstituir os textos originais, adaptando-os à realidade latino-americana. A coragem da Editora Elsevier em oferecer seu portfólio a este projeto, confiando no resultado e na capacidade dos autores brasileiros em trazer textos estrangeiros para o ambiente cultural e técnico regional, adaptando relatos e conceitos, deve ser registrada e enaltecida.

Este diálogo tem início agora, também por acompanhar o ciclo de maturação do turismo enquanto atividade econômica no país, em relação ao cenário internacional. Se retornarmos no tempo, é possível traçar uma linha lógica de acontecimentos – a criação do Ministério do Turismo e o redirecionamento da Embratur para atuação internacional, a inserção do tema Eventos na agenda de promoção do país (2003), a criação dos Escritórios Brasileiros de Turismo (2004), o Plano Aquarela e a criação da Marca Brasil (2005) e finalmente a presença do Brasil no Top 10 do Ranking ICCA – International Congress & Convention Association em volume de realização de eventos internacionais (2006); e acompanhar a repercussão destes fatos na mídia internacional, que reage, em paralelo à implantação de cada uma das situações descritas, em grande parte pelo peso econômico que o país vai assumindo enquanto mercado consumidor, como resultado das políticas de inclusão social. O turismo beneficia-se deste cenário, pois a imagem do país vai se reconstituindo no imaginário tanto de consumidores como de decision makers ao redor do mundo, e o noticiário referindo-se ao Brasil de forma positiva começou a despontar já ao final da década passada.

Pois bem, um processo de crescimento pode ter como paralelo a adolescência: nosso corpo e nossa alma ficam um pouco contraditórios, a voz muda, os desejos são alternados entre antigos interesses infantis e os novos olhares para a futura vida adulta. Pois é exatamente neste ponto em que nos encontramos hoje, enquanto país, em relação a vários itens da agenda nacional relacionados a turismo. A cada nova etapa vencida ao longo dos últimos anos, surge um novo desafio a enfrentar – legislação, infraestrutura e capacitação, os mais comentados, são a parte visível deste adolescer do turismo brasileiro, rumo a um novo papel no cenário internacional.

Do ponto de vista da produção intelectual brasileira a criação do curso de Lazer e Turismo da Escola de Artes, Ciências e Humanidades (EACH) da Universidade de São Paulo, em 2005, representou a possibilidade de inserir no universo acadêmico uma nova geração de professores e formuladores, cuja formação, por abranger um conjunto amplo de áreas de conhecimento, e destacadamente por trazer a reflexão mais ampla sobre o lazer em suas diversas possibilidades. Ao completar seu sexto ano, tendo já graduado várias turmas e iniciado um ciclo gerador de titulação de seus professores na carreira acadêmica, o curso tem uma contribuição a fazer ao pensamento turístico brasileiro.

Daí o que representa esta coleção. A contribuição de um grupo de profissionais, todos relacionados à academia, ligados direta ou indiretamente ao curso de Lazer e Turismo da EACH/USP ou à produção teórica que dialoga com seus postulados, procurando dar corpo ao diálogo entre o turismo no Brasil e suas possibilidades, e a produção intelectual publicada ao redor do mundo, no que ela tem de contribuições a nos ofertar.

No país que conquistou o direito de realizar a Copa do Mundo e os Jogos Olímpicos, a tarefa à qual se propõe esta coleção inovadora é trazer aos leitores, sejam estes profissionais interessados em ingressar no setor ou já atuantes; sejam empreendedores ou trabalhadores; sejam estudantes de nível técnico, superior ou graduados na área, as seguintes contribuições:

- atualização: pois, reúne alguns dos melhores e mais consagrados autores estrangeiros, traduzidos e adaptados por autores brasileiros especializados nos segmentos sobre os quais escreveram;
- inovação: pois a partir dos textos originais, acrescenta conceitos e experiências da literatura turística brasileira profundamente calcados na realidade nacional e na expertise e vivência profissionais e acadêmicas de cada um dos autores;
- apoio: pois tem a capacidade de orientar objetivamente aqueles que pretendem ingressar no setor ou rever as práticas que hoje adotam em sua ação cotidiana; e
- reflexão: pois é a primeira coleção produzida após as profundas alterações institucionais pelas quais passou o turismo brasileiro com a criação de um Ministério próprio em 2003. Esta coleção vai refletir os resultados obtidos com o novo patamar alcançado pelas atividades ligadas ao turismo, assim como sua inserção na agenda econômica do país.

Convido todos a desfrutarem da coleção completa. Professores e alunos, profissionais iniciantes e experientes vão encontrar na diversidade de temas que abordamos um processo de reflexão a altura dos desafios do Brasil contemporâneo. Vão encontrar em cada um dos livros, temas que nos desafiam cotidianamente. Nosso objetivo declarado aliás, ao eleger temas e autores, era exatamente o de ampliar o universo de leitores das publicações especializadas em turismo, por meio da abordagem de temas cujo equacionamento é vital para que o Brasil esteja a altura de seu novo patamar.

Esta é a tarefa à qual nos propusemos e agora submetemos a julgamento dos leitores. Se por um lado é fato que esta nova década assiste a consolidação de um país melhor em termos de qualidade de vida sob todos os aspectos, por outro, esta situação nos cria novos desafios em termos de geração de infraestrutura e qualidade de produtos e serviços para atender este novo patamar de demandas internas e externas.

Nosso objetivo com os livros desta coleção é contribuir, por meio deste inédito diálogo entre as produções intelectuais internacional e brasileira no turismo, para que o país possa enfrentar, e novamente superar, mais este novo desafio.

São Paulo, julho de 2011

Eduardo Sanovicz

Prefácio

O estudo das interações do turismo com o meio ambiente, composto de elementos bióticos e abióticos, sempre esteve presente na academia, exigindo contribuições de diversas áreas como a Geografia, Ecologia, Arquitetura, Antropologia, Sociologia, Administração, entre outras. Por outro lado, associações de pessoas preocupadas com questões ambientais incluem em sua pauta de discussão a importância da visitação a áreas naturais como caminho para a conscientização e consequente conservação de ecossistemas. Portanto, o tema em questão não interessa apenas a teóricos, mas a sociedade como um todo.

A capilaridade do estudo do turismo e meio ambiente torna-o bastante complexo, incluindo reflexões sobre ecoturismo, desenvolvimento sustentável, conservação ambiental, responsabilidade social, planos de manejo etc. Entretanto, fica claro que existem assuntos específicos que precisam ser discutidos para que ações de planejamento, gestão e operação de turismo não prejudiquem o meio ambiente em que ocorrem e, ao mesmo tempo, proporcionem uma experiência diferenciada ao turista em meio à natureza, para a consolidação de um turismo rentável, responsável e perene.

Consciente da necessidade de uma obra sobre turismo e meio ambiente que abarcasse esses assuntos específicos, Reinaldo Miranda de Sá Teles, geógrafo formado pela Faculdade de Filosofia, Letras e Ciências Humanas da Universidade de São Paulo (FFLCH-USP) e professor de cursos de turismo, onde ministra disciplinas que tratam da dimensão espacial do turismo e suas relações com o meio ambiente, resolveu organizar a obra que aqui apresento. Como estudioso do tema, sempre manteve contatos com pesquisadores que trabalham com os assuntos relevantes para a construção do conhecimento na área. Assim, convidou três colegas geógrafos, também formados pela USP, e quatro bacharéis em Turismo formados pela Escola de Comunicações e Artes da Universidade de São Paulo (ECA-USP), alguns deles seus ex-alunos, para construir essa valiosa obra composta de nove capítulos, distribuídos em três partes.

Na primeira parte, de caráter introdutório, o capítulo 1 contextualiza a relação entre turismo e meio ambiente, apontando para os paradigmas da ecologia e da sustentabilidade como resultado de uma sociedade do consumo que se vê dependente da preservação ambiental e, ao mesmo tempo, transforma espaços naturais em produto turístico. O capítulo 2 explica o conceito de paisagem como forma de representação do lugar segundo a percepção do observador sobre o meio natural e seus habitantes, destacando que a análise da paisagem constitui-se em eficiente instrumento de planejamento e gestão do turismo. O capítulo 3 trata da influência dos elementos climáticos na atividade turística e o uso do clima como atrativo em função de baixas ou altas temperaturas e finaliza abordando questões sobre o aquecimento global.

Na segunda parte, sobre gestão do ecoturismo, o capítulo 4 indica ações e códigos de conduta que operadoras e agências de turismo devem seguir para viabilizar o segmento em unidades de conservação, descrevendo exemplos brasileiros bem-sucedidos. O capítulo 5 revela números sobre o mercado de ecoturismo e analisa as políticas de desenvolvimento dessa atividade no Brasil apontando para a importância de programas de uso público em unidades de conservação para a consolidação da prática do ecoturismo. O capítulo 6 ressalta a importância da participação da comunidade e dos conselhos gestores na gestão de unidades de conservação e explica formas de avaliação dos cinco princípios relacionados para uma "boa governança" de áreas naturais. O capítulo 7 detalha metodologias de avaliação dos impactos da visitação sobre o meio ambiente que subsidiam ações de manejo de visitantes, partindo da descrição dos passos para o cálculo de capacidade de carga proposto por Cifuentes, descrevendo as etapas de outras quatro metodologias desenvolvidas por órgãos ligados ao Serviço de Parques Nacionais e Serviço Florestal dos Estados Unidos, chegando até a explicação de uma metodologia proposta por uma consultoria australiana e outra criada pelo departamento de Parques do Canadá.

Na terceira parte, de caráter prático, o capítulo 8 discorre sobre o conceito de roteiros turísticos diferenciando atividades de ecoturismo e de turismo de aventura, explica as etapas que devem ser seguidas para o planejamento de roteiros de ecoturismo e os cuidados que se deve ter na condução de grupos em áreas naturais. O capítulo 9 fecha a obra com a discussão sobre as normas institucionalizadas ligadas à responsabilidade social e ao turismo sustentável, abordando processos de certificação e rotulagem ambiental que podem ou devem ser adotados por empreendimentos turísticos.

Pelo conteúdo apresentado, pode-se dizer que esses geógrafos e turismólogos conseguiram construir uma obra que será de muita utilidade para a formação de profissionais conscientes sobre as especificidades do ecoturismo e para balizar ações de gestores de áreas naturais com vocação para receber visitantes. Portanto, trata-se de um material de consulta completo e adequado para suprir a carência de bibliografia que aborde as especificidades brasileiras, com caráter didático-prático, elaborado com linguagem simples para que qualquer interessado pelo tema compreenda os caminhos a serem seguidos para o desenvolvimento do turismo em harmonia com o meio ambiente.

Por fim, acredito que minha experiência como pesquisadora, professora na área de planejamento e operação de turismo e coordenadora de curso me permite dizer que essa obra se tornará referência na área.

Debora Cordeiro Braga
***Coordenadora do Curso de Turismo da
Escola de Comunicações e Artes da Universidade
de São Paulo (ECA-USP)***

Sumário

PARTE 1

CAPÍTULO 1 – Turismo e meio ambiente ou turismo de natureza? Alguns apontamentos para organização dessa modalidade 3

Conceitos apresentados neste capítulo 3
Introdução 3
Da natureza e turismo para o turismo de natureza – uma modalidade segmentada 4
Turismo, preservação e conservação 10
Turismo e meio ambiente – produtos sustentáveis 12
O turismo de natureza em pauta – a busca por ações de menor impacto e melhor organização dos segmentos 16
Revisão dos conceitos apresentados 18
Atividades propostas 18

CAPÍTULO 2 – Paisagem, turismo e análise ambiental 21

Conceitos apresentados neste capítulo 21
Introdução 21
As origens e significado da paisagem 22
Técnicas de análise da paisagem com ênfase nas questões ambientais 31
Considerações finais 43
Atividades propostas 43

CAPÍTULO 3 – Clima e turismo 45

Conceitos apresentados neste capítulo 45
Introdução 45
O aquecimento global e o turismo 55
Atividades propostas 57

PARTE 2

CAPÍTULO 4 – Ações sustentáveis para o desenvolvimento do ecoturismo em unidades de conservação 61

Conceitos apresentados neste capítulo 61
Atuação das operadoras e agências de ecoturismo 61
O *marketing* responsável para o ecoturismo em unidades de conservação 65
Condução de visitantes em áreas protegidas 69
Comunidades locais e ecoturismo 72
Processos de certificação: viabilizando a sustentabilidade do turismo 77
Atividades propostas 86

CAPÍTULO 5 – Planejamento do ecoturismo em unidades de conservação no Brasil 87

Conceitos apresentados neste capítulo 87
O ecoturismo no Brasil: números e conceitos 87
Políticas e programas de desenvolvimento do ecoturismo no Brasil 90
O ecoturismo nas unidades de conservação brasileiras 97
O planejamento e a gestão ecoturismo em unidades de conservação 108
Plano de Manejo – o ponto de partida 110
Avaliação e gestão de impactos do ecoturismo em unidades de conservação 120
Políticas públicas viabilizando o ecoturismo 125
Atividades propostas 130

CAPÍTULO 6 – Gestão participativa em unidades de conservação: desenvolvimento de um método de avaliação de conselhos gestores 133

Conceitos apresentados neste capítulo 133
Introdução 133
Importância da gestão participativa em Unidades de Conservação 135
Consultas públicas para a criação de Unidades de Conservação 135
Conselhos gestores de Unidades de Conservação 136
Governança e boa governança 139
Princípios da boa governança 139
Considerações finais 144
Atividades propostas 144

CAPÍTULO 7 – Manejo de visitantes em áreas naturais 147
Conceitos apresentados neste capítulo 147
Turismo e desenvolvimento sustentável 147
Capacidade de carga e manejo dos visitantes 150
Atividades propostas 182
Atividade de campo recomendada 182

PARTE 3

CAPÍTULO 8 – Planejamento de roteiros de ecoturismo **185**
Conceitos apresentados neste capítulo 185
Introdução 185
Conceito de roteiro turístico 186
Tipologia de roteiros 188
Perfil dos roteiros de ecoturismo no Brasil 190
Etapas do planejamento de roteiros de ecoturismo 193
Componentes dos roteiros turísticos 196
Revisão dos conceitos apresentados 204
Atividades propostas 204

CAPÍTULO 9 – Desenvolvimento turístico e gestão da sustentabilidade – perspectivas de novos processos de certificação **205**
Conceitos apresentados neste capítulo 205
Introdução 205
Turismo, sustentabilidade e rotulagem ambiental 207
Perspectivas da ISO 26000 e do GSTC no setor turístico 211
Considerações Finais 215
Atividades propostas 215

Referências **217**

Parte 1

CAPÍTULO 1
Turismo e meio ambiente ou turismo de natureza? Alguns apontamentos para organização dessa modalidade

Reinaldo Miranda de Sá Teles

CONCEITOS APRESENTADOS NESTE CAPÍTULO

Este capítulo apresenta uma discussão preliminar sobre o entendimento da natureza e sua interface com o turismo. Destaca a evolução das práticas de turismo e meio ambiente e as contradições verificadas em alguns segmentos voltados a este campo. Relata os desdobramentos da prática de turismo de natureza em segmentos e apresenta discussões relacionadas às metodologias que já estão sendo colocadas em prática para contribuir e fortalecer os princípios da sustentabilidade.

INTRODUÇÃO

Embora a produção científica voltada para a natureza, atualmente, tenha aumentado significativamente, é possível afirmar que pouco se conhece desse rico universo, sobretudo quando tratamos do tema natureza e turismo; assim, inicialmente buscaremos esclarecer algumas questões que passam por um entendimento do campo teórico no que se refere à natureza. Posteriormente serão tratadas questões relacionadas à conservação e preservação, debate que deve ser analisado à luz das diferentes formas de organização social. Em seguida, é apresentada a complexidade da prática que envolve o turismo e o meio ambiente e os desdobramentos dos segmentos que buscam lugar no mercado do turismo de natureza. Discute-se, também, como o tema natureza voltado à atividade turística envolve necessariamente o entendimento de práticas que seguem princípios sustentáveis, a fim de garantir a construção de programas, planos e projetos adequados ao desenvolvimento humano e que garantam, entre outras coisas, a sustentabilidade social, e não apenas a econômica. Finalmente, a discussão segue apresentando estratégias e métodos para que o segmento se ajuste tecnicamente aos princípios sustentáveis.

DA NATUREZA E TURISMO PARA O TURISMO DE NATUREZA – UMA MODALIDADE SEGMENTADA

Viajar para áreas naturais tornou-se uma prática muito comum em todo o mundo. A crescente busca por essas áreas, associada ao aumento da demanda, promoveu, de certa maneira, uma simplificação do segmento turismo de natureza. Na tentativa de organizar o mercado turístico sob a égide de um suposto conhecimento da oferta de recursos naturais, assistimos certa homogeneização dos destinos turísticos e uma grande confusão relacionada aos conceitos que envolvem essa prática, daí a necessidade de alguns esclarecimentos acerca do tema.

Ao constatar a crise do conhecimento vivenciada na contemporaneidade, as discussões e o entendimento das contradições assistidas nos debates voltados ao tema "natureza" podem ser úteis para melhor compreender os diferentes segmentos voltados ao turismo de natureza. Com base nas afirmações de Carvalho:

> Um dos legados do pensamento característico da modernidade foi a construção de um modelo de racionalidade que alcançou sua formulação mais acabada com o filósofo René Descartes (1596-1650), no século XVII (...). A razão moderna, com Descartes, trouxe a legitimação do conhecimento para dentro do mundo humano. (...) As forças cósmicas e os deuses já não habitavam a natureza, tudo o que existia devia ser submetido ao conhecimento racional (...) (Carvalho, 2004, p. 114).

Os autores que se dedicaram aos estudos epistemológicos ligados à natureza viram, conforme citado por Carvalho (2004), a racionalidade moderna expulsar a complexidade que os levava à compreensão de totalidade marcada pelas relações de interdependência dos fenômenos espirituais e materiais.

Há certa concordância entre os autores quando afirmam que a humanidade contemplava-se com certa unicidade orgânica na relação entre homem e natureza. A conectividade dessa relação unia os ritmos de vida e de trabalho do homem. Essa condição se altera substancialmente no contexto da produção capitalista, onde a unicidade orgânica é rompida, momento em que a natureza, antes um meio de subsistência do homem, passa a integrar o conjunto dos meios de produção do qual o capital se beneficia.

Para Latour (2004), nada mais instável que a noção de natureza. Em sua obra *Políticas da natureza* (**Figura 1.1**), a palavra designa três elementos diferentes:

a) uma parte do mundo submissa à estrita causalidade e somente ao reino da necessidade – neste sentido, a natureza opõe-se ao reino da sociedade humana;

b) designa, ao mesmo tempo, uma parte e o conjunto, pois a sociedade humana em sua evolução não é concebida fora do quadro da causalidade;

c) pode ser entendida, então, com distinção entre a natureza (não social) e a (natureza) social (Latour, 2004, p. 96).

Figura 1.1

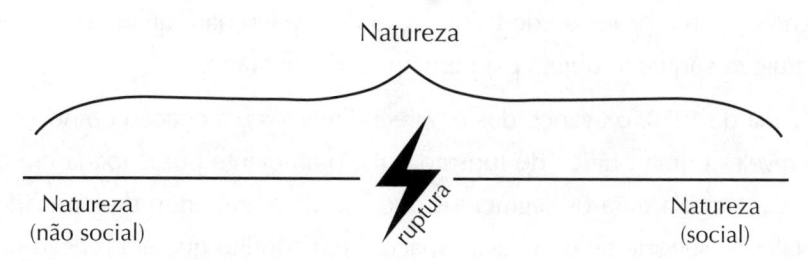

```
                    Natureza
         _____/_____
        /                        \

    Natureza         /ruptura/         Natureza
   (não social)                        (social)
```

As proposições de Latour nos encaminham para uma discussão muito comum no campo das ciências humanas e que deve se fazer presente nas reflexões acerca do conhecimento científico gerado para o fazer turístico. Isso porque assistimos a uma relação de sujeito e objeto no que tange à natureza e à existência humana. Segundo Carvalho (2004), com a separação proposta pelos métodos científicos passamos a pensar o mundo: natureza/cultura, corpo/mente, sujeito/objeto, razão/emoção (Carvalho, 2004).

Considerando que o turismo é uma área do conhecimento ainda muito recente, no que se refere a essa atividade verifica-se que era muito comum identificar a natureza, enquanto sujeito, ao se tratar de turismo e meio ambiente, sendo que o reducionismo aplicado a programas e projetos até a década de 1970, na maioria das vezes, não era adequado a uma prática que pudesse ser entendida como sustentável, e sim, apenas para atender a uma demanda avaliada no contexto do mercado capaz de responder ao modelo de produção.

A sociedade contemporânea, estruturada numa dinâmica complexa e contraditória, definiu uma organização interna, que representa um conjunto de mediações e relações que desencadeou consideráveis mudanças na relação homem-meio, levando os homens a se relacionarem com a natureza para transformá-la em produtos, fato que pode ser entendido ao observarmos o processo de ocupação do território e sua relação com a natureza.

Conforme destaca Moraes:

> (...) Numa abordagem geográfica, a história humana pode ser vista como uma progressiva apropriação da superfície terrestre pelos diferentes grupos sociais. Neste movimento, tais grupos imprimem nos espaços que acolhem características das relações que ordenam seu modo de vida. Portanto, as formas espaciais criadas pelos homens expressam muito das relações sociais vigentes na época em que foram produzidas (Moraes, 1997, p. 35).

Em se tratando do território brasileiro, observa-se que, desde o processo de colonização até a fase de intenso desenvolvimento industrial na década de 1950, não houve nenhuma preocupação com ações voltadas à conservação ambiental. Em relação à atividade turística, a busca por resultados satisfatórios na década de 1970 destacava a evolução dos empreendimentos turísticos próprios para áreas naturais que indicavam significativa oferta para uma modalidade que ganhava cada vez mais mercado no ramo. Essa condição analisada à luz das proposições destacadas por Moraes (1997) era também entendida como processo de valorização do espaço para qualquer segmento que tinha a natureza enquanto objeto para um apelo de mercado.

Na década de 1970, o avanço dos empreendimentos e a criação de novos produtos turísticos revelava uma prática do turismo e meio ambiente preocupada em atender à demanda que crescia para os segmentos que, via de regra, eram denominados ecoturismo. A falta de suporte teórico dava espaço a um conflito que era reflexo do próprio modo de produção em que estamos inseridos, fato que gerou uma discussão sobre a necessidade de debates referentes à organização dos diferentes segmentos que foram surgindo e que o próprio mercado carecia de clareza conceitual e nomenclatura própria.

Ainda na década de 1970 conhecemos vários produtos que foram elaborados com base na segmentação da modalidade turismo e meio ambiente, e muitos deles, erroneamente, eram chamados de ecoturismo, além do que, neste período, o conceito apareceu sempre confundido com o turismo sustentável, sem a devida clareza de que este é um conceito amplo que cobre todas as formas de turismo.

Num primeiro momento, os recursos naturais foram agregados aos valores de mercado; a natureza se apresentava apenas como promotora de localidades, como um cenário que agregava valor ao produto, o que em nada contribuiu para o desenvolvimento e o entendimento daquilo que era entendido como turismo e meio ambiente. Teles observa que se deve excluir ações de ordenamento da atividade turística que estejam voltadas exclusivamente para o lucro (Teles, 2009, p. 53). Assistimos nesse período ao que poderíamos chamar de ocupação predatória, com significativas mudanças sociais, econômicas e ambientais. De acordo com Teles, programas mais adequados, ajustados às realidades local e regional, visando atrair os pequenos e médios investidores, bem como os turistas de camadas intermediárias da sociedade, poderiam ser instituídos com mais sucesso, trazendo maior retorno econômico e social (Teles, 2010, p. 349). Importante destacar que a compreensão da prática de turismo e meio ambiente se mostrou equivocada em vários países do mundo, com prejuízo mais destacado para aqueles que dispunham de maior quantidade de recursos naturais.

Para entender essa relação conflituosa, sobretudo quando falamos de turismo e meio ambiente, é importante resgatar alguns apontamentos feitos por Western, em Lindberg e Hawkins (1999):

> – o século XX assistiu a uma mudança drástica e incessante nas viagens a áreas naturais;
>
> – o safári de caça de 1909, de Theodore Roosevelt, para capturar as maiores cabeças e chifres que ele pudesse encontrar é um exemplo clássico de sua época;
>
> – por volta da metade do século XX, safáris fotográficos eram definitivamente mais populares do que as caçadas, embora também baseados nos *big five* (os cinco grandes mamíferos mais populares entre os caçadores: o leão, o leopardo, o elefante, o rinoceronte e o búfalo);
>
> – Por volta dos anos 1970, o turismo de massa e individual, ainda interessado nos grandes mamíferos, estava depredando *habitats*, molestando animais e destruindo a natureza.

A intolerância às práticas muitas vezes destruidoras levou os profissionais da área a refletirem sobre a necessidade de métodos que melhor entendessem a organização das práticas turísticas. Diante da expansão de novas áreas para o turismo e, consequentemente, com o espaço tão valorizado, no intuito de proteger os recursos naturais, inicia-se, na própria década de 1970, uma corrida aos métodos de capacidade de carga, que, naquele momento, ainda não haviam se desvencilhado das análises quantitativas e que propunham controle de uso a partir do que se conhecia como capacidade de suporte. A pequena produção conhecida neste campo reduzia essa temática apenas a discussões quantitativas e fora dos planos das esferas sociais.

> **Capacidade de carga**
>
> – Origem nas ciências agrárias; no turismo, definido por Wagar, em 1964. Nível de uso que uma área pode suportar sem afetar a sua qualidade.
>
> • Métodos de capacidade de carga e padrão numérico:
>
> Baseado em números.
>
> Ex.: Método Cifuentes (carga física, carga real e carga efetiva)

A dificuldade em atender e ajustar as práticas de turismo aliadas à natureza levou entidades como a Organização Mundial do Turismo (OMT), o Instituto Brasileiro de Turismo (Embratur), o Fundo Mundial para a Vida Selvagem (World Wildlife Fund – WWF), entre outras, a buscar definições e classificações para a atividade, assim como a estabelecer diretrizes para as práticas do turismo de natureza. Considerando que, em 1965, já se especulava a origem do termo "ecoturismo", por W. Hetzer, nas décadas de 1970-1980 outras referências foram feitas no Canadá para identificar roteiros de um corredor turístico ao longo da rodovia cênica TransCanada (Oliveira, 2007). Credita-se a Ceballos-Lascuráin, em 1987, a primeira definição formal:

> Ecoturismo é viajar para áreas naturais conservadas e não perturbadas com o objetivo específico de estudar, admirar e desfrutar a paisagem e suas plantas e animais, assim como quaisquer outras manifestações culturais – passadas e presentes – nestas áreas encontradas (Instituto Ecobrasil).

Após este período, muitos dos avanços para o suporte teórico atualmente discutidos e referenciados foram formulados. Carla Rodrigues destaca que:

> (...) a maioria dos estudos hoje produzidos sobre as causas da evolução da procura de espaços naturais para fins turísticos e recreativos distinguem, basicamente, entre três razões principais:
> a) saturação do turismo convencional;[1]
> b) desenvolvimento do paradigma ecológico;
> c) comercialização do "eco" e da "natureza", assumidos, por esta via, como bens de consumo (Rodrigues, 2002).

Ao referendar o desenvolvimento do paradigma ecológico, é possível compreender que o turismo de natureza pode integrar o cotidiano das práticas turísticas de modo a incentivar a conservação dos diferentes biomas, além de levar à formação de uma consciência ambiental por meio de ações educativas, afastando assim o entendimento imposto pelo sistema econômico mostrado anteriormente, onde a natureza é vista enquanto objeto para um apelo de mercado.

Neste sentido, Rodrigues coloca que:

> (...) O novo turista é um consumidor com critérios de avaliação cada vez mais afinados (...). Este novo turista manifesta uma crescente sensibilidade pelo meio ambiente – ante os problemas ambientais e o caráter finito dos recursos – que, uma vez consolidada na sociedade, fez emergir o paradigma ecológico. (...) O turismo em espaços naturais passa a distinguir-se do turismo convencional, quer pelas motivações, quer pela atitude dos turistas face ao suporte físico que os acolhe, que, por sua vez, se distingue das outras áreas-destino pela singularidade dos seus recursos de alto valor ecológico e paisagístico, muitas vezes sujeitos a algum tipo de proteção (Rodrigues, 2002).

De acordo com Vera et al., os fatores que explicam a recente evolução do turismo em meio natural fazem parte daqueles inerentes à conjuntura seguida pelo turismo em geral e das novas tendências verificadas para o setor, quer do lado da oferta, quer do lado da procura. Ainda para estes autores, é pertinente que se avance com uma definição deste segmento turístico, frequentemente invocado para designar todas as modalidades que se

---

1 O turismo convencional surge, frequentemente, com significações pejorativas; associam-se-lhe, basicamente, expressões como "turismo de massa", "desrespeitador do ambiente" e "agressivo" pelo padrão de exploração e do modo de implementação que evidencia; por oposição a este tipo, fala-se em turismo alternativo, que inclui o turismo em espaços naturais.

baseiam num contato, mais ou menos direto, com o meio ambiente, como ponto central da oferta turística e que se sintetizam na expressão "turismo em espaços naturais" (F. Vera, L. Palomeque, J. Marchena e S. Anton, 1997).

Questões relacionadas às definições e nomenclaturas têm sido discutidas por alguns autores e pelas entidades responsáveis pelo setor. Grandes eventos, como a Conferência de Estocolmo sobre o Meio Ambiente Humano (1972), o Relatório da Comissão Mundial de Ambiente e Desenvolvimento (Relatório de Brundtland) (1987) e a ECO 92 no Rio de Janeiro, trouxeram contribuições para a formulação de conceitos que têm dado suporte aos diferentes segmentos voltados ao turismo de natureza, também conhecido como Turismo e Meio ambiente. Debates sobre preservação e conservação da natureza ganharam destaque, sobretudo, considerando que o setor encontrava-se em pleno crescimento, a discussão em torno do tema "turismo e meio ambiente". Com base neste crescimento e nas reflexões acerca da sustentabilidade, foram criadas metodologias aplicáveis às práticas turísticas e vários foram os produtos criados a partir de referências voltadas aos recursos naturais, gerando novos segmentos. A implantação de novos empreendimentos voltados ao turismo de natureza deu espaço a pesquisas que partiram para investigações teóricas, desencadeando conceitos que foram sendo reformulados à medida que as pesquisas foram avançando. Ainda hoje contamos com segmentos que não foram claramente definidos e podem conter mais de uma denominação. De acordo com o manual de segmentação elaborado pelo Ministério do Turismo, temos:

> **Turismo rural**: conjunto de atividades desenvolvidas no meio rural, comprometido com a produção agropecuária, agregando valor a produtos e serviços, resgatando e provendo o patrimônio cultural e natural da comunidade.
>
> **Turismo de aventura**: compreende os movimentos turísticos da prática de atividades de aventura de caráter recreativo e não competitivo.
>
> **Turismo de pesca**: compreende as atividades turísticas decorrentes da prática da pesca amadora.
>
> **Turismo de saúde**: constitui-se das atividades turísticas decorrentes da utilização de meios e serviços para fins médicos, terapêuticos e estéticos. Os termos turismo hidrotermal, turismo hidromineral, turismo hidroterápico, turismo termal, termalismo, turismo de bem-estar, turismo de águas e vários outros podem ser compreendidos como turismo de saúde.
>
> **Turismo de sol e praia**: constitui-se das atividades turísticas relacionadas à recreação, entretenimento ou descanso em praias, em função da presença conjunta de água, sol e calor.
>
> **Ecoturismo:** é um segmento da atividade turística que utiliza, de forma sustentável, o patrimônio natural e cultural, incentiva sua conservação e busca a formação de uma consciência ambientalista através da interpretação do ambiente, promovendo o bem-estar das populações.

Fonte: Informações adaptadas do *site*: http://www.turismo.gov.br/export/sites/default/turismo/o_ministerio/publicacoes. Acesso em 12/08/2010.

O crescimento do setor na década de 1980, aliado ao ritmo de implantação de novos projetos e associado ao aumento da demanda para a modalidade, acelerou as discussões necessárias a essa prática. No entanto, embora possamos contar com alguns bons exemplos do turismo de natureza, ainda não é possível festejar um total sucesso para este segmento. O que já se pode reconhecer nos dias de hoje são iniciativas que contribuem para a conservação da natureza e a valorização dos elementos das culturas de diversos grupos sociais.

TURISMO, PRESERVAÇÃO E CONSERVAÇÃO

Considerando que o homem se apropria da natureza de diferentes maneiras em consonância com sua finalidade, transformando o ambiente, conforme já apontado anteriormente, é necessário refletir acerca de algumas questões.

Aliar a prática turística aos princípios da sustentabilidade requer exercício constante por parte dos profissionais da área. Ter respostas a questões aqui colocadas (**Figura 1.2**) é um passo inicial para lidar com a organização da atividade.

Nos apontamentos de Western (1999), (pp.20-21), é notória a relação de apropriação da natureza enquanto mercadoria, ou seja, um ordenamento da atividade, envolvendo interesses que em nada contribuíram para o desenvolvimento e conservação dos recursos. Tal condição levou a proposições que ainda hoje são responsáveis por discussões muito complexas e que envolvem o turismo: o conservacionismo e o preservacionismo.

Figura 1.2 — Questões para dar início à discussão sobre a organização da atividade

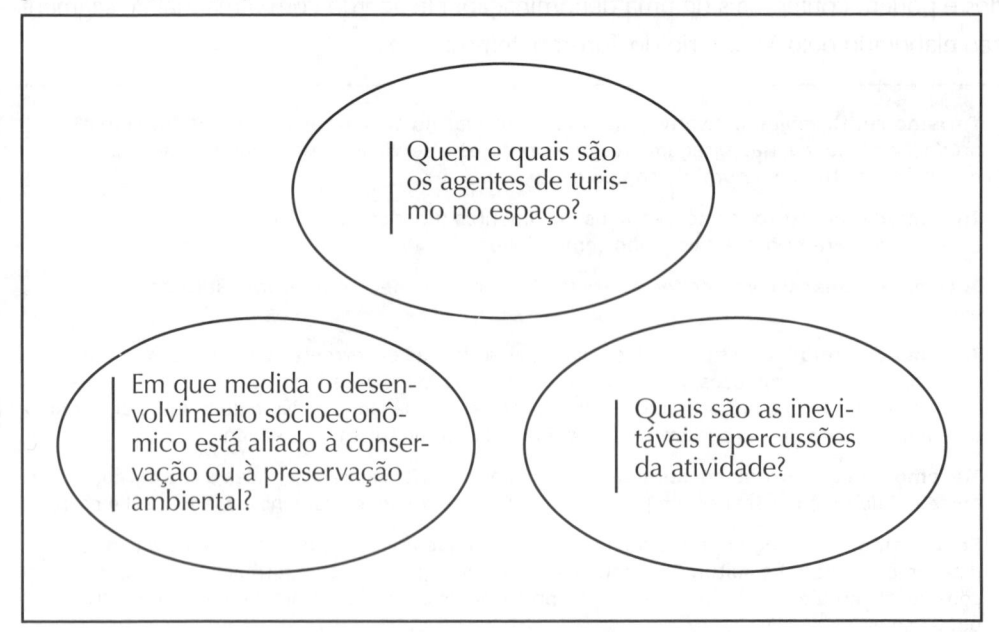

- Quem e quais são os agentes de turismo no espaço?
- Em que medida o desenvolvimento socioeconômico está aliado à conservação ou à preservação ambiental?
- Quais são as inevitáveis repercussões da atividade?

O que se busca nos profissionais, acadêmicos e do mercado, que estão voltados para essa atividade é o aprimoramento do conhecimento para cada vez mais afastarmos a contradição vivida no turismo de natureza, e aliar as políticas de desenvolvimento à conservação e preservação.

Diegues (2001), com base nas proposições de Pinchot, engenheiro florestal que criou o movimento de conservação dos recursos, apregoava o uso racional deles, fato que confirma o paradigma moderno. Essa discussão é muito presente no setor e também utilizada para pensar possibilidades de uso das áreas naturais que permitem as práticas de lazer e turismo.

Para Diegues, Pinchot agia dentro de um contexto de transformação da natureza em mercadoria. Na sua concepção, a natureza é frequentemente lenta e os processos de manejo podem torná-la eficiente; acreditava que a conservação deveria basear-se em três princípios: o uso dos recursos naturais pela geração presente; a prevenção de desperdício; o uso dos recursos naturais para benefício da maioria dos cidadãos (Diegues, 2001, p. 29).

Ainda para Diegues (2001), essas ideias foram precursoras do que hoje se chama de "desenvolvimento sustentável".

Outras discussões têm sido feitas para aprimorar as ações ligadas ao desenvolvimento sustentável. É importante resgatar as proposições elaboradas pela Comissão Mundial sobre Meio Ambiente e Desenvolvimento, o Relatório de Brundtland, publicado em 1987, encomendado pela Assembleia das Nações Unidas e que passou a difundir o conceito de desenvolvimento sustentável com base em três vertentes:

Crescimento econômico	*Equidade social*	*Equilíbrio ecológico*

Para Diegues (2001), se a essência da "conservação dos recursos" é o uso adequado e criterioso dos recursos naturais, a essência da corrente oposta, a preservacionista, pode ser descrita como a reverência à natureza no sentido da apreciação estética e espiritual da vida selvagem (*wilderness*). Ela pretende proteger a natureza contra o desenvolvimento moderno, industrial e urbano (Diegues, 2001, p. 30).

Ao tratar de questões relacionadas ao turismo ou qualquer outra atividade econômica, há que se ter algum cuidado, pois, no campo das representações, sobretudo após a revolução industrial, assistimos à interpretação da natureza como elemento muito ligado aos interesses dos setores econômicos ou de grupos que tenham interesse naquilo que a sociedade entende por natureza. A interpretação do que se entende por natureza leva, inclusive, à criação de leis que permitem a aniquilação, em nome do desenvolvimento, de grupamentos humanos legitimamente estabelecidos. Latour (1999) reconhece essa ação e, em sua obra *Políticas da natureza*, discute a filosofia do espaço e trata da "construção social" da natureza.

Latour (1999) destaca que muitos historiadores nos mostraram que "a concepção de natureza pelos gregos do século IV não tem nenhuma relação com aquela dos ingleses do século XIX, ou dos franceses do século XVII, sem falar dos chineses, dos malaios, dos sioux" (Latour, 1999, p. 66), fato que não torna surpreendente ao afirmar que estas concepções cambiantes da natureza refletem as concepções políticas das sociedades que as desenvolveram (Latour, 1999).

Diante da complexidade evidenciada pela literatura, quais são as questões importantes relacionadas a essa temática que devemos começar a refletir considerando que ao pensar a modalidade Turismo e Meio Ambiente, não consideramos apenas aquilo que é entendido apenas como recursos naturais.

Carvalho (1999) destaca, com muita propriedade, essa visão paradoxal da natureza e a crítica da filosofia ecológica já relatada anteriormente por Latour. Segundo ele, se para um empresário de mineração a natureza é fonte de matérias-primas das quais extrai a mercadoria com a qual obterá lucros, para o camponês, natureza é meio de sobrevivência, e para o especulador de terras, é investimento imobiliário, o que evidencia o interesse ligado a setores e políticas. Na mesma proposição, Carvalho destaca que "para os índios, é um espaço de vida que não se vende nem se compra". Essa última nos leva a refletir sobre a simbiose entre o homem e a natureza, presente, sobretudo, nas comunidades indígenas, ribeirinhos, quilombolas e caiçaras; condição pouco presente na sociedade urbano-industrial.

Para melhor entender essa simbiose, o leitor poderá consultar o *site* http://www.culturabrasil.pro.br/seattle1.htm, onde poderá encontrar a carta do Cacique Seattle, *Manifesto da Terra-Mãe,* enviada em 1854 ao Presidente dos Estados Unidos, em resposta à sua proposta para comprar as terras onde a tribo morava. Num momento histórico onde a palavra "ecologia" encontrava-se ainda muito distante, o relato do índio expressa a simbiose concebida no modo de vida desse povo e a visão una do conceito de natureza.

Vemos então que o que chamamos de "natureza" é algo social, histórica e geograficamente constituído. Assim, existe uma visão do que seja natureza que se tornou a mais usada nas modernas sociedades ocidentais: a de que é algo externo ao homem.

Dessa forma, preservação e conservação ocupam espaços distintos no processo de ordenamento territorial. No que se refere a turismo e meio ambiente, é nosso papel refletir sobre os diferentes segmentos para melhor organização do setor.

TURISMO E MEIO AMBIENTE – PRODUTOS SUSTENTÁVEIS

Ao avaliar qualquer segmento do que denominamos turismo e meio ambiente ou de natureza, não podemos deixar de considerar as especificidades contidas nos mesmos. Ao identificar os conceitos dos segmentos apresentados anteriormente, percebemos a complexidade que envolve a atividade, e quanto cada um extrapola a palavra "produto", comumente entendida no mercado.

> Uma definição muito simplificada da palavra "produto" no campo da economia é algo que pode ser oferecido para satisfazer a um desejo ou necessidade; na indústria, o produto é o resultado das atividades geradas pelas atividades ou processos.

Atualmente, com o avanço nas pesquisas ligadas ao turismo e meio ambiente, é possível pensar na atividade numa perspectiva racional, de modo a garantir equilíbrio entre o fazer turístico e o desenvolvimento ajustado aos princípios sustentáveis. Isso porque o crescimento desordenado da atividade turística no mundo e seus reflexos no meio ambiente são indicadores de ações altamente impactantes, fatos que passaram a ser a chave de reflexões acerca do ordenamento de novas destinações. Com a preocupação de não tornar o ordenamento do turismo e meio ambiente apenas uma compilação de ações verticais, fruto de projetos tecnocratas, é indicado que se busque o entendimento da complexidade que envolve o turismo e se entenda a natureza no campo da ciência, evitando práticas essencialmente cartesianas. Assim, a evolução assistida no final do século XX e no começo do atual é contínua e talvez infinita, se considerarmos que a conservação e o uso sustentável dos recursos naturais são essenciais para a preservação do planeta. No que tange ao turismo e meio ambiente, cabe aos profissionais de turismo e lazer investirem em pesquisas e projetos que respondam pela qualidade das estruturas receptivas das localidades turísticas. É fato que o modelo relacionado exclusivamente ao mercado para gerir o movimento de visitantes nos diferentes espaços receptores de fluxos impôs grandes sacrifícios a diferentes destinações turísticas, sobretudo àquelas onde a natureza se mostrou exuberante e com grande atratividade para turistas. Por outro lado, os prejuízos já conferidos a grande número de destinações levou a reflexões que balizam questões relativas ao turismo e, sobretudo, ao meio ambiente.

Uma primeira sugestão para os profissionais de turismo que se interessam por essa modalidade turística é refletir acerca do meio ambiente e tentar buscar respostas para as percepções socioambientais que envolvem a prática turística e, a partir daí, melhor definir o que a modalidade em questão entende por meio ambiente. Num primeiro momento, é um equívoco relacioná-lo apenas à estreita ligação da atividade turística com a natureza. É comum o uso de terminologias criadas e ajustadas pelo mercado e incorporadas na área acadêmica sem a devida discussão. Atenta a essas questões, Tulik (2010), ao pesquisar o turismo rural, mostrou a complexidade que envolve essa questão ao destacar que:

> (...) conceitos são, na verdade, ideias abstratas que dependem da visão pessoal de quem os formula. No caso do turismo rural, as abordagens são oriundas de especialistas de áreas diversas e estão sujeitas a múltiplas interferências e, mesmo apoiadas na realidade, não são homogêneas. (...) As tipologias refletem padrões e, portanto, seu estudo deve ter por objetivo estabelecer as bases, definir critérios e métodos. A classificação, ponto de partida para estabelecer os diferentes tipos. Consiste em agrupar ocorrências em classes em alguma propriedade que seja

comum a elas. Classificar pressupõe abstrair características acidentais do objeto de estudo e fixar o essencial. O agrupamento em categorias deve levar em conta a similaridade entre as características do objeto de estudo em foco (Tulik, 2010).

Ao nos referirmos ao meio ambiente no contexto da organização de localidades turísticas, abordamos questões muito complexas que passam por características ambientais que envolvem uma condição especial, a experiência vivenciada pela população local, o que permitirá análise dos elementos da cultura, fatos que devem ser analisados e considerados para se pensar em segmentação. Assim, o que é denominado turismo e meio ambiente ou turismo de natureza, envolve turismo de aventura, turismo rural, ecoturismo, turismo místico, turismo de pesca, turismo de sol e praia, entre outros, conforme já destacados anteriormente.

Entender a maneira como se processam as ações no campo de conhecimento do turismo e meio ambiente para elaboração de produtos tem exposto a atividade a uma discussão maniqueísta, fato que se justifica ao observarmos os apontamentos feito por Casseti (1991, p. 17), quando relata que as transformações sofridas pela natureza, através do emprego das técnicas no processo produtivo, são um fenômeno social, representado pelo trabalho, e as relações de produção mudam conforme as leis, as quais implicam a formação econômico-social e, por conseguinte, as relações entre a sociedade e a natureza.

É possível perceber que alguns segmentos envolvidos na modalidade turismo e meio ambiente estão teoricamente mais consistentes que outros. Isso se justifica pela inserção do segmento no mercado e pelos profissionais e pesquisadores da área estarem atentos à importância desses segmentos.

A organização da oferta somada à demanda gerada para a prática do turismo e meio ambiente, gerou um dos segmentos que mais tem apresentado destaque no mundo, o ecoturismo.

Embora nem sempre se observe na prática aquilo que é definido pelo conceito, é possível afirmar que, atualmente, observamos uma grande evolução no segmento de ecoturismo, pois contamos com ações de empreendedorismo mais responsáveis e turistas mais conscientes do seu papel, fato que vem ao encontro do conceito adotado pela Embratur - Instituto Brasileiro de Turismo, (1995).

> (...) Ecoturismo é um segmento da atividade turística que utiliza de forma sustentável o patrimônio natural e cultural, incentiva sua conservação e busca a formação de uma consciência ambientalista através da interpretação do ambiente, promovendo o bem-estar das populações envolvidas.

Diante das características conceituais, é possível definir produto no segmento ecoturístico?

Na opinião de Oliveira (2007), ecoturismo é mais um conceito de viagem do que um produto de turismo. Para Serrano, da perspectiva do praticante, o ecoturismo tem representado uma oportunidade de fuga "(...) facilitando o contato inusitado com a natureza selvagem, intocada" (...). Ainda para a autora:

> na mesma proporção dos aludidos benefícios econômicos, sociais, culturais e lúdicos por ele proporcionados, surgem críticas tanto às limitações de seus benefícios aos locais visitados (incluindo aí comunidade e ambiente natural) quanto aos sentidos que perpassam a experiência do visitante (mais um produto de consumo, absorvido como outra mercadoria destituída de valor especial (Serrano, p. 203).

Considerando que o ecoturismo é o segmento do turismo de natureza que mais cresce e que trata a natureza como elemento motivador, o profissional da área deve interessar-se pela organização coerente dos atributos que vão compor a estrutura que vai definir e garantir a prática de fato do ecoturismo. Oliveira destaca que o ecoturismo:

> pode ser uma alternativa sustentável de exploração e conservação dos recursos naturais dos destinos selecionados, oferece experiências únicas e autênticas ao turista, proporcionando uma vivência real como novas culturas e ambientes, além de oferecer ao mercado oportunidades de pequenas iniciativas locais, valorizando a especialização em determinados segmentos (Oliveira, 2007).

Para estimular tais ações, o documento de orientações básicas para o ecoturismo, do Ministério do Turismo (2008), destacou, entre várias ações, algumas que considero essenciais para começar a refletir:

– conceito de sustentabilidade, descrito pela Comissão Mundial de Meio Ambiente e Desenvolvimento (World Comission on Enviroment and Development – WCED, 1987), capaz de atender às necessidades da geração atual sem comprometer os recursos para satisfação das gerações futuras;

– promoção de um turismo ecologicamente sustentável em longo prazo, economicamente viável, assim como ética e socialmente equitativo para as comunidades locais; e

– exige integração ao meio ambiente natural, cultural e humano, respeitando a fragilidade que caracteriza muitas destinações turísticas.

A partir dessas premissas aqui colocadas e que foram indicadas pelo Ministério do Turismo, percebe-se uma preocupação de ajuste da atividade e da demanda gerada para o setor com o mercado. É imprescindível que nessa prática entendamos a diversidade paisagística reveladora da diversidade cultural construída ao longo da história em diferentes partes do território onde se propõe a atividade, assim como as fragilidades dos ecossistemas que são receptores de infraestrutura para o turismo.

Daí a importância de nos perguntarmos que tipo de turismo queremos para o nosso país, e quais são as práticas de fato voltadas para os diferentes segmentos do turismo de natureza, como ecoturismo, turismo rural, turismo de aventura, turismo de pesca, entre outras modalidades. Os projetos já iniciados se sustentam e atendem às premissas discutidas pelos órgãos oficiais?

Assim, entender o produto turístico envolve mais do que "algo que pode ser oferecido para satisfazer a um desejo ou necessidade"; o produto turístico é um amálgama revestido de grande complexidade.

É importante destacar que o Estado, por meio dos instrumentos legais, deve ser o disciplinador do uso dos diferentes espaços que possam demandar o movimento turístico. Trabalhar com o tema ambiental no campo do turismo requer reflexões profundas relacionadas ao modo de produção em que estamos inseridos e a conservação e preservação ambiental deve ser avaliada sob a ótica do ambiente produzido.

É possível reconhecer que a propagação do chamado desenvolvimento sustentável está presente em todo o mundo, e as ações direcionadas à modalidade ecoturística têm crescido sobremaneira em nome do chamado desenvolvimento. Há que se ter claro que o turismo é também uma atividade econômica e, quando analisada apenas sob este prisma, mostrou-se altamente desestabilizadora de localidades. Conforme destacou Almeida Junior, é necessário entender o desenvolvimento como processo "ecologicamente viável e socialmente justo, em termos de gerações presentes e futura" (Almeida Junior, 1993, p. 43). Não seria possível destinar este comando a qualquer grupo econômico sem o devido controle do uso e ocupação do solo, pois, correríamos o risco de ações por demais impactantes.

O TURISMO DE NATUREZA EM PAUTA – A BUSCA POR AÇÕES DE MENOR IMPACTO E MELHOR ORGANIZAÇÃO DOS SEGMENTOS

Sem dúvida, para que se proponham ações de baixo impacto e se maximize os efeitos positivos do turismo, a primeira tarefa para o profissional é entender a atividade e o segmento em toda sua complexidade. É fundamental compreender as conexões existentes entre o turismo de natureza e as diferentes formas de organização da sociedade e, assim, visualizar os possíveis caminhos que serão perseguidos para implantação de projetos. No caso do turismo, não podemos entender o espaço como se fosse um tabuleiro de xadrez pronto para receber qualquer empreendimento sem considerar os impactos que poderão surgir a partir dessas ações. No que tange ao turismo de natureza, o leitor pôde perceber a complexidade que envolve a palavra "natureza" e a necessidade de estar conectado a este universo.

Além desse entendimento que passa mais por questões de ordem teórica, como já destacado anteriormente, metodologias foram criadas em diferentes momentos a fim de melhor compreender a cadeia produtiva que envolve as práticas de turismo de natureza, visando se conectar a ações sustentáveis. Com isso, varias técnicas têm sido aplicadas nos empreendimentos voltados à prática turística, o que tem mostrado avanços nas ações de gestão ambiental e certificação para todos os segmentos do turismo, sobretudo, os de natureza.

Os métodos já criados e implantados percorrem uma escala que vai de ações muito simples e de baixo custo até outras mais complexas que envolvem alta tecnologia. Assim, aqueles profissionais focados em aprimorar projetos voltados ao turismo já contam com importantes ferramentas que contribuem para práticas sustentáveis.

Atualmente, diferentes metodologias têm sido experimentadas para iniciar e monitorar o desenvolvimento sustentável do turismo em áreas naturais. Segundo Espínola, considerando as devidas limitações do método, os Programas de Certificação Baseados em Performance (CBP) correspondem à certificação que melhor mensura sustentabilidade e apresentam-se como sendo de baixo custo. A Certificação para Sustentabilidade Turística (CST, Costa Rica) e Nature and Ecoturism Accreditacion Programme (NEAP) são os mais conhecidos dessa categoria (Espínola...).

Ainda para Espínola, outros programas de certificação da CPB são: Blue Flag (para praias, é um dos mais antigos); NEAP (Austrália); Green Deal (Petén, Guatemala); Nord Swan (Escandinávia) e Green Keys (França).

De acordo com o *site* oficial do Instituto de Hospitalidade, o Brasil já é referência em programas de certificação. O Programa de Certificação em Turismo Sustentável (PCTS) teve a sua primeira fase desenvolvida e estabelecida pelo IH, de 2002 a 2006, e esta norma está totalmente alinhada com os Critérios Globais para o Turismo Sustentável (Global Sustainable Tourism Criteria – GSTC) publicados pela Organização Mundial de Turismo (OMT), em outubro de 2008, (http://www.abihpr.com.br), e que será tratado com mais detalhes juntamente com a norma ISO 26000 no capítulo 9.

Especificamente no meio rural, devido às tendências criadas para este ambiente, novas metodologias têm sido elaboradas. Especialistas destacam a importância delas para a elaboração de políticas públicas para o setor e estratégias adequadas para o desenvolvimento sustentável. Rodrigues et al., ao discutirem a gestão ambiental de atividades rurais, destacam que "o desempenho ambiental de atividades rurais pode ser averiguado, corrigido e gerido pelo Sistema de Avaliação de Impacto Ambiental (AIA), integrando-se os aspectos sociais, culturais, econômicos e ecológicos (Rodrigues et al., 2005, p. 18). Considerando a fragilidade do segmento na maioria dos estados brasileiros, a investida em ações que revelem métodos para melhor organização do setor será sempre muito positiva. Segundo Tulik, no que tange a este segmento, o turismo rural foi uma alternativa para contornar as crises agrárias e, com o pioneirismo de Lages (SC), outras iniciativas proliferaram por todo o território brasileiro (Tulik, 2010), daí a necessidade do entendimento voltado ao empreendedorismo considerando que parte dos proprietários veem este segmento como uma alternativa aliada aos princípios sustentáveis.

Contribuindo com este propósito, Rodrigues et al., com o objetivo de executar a gestão ambiental de atividades e estabelecimentos rurais, desenvolveram o Sistema AIA com base nos seguintes princípios:

> – permitir a avaliação de atividades rurais em variadas regiões e situações ambientais, na escala específica do estabelecimento rural;
>
> – incluir indicadores relativos aos aspectos ecológicos, econômicos, socioculturais e de manejo;
>
> – facilitar a detecção de pontos críticos para correção de manejo;
>
> – expressar os resultados em uma forma simples e direta para agricultores e empresários rurais, tomadores de decisão, e o público em geral; e
>
> – ser informatizado e fornecer uma medida final integrada do impacto ambiental da atividade, contribuindo para a certificação ambiental.

Fonte: Rodrigues et al., 2005, p. 18.

Outro segmento que merece destaque neste quesito é o turismo de aventura, com base no *site* oficial do INMETRO (www.inmetro.gov.br/imprensa/releases/turismo_Aventura.asp.), de acordo com os requisitos da norma ABNT NBR 15331, o regulamento de avaliação da conformidade de sistema de gestão da segurança em turismo de aventura, nos termos da Portaria nº 159, de 29/06/2006, mostrou-se muito evoluída com a certificação voluntária. Levantamento feito pelo Instituto da Hospitalidade (IH), em 2005, sobre a normalização, certificação e regulamentação em turismo de aventura no Brasil, para subsidiar o Ministério do Turismo na formulação de uma política de fomento para esse segmento no país, analisou 2.039 organizações que trabalham em modalidades de caminhada, cachoeirismo/canoísmo, *rafting*, mergulho, rapel, escalada, montanhismo, voo livre, arvorismo e cavalgadas, entre outros. São atividades oferecidas comercialmente e praticadas em ambientes naturais, rurais ou urbanos; a maioria por empresas de pequeno e médio porte, fato que demonstra preocupação por parte dos empreendedores do setor.

REVISÃO DOS CONCEITOS APRESENTADOS

Como se pôde observar ao longo deste capítulo, refletir sobre o conceito de natureza é fundamental para pensar em segmentos voltados a modalidade de turismo e meio ambiente. Ter a clareza da evolução dos métodos que foram criados para ajustar a modalidade aos princípios sustentáveis, e investir em pesquisas neste campo, é necessário para que possamos melhor compreender o complexo campo do turismo de natureza e nele atuar apoiados em bases científicas..

ATIVIDADES PROPOSTAS

1. Uma das fontes que pode ser explorada na internet, elaborada pelo professor Amós Nascimento, da Universidade de Washington, em Seattle, é o resumo *Filosofia e natureza,* um breve resgate histórico sobre o pensamento que relaciona meio ambiente e filosofia, ética e estética, em várias partes do mundo. A leitura do texto será útil para

ajudar a compreender e melhor trabalhar o tema natureza em turismo. Disponível em: http://pagina22.com.br/index.php/2010/05/filosofia-e-natureza/

2. Para explorar e se aprofundar no estudo da temática abordada neste capítulo, é importante fazer uma pesquisa na internet, em busca de periódicos específicos sobre as populações indígena, ribeirinha, quilombola e de seringueiros. O melhor entendimento da forma de organização social desses grupos poderá ampliar as possibilidades de ações quando da necessidade de intervenção junto a eles para fins turísticos.

3. De posse de um gravador, faça entrevistas com diferentes grupos da cidade onde você mora: operários, estudantes de diferentes níveis – do ensino fundamental à universidade – empresários, membros da terceira idade, trabalhadores rurais e outros. A fim de provocar discussões e consolidar o conhecimento, sugerimos que o grupo faça um debate em sala e elabore um painel para avaliar a proximidade do discurso de cada grupo acerca do tema "natureza".

CAPÍTULO 2
PAISAGEM, TURISMO E ANÁLISE AMBIENTAL

Sidnei Raimundo

CONCEITOS APRESENTADOS NESTE CAPÍTULO

Trata-se neste capítulo da evolução histórica do conceito de paisagem, notadamente em seu entendimento pela sociedade ocidental. Faz-se uma breve discussão sobre o surgimento do termo na pintura e sua difusão para outros campos do conhecimento. Apresenta-se, em seguida, o significado e as principais formas de entender a paisagem como categoria de análise do mundo real. A partir deste entendimento, discute-se a aplicação do conceito de paisagem no planejamento e gestão de atividades de lazer e turismo, com ênfase nas questões e segmentos associados à natureza.

INTRODUÇÃO

Em nosso cotidiano, frequentemente utilizamos ou nos deparamos com a ideia de paisagem: os relatos de viagens de amigos, enfatizando o modo de vida de habitantes de uma localidade, suas características naturais, ou, ainda, quando percorremos a cidade em que vivemos, observando a sucessão de bairros com as obras construídas – as soluções técnicas de engenharia para transpor um obstáculo (um túnel, um viaduto...), as diferenças socioeconômicas expressas nas materialidades das formas de construção dessa cidade, com a observação do tipo de material utilizado, os ajardinamentos, as cores das fachadas das casas. Mais que as sensações visuais, há também os odores que são exalados, assim como os sons que emanam desses locais:

por exemplo, o cheiro da fuligem com o ruído dos motores de carros, caminhões e motocicletas em um grande cruzamento de vias na cidade, contrastando com o canto dos pássaros e o "cheiro" de terra molhada encontrados em alguns parques ou setores mais periféricos da mesma cidade. Tudo isso é paisagem. No dizer do geógrafo Milton Santos, a paisagem é:

> tudo aquilo que nós vemos, o que nossa visão alcança. Esta pode ser definida como o domínio do visível, aquilo que a visão abarca. Não é formada apenas de volumes, mas também de cores, movimentos, odores, sons etc. (Santos, 1996, p. 61).

Devido às nossas características de percepção e entendimento do espaço que habitamos ou visitamos, a paisagem, enquanto categoria de análise, se transformou num poderoso instrumento para divulgar, praticar ou vivenciar as viagens e, por conseguinte, a observação/sensação de uma paisagem é muito utilizada como recurso para venda de roteiros pelos profissionais da área de turismo. Para alguns, ela é o principal mote das viagens turísticas: as pessoas viajam para ver, escutar, cheirar (sentir ou perceber) outras paisagens, ou seja, se relacionar com objetos (naturais e fabricados) e as pessoas desses locais, que são diferentes de seu cotidano.

Nesse capítulo, discute-se a evolução do conceito de paisagem e de que maneira ela pode ser utilizada para o planejamento e para a gestão de atividades de lazer, recreação e turismo. Discutem-se algumas das técnicas de análise da paisagem, assim como sua aplicação para o entendimento e o planejamento espacial de atividades de lazer e turismo.

AS ORIGENS E SIGNIFICADO DA PAISAGEM

Na sociedade ocidental, a paisagem surge na Era Moderna como instrumento para representar o mundo. Focada principalmente nas artes, o termo aparece provavelmente pela primeira vez na Holanda, em fins do século XV, como recurso para expressar uma técnica de pintura, destacando os enquadramentos, os ângulos de visão dos pintores que buscavam outras estratégias para se transmitir a noção de perspectiva, tentando não se apoiar apenas nos pontos de fuga.

Essa ideia surgiu com o termo *landship*, e ganhou os meios artísticos de outros países europeus, sendo que, no século XVII, era a principal forma de arte pictural (Claval, 2004). Segundo Myanaki (2008), esse entendimento de paisagem tem início na transição do feudalismo para o capitalismo. Nesse momento, ela era representada nos quadros como um pano de fundo (um cenário). Na tela, a figura central a ser representada poderia ser um nobre ou o interior de palácios e castelos, que, por vezes, se apresentava carregada de valores simbólicos, e a paisagem (o fundo) era algo subordinado aos interesses de representação do quadro. Isso porque, no dizer de Leite:

> a arte medieval representava os objetos naturais por meio de símbolos que não tinham muita relação com sua real aparência, mas que exprimiam as premissas religiosas e intelectuais do período. À sociedade, composta por uma grande maioria de iletrados, era ensinado, por uma religião brilhantemente organizada, que a vida

terrena não era mais que um breve interlúdio e, portanto, o ambiente em que era vivida não devia absorver excessivamente a atenção (Leite, 1994, p. 34).

Logo, no imaginário medieval a paisagem não era valorizada. Contudo, no Renascimento, os pintores começaram a produzir quadros com cenas externas ao mundo enclausurado daquele período, ganhando gradualmente espaço com o tema central que se estava representando. E, já no século XVII, a paisagem adquire uma posição de destaque nos quadros dos pintores renascentistas. Para Claval (2004, p. 13), as origens do termo se aplicam então, "aos quadros [de pintores renascentistas] que apresentavam um pedaço da natureza, tal como a percebemos a partir de um enquadramento".

A paisagem consolidou-se assim, como uma técnica de pintura, pela qual o mundo era visto através de uma "janela". Tratava-se de uma modalidade de enquadramento, onde era possível descolar ou isolar um ponto ou trecho de sua realidade (totalidade). Nessas pinturas, além da preocupação com as cores, os jogos de luzes e demais técnicas inovadoras deste período, o artista também se dedicava a representar as características de um dado local ao ar livre, dando ênfase ao conjunto natural e social.

A paisagem é um enquadramento do mundo real, sob o olhar e o ponto de vista do pintor ou do artista. Mesmo que estes tentassem se mostrar fiéis ao que se estava representando, havia sempre seu entendimento, seus valores ou suas crenças a respeito da realidade. Apesar disso, a paisagem transformou-se rapidamente na maneira de representar uma parte de uma região ou país, da maneira como ela se mostrava ao observador.

Da Holanda, a ideia de paisagem ganhou novas dimensões e passou a ser utilizada em toda a Europa por especialistas de outros campos do conhecimento. Para traduzir esta palavra de origem holandesa (*landskip*), surgem, na Alemanha, o termo *landschaft*, na Inglaterra *landscape*, na Suécia *landskap*, sempre como algo referente à representação e conformação dos lugares, produto da relação entre o meio natural e seus habitantes. Na Itália aparece o termo *paesaggio*, que está associada à raiz *land* (Claval, 2004, p. 14); com isso, mantinham-se os valores e ideias dos países germânicos e nórdicos. Da palavra italiana derivaram os termos de outras línguas latinas, transformando-se, assim, em *paysage*, na França; *paisaje*, na Espanha; e paisagem, em Portugal. Reforça-se nessas línguas latinas a associação ao termo *pays*, que quer dizer, para os franceses, uma região ou local de origem. A paisagem é, assim, um recorte ou representação do *pays* (região). Numa comparação linguística pode-se dizer que "lavagem" é a ação de lavar, enquanto "paisagem" é a ação de construir (ou entender) o *pays* (região). A partir desse momento – já na segunda metade do século XIX –, a ideia de paisagem passa a ser entendida pelos estudiosos das ciências humanas como um produto da ação humana sobre o meio natural.

É importante destacar que os significados e entendimentos em outros campos do conhecimento, como na Geografia, se distinguem sensivelmente daqueles até aqui atribuídos à pintura. Com isso, já no século XIX, o *landschaft* alemão, que repercute para o leste europeu e a Rússia, se consolida como um termo que sintetizava os estudos sobre os lugares (o entendimento da paisagem), mas que se apoiava nas características da natureza, ou as valorizava. Por outro lado, nos países latinos, notadamente na França, o sentido do termo paisagem (*paysage*) assume significados com forte destaque às representações da ação humana, sendo que a natureza apresentava um papel subordinado em sua relação com a sociedade. Valorizam-se, assim, as técnicas produzidas pelos diversos grupos sociais distribuídos pelo mundo e sua adaptação e/ou transformação das condições naturais deste meio.

Na Alemanha e no leste europeu, a influência de naturalistas da virada do século XVIII para o XIX, como Alexander Von Humboldt, que era basicamente um botânico, Carl Ritter (filósofo e historiador) e Friedrich Ratzel (zoólogo e etnógrafo) (Andrade, 1977, p. 6), construíram entendimentos sobre o mundo e o olhar sobre a paisagem com forte influência da natureza. Estavam mais preocupados com as questões naturais para explicação das construções dos lugares. Com isso, na segunda metade do século XIX, essa influência originaria o "determinismo ambiental", ou seja, uma corrente do pensamento embasada em explicações sobre os lugares ou paisagens a partir das imposições (determinações) do meio natural.

Nesse sentido, para os estudiosos dos lugares e de seus povos, na Alemanha, no leste europeu e na Rússia, neste período, a natureza apresentava um forte papel nas construções dos locais, dominando as ações humanas. É importante refletir que tais visões de mundo, apesar de seu caráter ideológico, político e econômico já intensamente discutido, como nas obras de Lacoste (1985), Claval (1974, 1995), Moraes (1995), e outros, expunham as maneiras como os intelectuais e cientistas entendiam e pesquisavam a natureza e sua relação com a sociedade. Mendonça (2004, p. 128) indica que, nesse período, "ambiente" era sinônimo de "natureza", cujo método de investigação apresentava-se com um profundo tecnicismo. Nesse olhar, a paisagem era entendida como um mecanismo, produto das relações de seus componentes naturais.

No determinismo ambiental, percebe-se o entendimento da natureza como dominadora e, portanto, o homem pouco podia fazer diante das condições naturais, gerando sua total dependência. Drew (1998), ao discutir as relações entre a natureza e a sociedade, faz algumas menções sobre os pensadores do modelo determinista para entendimento da paisagem. Este autor comenta que no início do século [XX], Ellen Semple pensava que os povos montanheses eram essencialmente conservadores e que, na Alemanha, as diferenças climáticas explicavam a natureza jovial e prazerosa dos bávaros, assim como o austero e enérgico caráter dos saxões do norte do país (Drew, 1998, p. 4).

Percebe-se com isso o forte peso dado aos elementos da natureza, como clima e relevo deste exemplo de Drew (1998), para o entendimento da formação dos povos e de sua paisagem.

Sob a égide do determinismo ambiental, talvez o exemplo mais emblemático que se configurou como instrumento de dominação sejam as explicações sobre as sociedades dos trópicos serem "atrasadas" ou o homem destes locais ser considerado "preguiçoso" por conta do clima quente e úmido da região. Para tais justificativas, fazia-se uma prolongada descrição dos elementos naturais da paisagem. O sol causticante impedindo as pessoas de circularem pelos períodos de maior claridade, aguardando as horas de temperatura mais amena para saírem de suas redes. Até alguns pintores franceses, contratados pela corte portuguesa para pintar as paisagens brasileiras, estavam sob essa influência.

O pintor francês Nicolas Antoine-Taunay (1755-1830) achava difícil retratar o Brasil. A luz tropical o deixava cego e a exuberância da mata massacrava o artista. Taunay acordava cedo para aproveitar a luz da madrugada, tentando evitar o sol do Brasil, que "filtrava" e "atrapalhava" toda a coloração da tela. Além do mais, ele não consegue retratar essa paisagem com fidelidade. Coloca vacas pastando em lugares improváveis, como na praia, marinheiros napolitanos, árvores italianas, enfim, tudo o que lhe traz a Europa à lembrança.[1]

Cabe ressaltar que esse período em que o determinismo ambiental teve destaque nas produções científicas e artísticas era o neocolonialismo. Havia uma grande necessidade por parte das metrópoles europeias em catalogar os recursos naturais encontrados nas novas colônias de África e Ásia, daí o peso descritivo destes elementos da natureza. Muito deste trabalho de catalogação era exercido por estes pesquisadores custeados por governos para descobrirem recursos naturais nessas novas colônias.

Apesar destes problemas, os pensadores do determinismo ambiental deixaram um importante legado, utilizado ainda hoje – o conceito de paisagem e de região natural, ou seja, o entendimento de paisagem como produto das relações (trocas de energia e material) de elementos da natureza. Exemplos dessa utilização podem ser observados na definição da região amazônica (cujos contornos são estabelecidos pela extensão da floresta equatorial) e nos Andes (cujos limites paisagísticos são marcados pela distribuição do relevo escarpado e das rochas aflorantes com picos constantemente cobertos de neve), como se observa na **Figura 2.1**. Entendimentos mais recentes e definidores de região ou paisagem natural a caracterizam como determinadas por elementos de caráter geomorfológico e geográficos associados, [que] formam um determinado agrupamento ou conjunto de unidades de terras. Os limites desses padrões de terras coincidem com alguma feição ou processo discernível no âmbito da Geologia ou da Geomorfologia (Ross, 2006, p. 35) (acrescenta-se aqui a fisionomia da vegetação como definidora ou delimitadora dessas regiões ou paisagens naturais).

---

1 Relato da historiadora Lilia Schwarcz, em entrevista ao jornal *O Estado de São Paulo*, em 2008, extraído de www.estado.com.br/editoriais/2008/03/22/cad-1.93.2.

Figura 2.1 — Cordilheira dos Andes, exemplo de paisagem natural, produto da relação entre as forças da natureza: as montanhas como produto da relação entre o embasamento geológico (rochas) e ação do clima

Para contrapor essas formas de entender a paisagem, ainda no século XIX, na França, capitaneados por Paul Vidal de La Blache, aparece uma forma de explicar as regiões ou paisagens. O destaque agora no entendimento e percepção das paisagens não se dava pelas imposições da natureza, mas pelas técnicas e atividades humanas. Para esta corrente do pensamento, o homem (ou a sociedade) tinha possibilidades de transformar a natureza não ficando sob suas determinações ou condições. Assim sendo, essa corrente recebeu o nome de possibilismo.

O possibilismo preconizava que o homem tinha possibilidade de modificar a natureza mesmo sendo dependente dela, à medida que indicava a necessidade que a sociedade possui de recursos naturais. O "gênero de vida", criado por essa corrente do pensamento, como uma das explicações sobre essa relação sociedade-natureza, reflete essa ideia. Como indica Moraes (1995, p. 69), o homem se adaptou ao meio que o envolvia, criando um conjunto de técnicas e usos que lhe permitiu utilizar os recursos naturais disponíveis. O "gênero de vida", no dizer de Moraes (op. cit.), exprimiria uma relação de equilíbrio, construída historicamente pelas sociedades. A diversidade de grupos sociais se dá, portanto, pela diversidade do meio natural que envolve esses grupos, daí esse caráter de dependência, mas não de subordinação, do homem sobre a natureza.

Merece destaque que, com o possibilismo, a noção de paisagem como instrumento de análise ou entendimento espacial adquiriu uma importância nunca antes experimentada. Geógrafos e outros profissionais preocupados com essa temática utilizam-se dos princípios possibilistas para diferenciar e explicar as várias regiões do planeta. Paisagem, sob esse enfoque, torna-se sinônimo de região. Assim, as diferenças na superfície planetária passam a ser explicadas pelas técnicas diferenciadas que cada grupo humano desenvolveu no processo histórico de ocupação destas áreas.

No turismo, a paisagem vidaliana (referente a Paul Vidal de La Blache, seu idealizador) ou de enfoque possibilista é ainda um dos principais instrumentos para divulgação e venda de um local com apelo turístico. Exemplos destas utilizações podem ser percebidos nos seguintes termos: "sertão nordestino", "pampa gaúcho", "serras gaúchas", "litoral". Embora alguns desses títulos deem forte destaque para elementos geográficos (serra, litoral), quando se procura entender o nome e significado dessas localidades (ou paisagens), vem à mente uma síntese de relações entre o meio natural e seus habitantes. Síntese essa que é representada pelas técnicas desenvolvidas por tais grupos – a noção de equilíbrio construída historicamente pela sociedade em seu processo de uso e ocupação dos espaços, como se observa na **Figura 2.2**.

Figura 2.2 — Comunidade de pescadores em Mangue Seco (BA). Na paisagem possibilista há uma "harmonia" entre o grupo humano e seu meio natural, construída historicamente, sem contradições, o equilíbrio entre a ação da sociedade e as forças da natureza

No "sertão nordestino", por exemplo, o mandacaru (espécie de cacto que se destaca na paisagem), associado a uma vegetação ressequida sob um clima quente e seco e solo pedregoso, está em "harmonia" com o homem sertanejo, que veste roupas de couro, tem um rebanho de caprinos cultivado de maneira extensiva, pratica pouca agricultura, a não ser uma pequena roça de subsistência utilizando o conhecimento dos ciclos da natureza e fases da Lua para melhorar essa produção agropecuária, e vive em casas modestas, construídas com técnicas tradicionais como o pau-a-pique. Trata-se de uma síntese entre o natural e o social, sendo que este moldou aquele historicamente, de acordo com suas técnicas (possibilidades). No possibilismo, não eram destacadas as contradições ou os conflitos entre os grupos sociais e seu meio para produção daquela paisagem (espaço).

Essas correntes do pensamento (determinismo ambiental e possibilismo) sufocaram outras maneiras de pensar a relação sociedade x natureza e o entendimento da paisagem, como as destacadas pela geografia cultural, introduzida por Carl Sauer no início do século XX (Corrêa e Rosendhal, 2003; McDowell, 1996). A geografia cultural, embora tenha origens similares às do gênero de vida, atualmente se revitaliza como uma "nova" abordagem de entendimento da relação sociedade x natureza, de cunho mais fenomenológico, que tem contribuído para o entendimento e análise da paisagem, como se abordará no próximo tópico.

É importante destacar que as formas de entender o mundo e as relações entre sociedade e natureza engendradas no determinismo ambiental e no possibilismo nortearam os estudos de geografia e o entendimento das paisagens até a segunda metade do século XX. A partir daí, com o advento de técnicas computacionais, principalmente levadas a cabo pelas escolas de geografia nos Estados Unidos (Claval, 1995), além dos problemas ambientais que começavam a aparecer devido ao uso abusivo que a sociedade moderna impingia ao meio, fizeram surgir novas maneiras de entender a relação sociedade x natureza assim como ao entendimento da paisagem.

Foram criadas outras abordagens para o entendimento do termo "paisagem", como as embasadas na geografia crítica ou renovada. Embasada no materialismo histórico e dialético, a paisagem é encarada por esta corrente do pensamento como produto da manifestação de processos sociais, governada pela produção espacial de bens, na qual uma dada sociedade organiza o acesso e o uso aos recursos naturais, transformando a natureza em um produto social (Moraes, 1995, pp. 123-124). As preocupações predominantes assentam-se no entendimento do arranjo da organização socioespacial, as contradições e os conflitos entre os grupos sociais que produzem um dado espaço, ou paisagem. Embora para a geografia crítica ou renovada a natureza desempenhasse um papel na configuração territorial e no fornecimento de insumos, sua ênfase de análise estava no entendimento das técnicas de produção do espaço da sociedade pela sociedade – o meio técnico-científico-informacional (Santos, 1996 e 1997a).

Contudo, restringiremo-nos às derivações daquelas duas correntes (determinismo ambiental e possibilismo) que atualmente, devido às necessidades de avaliação de impactos naturais e socioculturais, têm sido revalorizadas para explicações de entendimento das paisagens. Trata-se de considerar e repensar as técnicas construídas nessas correntes e não as suas bases filosóficas e de entendimento da realidade. O lazer e o turismo podem se utilizar muito dessas técnicas e desse entendimento para planejar e gerir suas atividades.

Assim, da base filosófica do determinismo ambiental, mas já apoiada em outros *inputs* teórico-metodológicos, como a teoria de sistema de Von Bertalanffy, constrói-se a ideia de geossistemas. Desenvolvido e empregado principalmente na ex-URSS e no leste europeu, o geossistema trata do entendimento da paisagem como um sistema, mas com forte ênfase nas questões da natureza.

Por outro lado, reavaliando a ideia de gênero de vida do possibilismo, surgem novas maneiras de pensar e entender a paisagem como na geografia cultural, de base fenomenológica, que procura entender a paisagem focada nas representações simbólicas dos grupamentos humanos que têm outra visão de mundo (e de paisagem) da do homem ocidental que habita as cidades.

E, ainda baseada no entendimento e nas representações das comunidades locais, aparecem mais recentemente os estudos de etnociência e etnoconservação. Essas bases teórico-metodológicas distintas (geossistema, geografia cultural e etnociência) serão mais aprofundadas no tópico seguinte, quando se procurará também relacionar suas aplicações ao lazer e ao turismo.

Considerando essas informações, percebe-se que não há uma conceituação universal ou definição plenamente aceita do termo paisagem. Ela se ajusta às necessidades metodológicas e aos objetivos de estudo para explicação dos lugares, ora mais interessados na natureza, procurando (já a associando ao turismo e lazer) desvendar suas potencialidades de usos para o lazer e recreação, mas também em suas fragilidades, ou seja, nos problemas e impactos gerados por essas atividades ao meio ambiente. Este enfoque está apoiado na ideia da paisagem como uma síntese interativa dos elementos da natureza – seus fluxos de energia e matéria.

Numa outra abordagem, o entendimento de paisagem procura também dar ênfase às características sociais, seus saberes e fazeres. Pensa-se nas potencialidades de usos turísticos que a materialidade e as representações dessas comunidades receptoras podem oferecer aos visitantes e, por outro lado, em suas fragilidades, como hábitos e costumes severamente modificados por conta da introdução de equipamentos e atividades ligados ao lazer e turismo. Este enfoque será aqui discutido pelas premissas da geografia cultural e da etnociência.

Cabe ainda abordar o papel e os interesses dos diversos atores que observam (e sentem) as paisagens. O olhar e o entendimento da paisagem do turista é diferente daquele da comunidade local, que é diferente do especialista (o planejador físico-territorial). Este último tem o desafio de tentar sistematizar os interesses e motivações de viagens do turista com as aspirações e necessidades do morador local. Assim, no processo de planejamento espacial das atividades de lazer e turismo devem ser levantadas as características sociais e culturais das comunidades locais, assim como os problemas que as atividades e equipamentos turísticos podem causar à natureza. Ambas as características (da natureza e da cultura local) podem ser sistematizadas e representadas pela análise da paisagem.

Queiroz (2009, p. 48) indica que a percepção da paisagem está relacionada aos "estímulos que o observador (seja ele o especialista, o turista ou o morador) recebe por meio dos sentidos, registrando formas, objetos, interiorizando significados diversos, processando mentalmente uma visão local". Esses estímulos precisam ser considerados no processo de planejamento e gestão das paisagens para o lazer e o turismo.

As definições de paisagem estarão, então, associadas a esse entendimento ou objetivos de análise, ora mais voltada aos aspectos da natureza, ora mais focadas na sociedade e cultura, mas sempre considerando a percepção do observador. O desafio proposto é entender a síntese entre esse natural e o sociocultural. Todas as definições de paisagem trazem essa ideia em seu bojo. Destacam-se na **Tabela 2.1** as definições do termo "paisagem", além daquela de Santos (1996) já descrita na introdução deste capítulo, que tem uma maior relação e aplicação para as atividades de lazer e turismo. Assim, paisagem pode ser interpretada e definida como:

Tabela 2.1 — Algumas definições do termo "paisagem"

1. Aspecto externo de uma área ou território, sendo uma imagem que representa uma ou outra qualidade e que se associa à interpretação estética, resultado de percepções diversas.
2. Formada pela inter-relação de componentes e elementos naturais. Resultante da interação de componentes geológicos expostos ao clima, fatores geomorfológicos e bióticos por meio do tempo. Considera-se nessa ideia o conceito de gênero de qualquer nível, utilizando-se como sinônimos: complexo territorial natural, geocomplexo ou geossistema natural.
3. Formação antroponatural, consistindo num sistema territorial composto por elementos antrópicos e naturais condicionados socialmente, que modificam e transformam as propriedades da paisagem natural original. Reflete o registro acumulado da evolução biofísica e da história das sociedades precedentes.
4. Como sistema econômico-social, concebida como a área onde vive a sociedade humana, caracterizando o ambiente de relações espaciais que tem uma importância existencial para a sociedade, composto por uma determinada capacidade funcional para o desenvolvimento das atividades econômicas.
5. Como produto da cultura, sustentando-se na ideia de resultado da ação cultural ao longo do tempo, modelando-se por um grupo, a partir de uma paisagem natural. Nessa abordagem, a cultura é o agente transformador, a citada paisagem, o meio, e a paisagem cultural, o resultado. A paisagem cultural é um objeto concreto, material, físico e factual percebido pelos indivíduos através dos sentidos. Ela é assimilada culturalmente pelos homens, tratando-se da imagem sensorial, afetiva, simbólica e material do meio. Inclui, assim, a ideia de paisagem visual, percebida e valorizada. A paisagem visual é a expressão sensitiva do meio, sendo a porção da superfície terrestre que é apreendida pelo sentido da visão. A paisagem percebida é uma imagem surgida da elaboração mental de um conjunto de percepções que caracterizam uma cena observada e sentida em um momento concreto. A paisagem valorizada significa o valor relativo (estético, simbólico e ideológico) que um sistema ou grupo humano a determina. Com isso, têm-se três elementos constitutivos do entendimento da paisagem: o "espaço material" (a base da paisagem), o observador (indivíduo ou grupo social que se relaciona com o espaço material) e a percepção (mecanismo que cada indivíduo utiliza para apreender o significado do que vê).

Fonte: Modificada de Rodriguez et al. (2007) e Queiroz (2009).

Discutem-se a seguir algumas técnicas construídas a partir destes aportes teórico-metodológicos e suas aplicações nas atividades de lazer e turismo, notadamente para o planejamento e gestão dessas atividades na natureza.

TÉCNICAS DE ANÁLISE DA PAISAGEM COM ÊNFASE NAS QUESTÕES AMBIENTAIS

Considerando as informações do tópico anterior, atualmente há uma necessidade muito grande de estudos que minimizem problemas à natureza e às comunidades locais por conta da instalação de equipamentos e atividades de lazer e turismo. Ao mesmo tempo, o turista que se interessa por viagens em locais pouco procurados tem demandado por conhecimento dos locais visitados, aumentando sua experiência de viagem. Algumas dessas técnicas, como a interpretação ambiental, estimulam a curiosidade e a necessidade de conhecimento sobre as características naturais e socioculturais do local visitado.

Nessas situações, o entendimento e a análise da paisagem constituem uma poderosa ferramenta de planejamento e gestão de atividades de lazer e turismo. Passa-se a seguir, a discutir algumas dessas técnicas, focadas ora na natureza, verificando seus limites para receber interferência, assim como suas potencialidades para o desenvolvimento de práticas de ecoturismo e lazer em espaços abertos; ora na sociedade, em seus atributos sociais e culturais, destacando também as potencialidades e fragilidades para a introdução de equipamentos e serviços de lazer e turismo em comunidades locais, visando a garantir os interesses e necessidades de tais comunidades.

Análise da paisagem com ênfase na natureza

Segundo Monteiro (2000), a análise da paisagem baseada em aspectos biofísicos e climáticos é muito antiga. Apresenta-se em diferentes denominações dadas em função da escala de trabalho. O autor observa que houve uma evolução histórica na forma de apreender e interpretar a paisagem. O primeiro princípio de análise orientava-se pelo aspecto visual ou cenário (arquitetura da paisagem) – era a paisagem regional vidaliana (Corrêa, 1986); o segundo princípio tratava a paisagem como unidade de superfície em função de um atributo (paisagens geológicas, de vegetação etc.); por último, há o princípio mais recente, onde a paisagem é apreendida como sistema integrado de heterogeneidade vertical e horizontal, englobando o conhecimento científico de cada estrato ou elemento componente, visto sob um prisma holístico – trata-se da ecologia da paisagem, que, do ponto de vista metodológico, se assemelha ao geossistema.

Essa última abordagem de análise da paisagem (ecologia da paisagem e geossistema) aparece na década de 1960, preconizando um estudo integrado entre elementos da natureza (rocha, solo, água, vegetação, clima...), e ganhou força por meio de uma proposta baseada na teoria dos sistemas, idealizada pelo menos 20 anos antes por Von Bertalanffy. Essa visão foi batizada pelos geógrafos russos e franceses da década de 1960 como "geossistema". A utilização da abordagem geossistêmica nos estudos da paisagem possibilitou uma reinterpretação dos estudos regionais do início do século XX, dando-lhe um caráter interativo e conferindo à paisagem uma estrutura dinâmica e operacional. É com Sotchava (1978) que o termo é definido e consagrado. Para esse autor, o geossistema é uma unidade dinâmica com organização geográfica própria, um espaço que permite repartição de todos os componentes de um ambiente, o que assegura sua integridade funcional.

Bertrand (1972) e Sotchava (1978), entre outros autores, refletem em seus estudos a inter-relação dos componentes da paisagem formando um conjunto único e indissociável, tratando-se da paisagem total, considerando também a análise do maior número de fatores antrópicos que respondam pelo padrão de uso e ocupação de uma área em estudo. Importante destacar que para os geógrafos russos, o geossistema era entendido como síntese da natureza, ou seja, as relações entre os elementos bióticos e abióticos. Nesse modelo, reforçando a escola alemã e russa, a ação da sociedade não apresentava um papel fundamental na identificação dos geossistemas. Isso porque os primeiros trabalhos sob essa abordagem foram realizados em áreas da Sibéria (Rússia), que apresentavam baixíssima densidade demográfica, com ações humanas reduzidas. Já para os geógrafos franceses, o geossistema incorporava as "ações humanas" como um terceiro elemento da síntese geográfica. Assim, o geossistema podia ser definido pelo "potencial ecológico", ou seja, os elementos abióticos; pela "exploração biológica" – os elementos bióticos; e pelas "ações humanas" (Bertrand; Bertrand, 2007 e Bertrand, 1972)

No Brasil, Carlos Augusto de Figueiredo Monteiro realizou vários trabalhos sob esse enfoque, notadamente nas décadas de 1970 e 1980, em seus estudos sobre clima. Segundo Monteiro (2000), a análise da paisagem é muito adequada aos estudos ambientais. Existem formas diversas de conduzi-los, sendo a abordagem geossistêmica um dos caminhos para a análise da paisagem.

O geossistema, da concepção russa e alemã, procurava então, incorporar e correlacionar as características naturais e, assim, desvendar e delimitar os processos de uma localidade à luz da teoria dos sistemas.

As décadas de 1970 e 1980 marcam a geografia com o aporte conceitual dos geossistemas, que se firmam como novas formas de análise da paisagem, procurando desvendar as relações entre as principais características do meio e buscando estabelecer unidades diferenciadas das áreas estudadas. Sempre dando destaque para as questões naturais do ambiente.

Nessa linha, Passos (2003, p. 26) afirma que é importante que a geografia seja fiel ao seu papel no estudo das relações entre homem e meio. Nesse sentido, segundo Passos (op. cit.), o debate metodológico da geografia física gira em torno de uma dupla necessidade: o aprofundamento da análise e a explicação sintética da fisionomia da face da Terra. Ambos estão associados ao entendimento da paisagem e de seu modelo teórico, o geossistema (Passos, 2003, p. 27).

Existem vários empregos de análises espaciais considerando a paisagem como sistema. Silva (2006), por exemplo, estudou o turismo no município de Brotas (SP) à luz dos sistemas dinâmicos. Esse autor considerou e analisou os subsistemas socioeconômico e natural, discutindo as demandas e necessidades socioculturais do primeiro e a fragilidade e potencialidades de uso do segundo frente às demandas do primeiro. Posteriormente, complementando esse trabalho, Silva e Perez Filho (2007) discutem a utilização da teoria geral dos sistemas e os geossistemas para o entendimento do turismo. Contudo, preferimos manter a análise focada apenas nos atributos da natureza, a paisagem natural, não considerando os atributos (ou subsistemas) sociais, culturais e econômicos como preconizam esses autores.

Admitindo-se essas informações, a análise da paisagem natural, considerando os pressupostos do geossistema, permite avaliar uma área de estudo (por exemplo, uma região com atributos naturais relevantes, na qual há interesse na instalação de um *resort* ou parque temático, ou outro equipamento voltado ao lazer e turismo). No processo de análise, verificam-se locais nos quais os fluxos de energia e matéria estão sendo processados e o sistema (o ambiente) não entrará em colapso, cumprindo objetivos e funções de manejo de conservação da natureza. E também permite avaliar, numa análise horizontal, como se dá a zonação (ou *continuum*) dos ambientes ou ecossistemas que compõem a área de estudos, destacando quais são os espaços ainda bem-conservados e os locais que permitem uma interferência humana, pela qual pode-se, numa fase seguinte, propor usos alternativos e de baixa interferência nos ambientes da área.

Assim, podem ser mapeados e caracterizados os elementos do meio físico – do potencial ecológico da proposta metodológica de Bertrand (2007). As rochas, as formas de relevo, os tipos de solo e de clima (ou microclima) são inventariados, com destaque aos locais que possam apresentar riscos à ocupação humana, como áreas propensas a escorregamentos ou movimentos de massa, ou à inundação. Podem-se mapear e caracterizar as áreas com maior "geodiversidade"[2]. Na mesma abordagem de escala, são identificados os elementos do meio biológico (vegetação e fauna), ou seja, a "exploração biológica da proposta metodológica de Bertrand (2007). Nessa análise, é mapeada e caracterizada a estrutura da vegetação, com a identificação de riqueza e abundância de espécies, assim como a ocorrência de endemismos e espécies ameaçadas. A correlação destes elementos naturais (bióticos e abióticos) contidos na paisagem (ou geossistemas) pode ser representada por croquis ou diagramas, como mostrado na **Figura 2.3**.

---

2 Embora menos consagrado que "biodiversidade", o termo "geodiversidade" tem sido empregado para identificação de locais que possuam numa área delimitável (por exemplo, uma bacia hidrográfica) com grande diversidade de formas de relevo e de características de solo. Assim, tais áreas têm potencial para abrigar uma maior diversidade de vida.

Figura 2.3 — Geossistema da Serra do Mar – Perfil esquemático das relações entre o embasamento, a cobertura vegetal e as condições climáticas

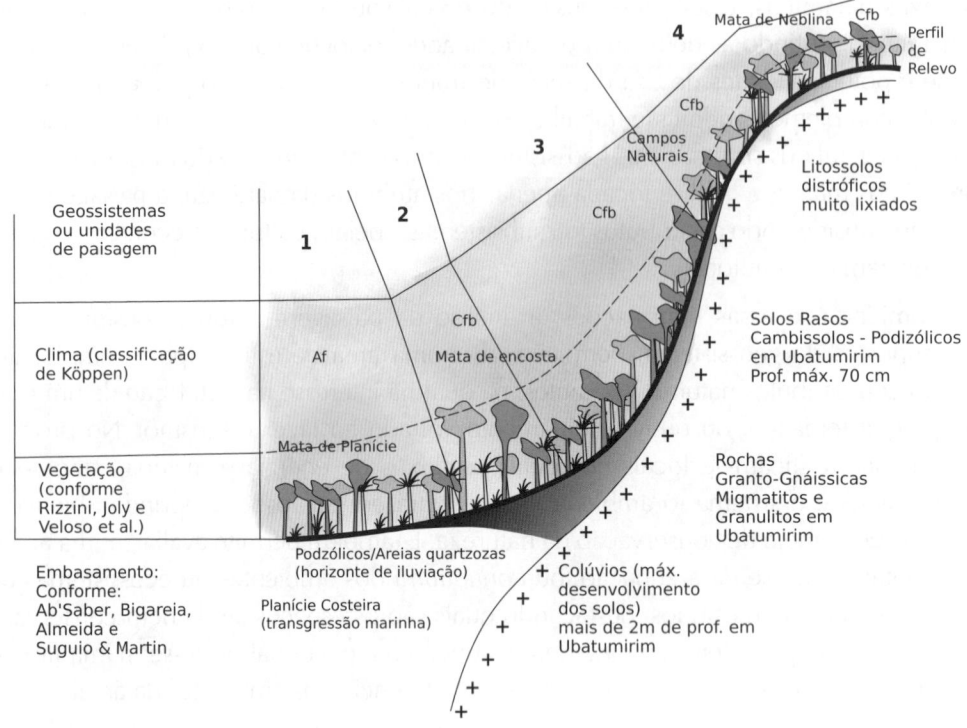

Fonte: Organizado por S. Raimundo (2001)

A correlação destas informações físicas e biológicas pode ser realizada com sobreposição de mapas com métodos tradicionais (mesa de luz) ou mais sofisticados, como em um Sistema de Informação Geográfica (SIG), permitindo avaliar as áreas de maior riqueza biológica e geomorfológica, assim como as áreas mais frágeis à ocupação (seja por características físicas – deslizamentos e inundações, seja por biológicas – endemismos ou espécies ameaçadas). Com isso, caracteriza-se a paisagem natural de uma área de estudo em suas potencialidades e fragilidades. Os Estudos de Impacto Ambiental (EIAs) e os Relatórios de Impacto ao Meio Ambiente (RIMAS) têm se utilizado dessas metodologias e ferramentas para proposição de instalação de equipamentos de lazer e turismo.

Em trabalhos anteriores (Raimundo, 2007 e 2008) foi realizado um mapeamento de unidades de paisagem natural, considerando a análise integrada de fatores naturais, como as formas do relevo e a vegetação. A relação destas duas variáveis produziu um conjunto de unidades de paisagem mais refinado em relação apenas ao que a visão panorâmica pudesse diferenciar. As **Figuras 2.4** e **2.5** indicam o processo de identificação das áreas, e a **Figura 2.6**, o mapeamento das paisagens naturais considerando essa metodologia no litoral norte de Ubatuba (SP).

Figura 2.4 — Matriz de agrupamento para estabelecimento das classes de legenda do mapa-síntese dos atributos naturais da paisagem

		GRAU DE CONSERVAÇÃO: Maior (climácico) → Menor (degradado)						
		PADRÕES DA COBERTURA VEGETAL						
		Primária arbórea porte alto	Primária arbórea porte médio	Secundária arbórea porte alto	Secundária arbórea porte médio	Secundária arbustiva	Secundária herbácea	
M O R F O L O G I A D O R E L E V O	Paredes rochosas							**MAIOR MORFODINÂMICA ↓ MENOR**
	Vertentes convexas							
	Vertentes retilíneas							
	Morro isolado							
	Vertentes côncavas							
	Depósitos alveolares de meia-encosta							
	Rampas de colúvio e depósitos de talus							
	Deposições mistas na encosta							
	Planície e terraços colúvios-aluvionares							
	Planície aluvionar							
	Planície fluvio-marinha							
	Terraço marinho							

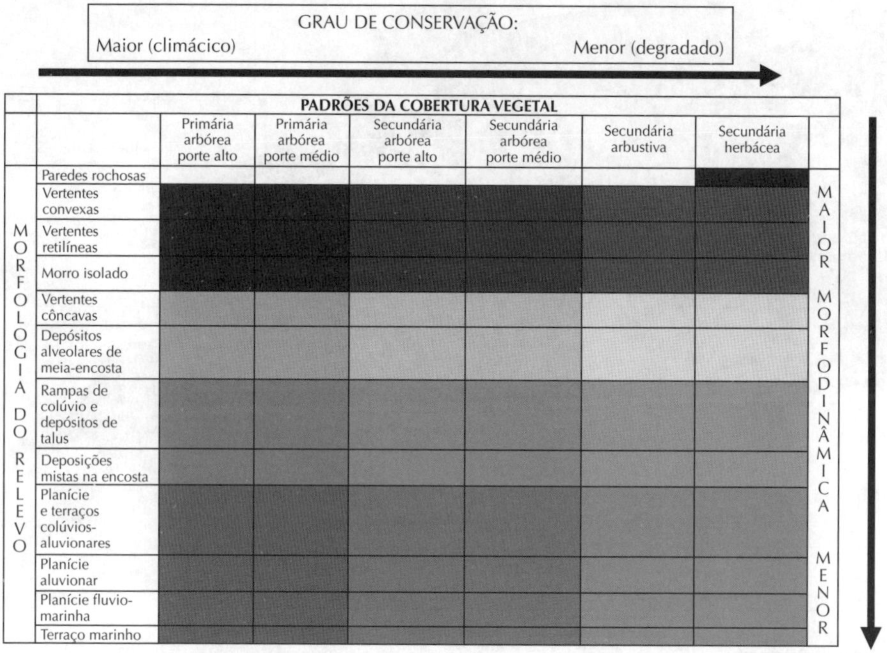

Figura 2.5 — Proposta para as classes de legenda do mapa-síntese dos atributos naturais da paisagem

PROPOSTA DE LEGENDA

AMBIENTES EM BIOSTASIA	AMBIENTES DE TRANSIÇÃO	AMBIENTES EM RESISTASIA
Hiperdispersores conservados	Hiperdispersores secundários	Hiperdispersores degradados
Hipodispersores conservados	Hipodispersores secundários	Hipodispersores degradados
Intergrades conservadas	Intergrades secundárias	Intergrades degradadas
Acumuladores conservados	Acumuladores secundários	Acumuladores degradados

Pela **Figura 2.6** pode-se perceber a espacialização da relação acima (formas de relevo x tipos de vegetação) e, assim, a grande diversidade de paisagens que compõem a área estudada. Considerando essas informações, verifica-se que as unidades naturais destacadas no mapa expressam a dinâmica natural na região e podem ser utilizadas para propostas de reconfiguração espacial das demandas por conservação da área (haja vista estar parcialmente dentro de um parque estadual). Assim, são identificadas as áreas mais sensíveis à ocupação (representadas pelas cores mais escuras em verde, azul e marrom) nas quais é desejável que não haja ocupação e usos voltados ao turismo.

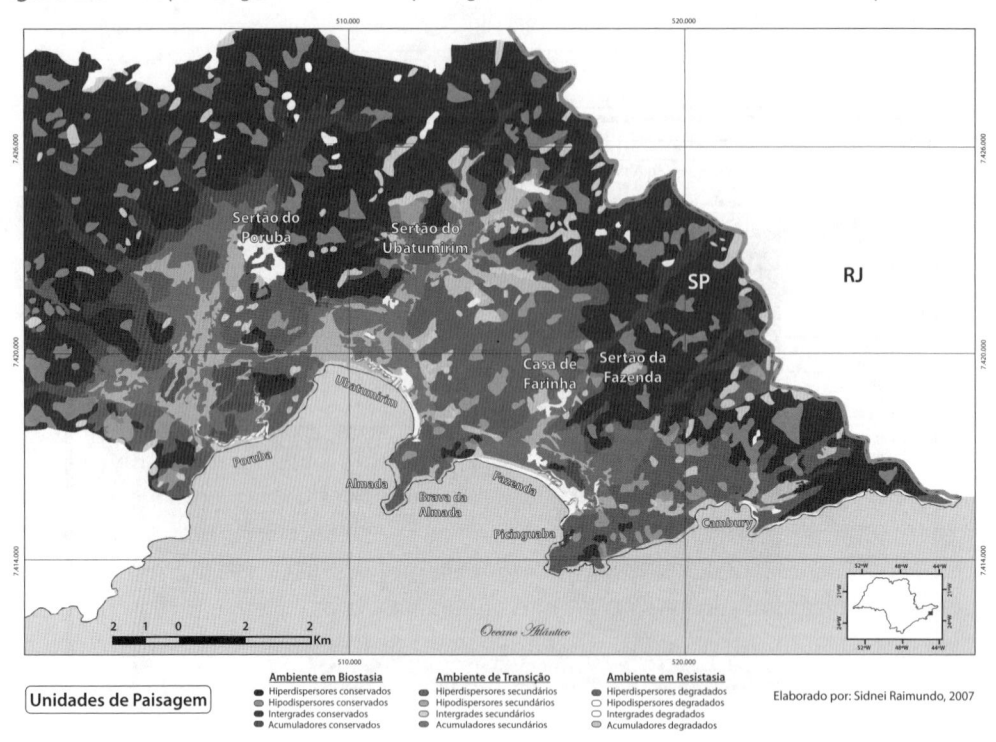

Figura 2.6 — Mapa dos geossistemas ou paisagens naturais no interior norte do litoral paulista

Unidades de Paisagem	Ambiente em Biostasia	Ambiente de Transição	Ambiente em Resistasia
	● Hiperdispersores conservados	● Hiperdispersores secundários	● Hiperdispersores degradados
	● Hipodispersores conservados	● Hipodispersores secundários	○ Hipodispersores degradados
	● Intergrades conservados	○ Intergrades secundários	○ Intergrades degradados
	● Acumuladores conservados	● Acumuladores secundários	● Acumuladores degradados

Elaborado por: Sidnei Raimundo, 2007

Da mesma forma, tal mapa deve ser considerado para identificar novas áreas de ocupação para o turismo/veraneio e para as práticas caiçaras, evitando a ocupação concentrada em um determinado ambiente. A ideia é que o uso e ocupação para atividades humanas não se concentre só num ambiente (por exemplo, as planícies), mas que possam ser "pulverizadas" na paisagem, assentando-se de uma maneira descontínua e dispersa nos demais ambientes.

Com isso, seriam permitidos os diversos usos hoje praticados nas áreas, mas reorientados espacialmente ao longo das paisagens, para garantir espaços mínimos de conservação nos ambientes identificados.

Um desdobramento da análise geossistêmica, surgida nos EUA na década de 1980, é a ecologia da paisagem, que procura relacionar as atividades humanas com as questões ambientais ou naturais. Forman e Godron (1986), seus precursores, entendem a paisagem como uma combinação heterogênea de ecossistemas complexamente estruturados, cuja dinâmica deve ser compreendida, buscando-se compreender as regras da distribuição dos elementos da paisagem e dos ecossistemas – o fluxo de seres vivos animais e vegetais, o fluxo de energia, nutrientes minerais e da água – e as consequentes alterações ecológicas no mosaico paisagístico ao longo do tempo.

A ecologia da paisagem, enquanto disciplina, surge com a contribuição da arquitetura da paisagem, engenharia florestal, agronomia e pedologia, mas principalmente da geografia e da biologia (Ingegnoli, 1997). O principal objeto de seu estudo é a heterogeneidade vertical e horizontal de uma unidade ecológica que forma uma paisagem (Ingegnoli, 1997, p. 7). Nesse sentido, a ecologia da paisagem constitui-se numa renovação da ecologia geral e da análise geossistêmica, preocupada não apenas com os métodos tradicionais da ecologia, mas incorporando os conceitos de paisagem, sendo, assim, mais apropriada aos estudos dos sistemas ambientais.

Segundo Risser (1985), a ecologia da paisagem analisa a extensão dos ecossistemas e seus limites, especialmente aqueles que são influenciados pelas atividades humanas. É, assim, o desenvolvimento de uma rede de análise da paisagem que relaciona as interações ecológicas, econômicas e culturais.

Nessa análise, os atributos espaciais do comportamento do ecossistema são fortemente combinados com as atividades humanas que afetam as características espaciais e os movimentos de energia e matéria da paisagem. Contudo, como alertava Risser (1985), esses estudos ainda estão em formação. Importante é destacar que esses argumentos permitem testar as ideias sobre os ótimos na relação entre a diversidade natural e os tipos de usos da terra (em nosso foco, voltados para práticas de lazer e turismo). Com isso, devem ser avaliadas as características mais adequadas da paisagem para a instalação de um serviço ou equipamento de lazer e turismo; e as relações entre os elementos naturais que compõem a paisagem, verificando os ambientes distintos e sua diversidade geo e biológica, num processo de síntese paisagístico, assim como áreas de maior "resistência" de certas características das paisagens e que permitam a instalação mais intensiva e equipamentos e atividades turísticas.

Do ponto de vista metodológico, há alguns caminhos para a delimitação de geossistemas ou unidades de paisagem. Os profissionais ligados ao lazer e turismo podem ter dificuldades nessas delimitações, pois essas habilidades e competências não fazem parte do currículo dos cursos. Contudo, alguns procedimentos podem ser desenvolvidos sem grandes dificuldades. Posteriores necessidades de aprofundamento ou estudos mais complexos podem ser resolvidos com apoio e consulta de especialistas das ciências naturais.

Um primeiro problema a ser resolvido é o da escala. Qual a dimensão proposta para o projeto? Se o local apresenta uma distribuição de poucos metros, algumas fotografias panorâmicas adquiridas de máquinas convencionais podem ser utilizadas para análise da paisagem. Por outro lado, se a área de estudo apresenta maiores dimensões, deve ser feito uso de fotografias aéreas ou imagens de satélites.

Observe a **Figura 2.7**. É possível identificar pela diferenciação de alguns padrões (cor, tamanho, textura) pelo menos três ambientes (ou unidades de paisagem) desse local: as escarpas, um setor com vegetação mais encorpada e outro com vegetação mais rasteira.

Figura 2.7 — Paisagem dos chapadões recobertos com cerrado e matas-galerias do Brasil Central

Consulta à bibliografia ou a especialistas em ciências naturais podem aprofundar as características destes três ambientes ou unidades de paisagem. Mas a análise diferenciou *a priori* estes locais. Contudo, na análise geossistêmica, é preciso considerar que estes três ambientes se relacionam (apresentam algum grau de dependência um do outro). Por exemplo, há um fluxo de materiais (água e sedimentos) das escarpas para o rio, perpassando então todos eles. Com isso, precisam ser analisados de uma maneira integrada, pois qualquer interferência direta em um deles pode causar indiretamente algum problema no ambiente vizinho.

Dessa forma, é possível avaliar as fragilidades desta paisagem, desde que qualquer interferência (como a instalação de meios de hospedagem ou outros equipamentos) não se concentre apenas em uma unidade, mas seja "pulverizada" ao longo da paisagem – nos três ambientes. Mais que isso, que sejam resguardadas parcelas significativas de cada um deles (unidade de paisagem).

Por outro lado, e ainda considerando os três ambientes, é possível planejar atividades de ecoturismo ou de lazer na natureza, que os utilizem. Por exemplo, a instalação de uma trilha de interpretação ambiental deve ter seu traçado perpassando os três ambientes, para que o visitante conheça e vivencie as características de todas as unidades paisagísticas do local. Com isso, tem-se um maior uso das potencialidades paisagísticas da área.

Análise da paisagem com ênfase na sociedade e cultura

A geografia atualmente desenvolve trabalhos num ramo denominado geografia cultural. As origens dessa "nova" linha da geografia encontram-se na sua própria formação enquanto ciência, no final do século XIX, com os estudos da antropogeografia de Ratzel, na Alemanha, e de gênero de vida, capitaneados por Vidal de Lablache, como já indicado no tópico anterior deste capítulo.

O conceito de "gênero ou modo de vida", uma das raízes da geografia cultural, é firmado numa abordagem epistemológica distinta da atual. Na segunda metade do século XIX, essa temática organizou-se e tomou vulto na geografia agrária francesa, que desejava entender como o homem se adaptava às condições do meio natural, produzindo modificações de acordo com suas necessidades.

Brunhes (1948) foi um dos grandes sistematizadores do "gênero de vida". Em sua obra emblemática *Geografia humana*, esse autor buscou, em diversas partes do mundo, compreender as maneiras como os povos interagiam com o meio e produziam modificações na paisagem, marcadas pelas limitações e ofertas de recursos naturais no ambiente e pelas técnicas distintas construídas por cada sociedade. A natureza, em sua visão, aparecia apenas como um palco, ou "O" palco, no qual os homens produziam suas interferências. Brunhes (op. cit.) justificava as grandes alterações produzidas pela sociedade como o "fator construtivo da destruição humana", à medida que a produtividade e o desenvolvimentismo apareciam como os responsáveis pelas transformações e degradações ambientais.

A visão possibilista do gênero de vida e todos os demais conceitos ligados à geografia moderna foram marginalizados. E, a partir da segunda metade do século XX, esta forma de ver e pensar as paisagens quase desapareceu, encerrando os estudos de geografia cultural. No entanto, Claval (2001, pp. 48-49) indica que ela entra em declínio porque desaparece a pertinência dos fatos culturais para explicar a diversidade das distribuições humanas. Os métodos do gênero de vida não eram feitos para sociedades modernizadas, que se generalizam pelo mundo. As sociedades concebidas a partir do gênero de vida desaparecem em todos os lugares, o que parece condenar as pesquisas de geografia cultural.

Contudo, o desaparecimento programado para a geografia cultural não aconteceu, pois não houve a homogeneização total (McDowell, 1996). Nesse contexto, Claval (2001, p. 50) indica que as técnicas tornaram-se demasiadamente uniformes para deter a atenção; e são as representações, até então negligenciadas, que merecem ser estudadas. Daí resultam os "estudos dos papéis". Portanto, segundo Claval (op. cit.), a reconstrução da geografia cultural passa pela busca do sentido dos lugares e da percepção das paisagens que os povos que os habitam têm deles, ou seja, o espaço vivido.

Numa abordagem similar à geografia cultural, as ciências sociais trabalham com o resgate da cultura através da Teoria da Memória. Pela análise da memória coletiva, reconstroem-se fatos já passados, mas que podem conter significados narrados ou vivenciados por outros sujeitos, lembranças que passam a ter real interpenetração na memória de quem está narrando, como se fossem parte de sua própria vida (Merlo, 2000, p. 20). Através do resgate da memória dos anciãos, pode-se avaliar a influência e difusão de um dado fenômeno ao longo do tempo e de como ele se expressa na paisagem.

Como indica Merlo (2000, p. 22), a lembrança está sempre referida ao presente. A memória insere-se no movimento de ir ao passado e voltar ao presente. Ela abre a possibilidade de compreensão do universo cultural e simbólico. Acredita-se que, através do entrecruzamento de lembranças e da observação da paisagem, o pesquisador pode aproximar-se de uma interpretação coerente com o exposto e o vivido. Desta forma, pode-se pensar nas mudanças culturais que ocorreram no litoral paulista através do resgate da memória dos anciãos que habitam a região e que presenciaram seus processos de mudança. Pode-se assim, discutindo suas representações passadas e presentes (estudo dos papéis), verificar como se deram os processos socioespaciais pretéritos e que ainda se fazem presente na atualidade.

Ainda com o foco nas questões culturais para o entendimento do espaço (e das paisagens), é importante destacar a contribuição da etnociência e da etnoconservação. Construída nas Ciências Sociais, notadamente na Antropologia e Etnologia, apresenta-se com uma proposta metodológica para inserir as necessidades e aspirações, assim como o conhecimento de comunidades ditas tradicionais, na conservação da natureza e, especificamente, na instalação de atividades econômicas, sem alterar os padrões dessas comunidades.

Para Diegues (2000, p. 16) pode-se falar em etnobiodiversidade, isto é, a "riqueza da natureza, da qual participam os humanos, nomeando-a, classificando-a, domesticando-a". É uma forma de análise da paisagem focada no simbólico e imaginário dessas comunidades. Para Diegues (op. cit.), a biodiversidade pertence tanto ao domínio do natural quanto do cultural, mas é a cultura enquanto conhecimento que permite às populações tradicionais entendê-la, representá-la mentalmente, manuseá-la e, frequentemente, enriquecê-la. O autor continua:

> O que se propõe é a criação de uma nova ciência da conservação que incorpore o conhecimento científico e tradicional... (A etnoconservação) é o estudo do papel da natureza no sistema de crenças e a adaptação do homem a determinados ambientes (paisagens), enfatizando as categorias e conceitos cognitivos utilizados pelos povos em estudo. Pressupõe-se que cada povo possua um sistema único de perceber e organizar as coisas, os eventos e os comportamentos (Diegues, 2000, pp. 18-19).

Postos dessa maneira, os objetivos da etnociência se assemelham aos da geografia cultural e, em muitos casos à sua corrente precursora, o "gênero de vida" da geografia agrária francesa.

Mas Diegues (2000, p. 20) alerta que a etnoconservação, como nova teoria e prática conservacionista, não é de domínio exclusivo de determinados cientistas nem do Estado, mas de um movimento que reúne cientistas de diversos campos, tanto das ciências naturais quanto das sociais, de lideranças das comunidades locais (tradicionais) e de representantes de várias organizações não governamentais, a fim de implantar uma conservação real das paisagens, de proteger a diversidade biológica e também sociocultural.

Nesse sentido, a etnoconservação e a geografia cultural são similares em suas buscas, tendências e formas de representar a paisagem. Pode-se pensar numa semelhança entre ambas no sentido de que a primeira procura refletir e incorporar as necessidades, o conhecimento e os desejos das comunidades locais, ditas tradicionais. A outra assemelha-se a esse enfoque na busca das representações – sua tendência mais recente –, procurando entender e espacializar os fenômenos ligados à construção dos lugares e paisagens e das identidades dos povos.

A etnoconservação, contudo, tem seu foco de aplicação voltado às questões ambientais e à valorização das culturas, enquanto a geografia cultural procura desvendar as características das representações das comunidades (culturas) sobre as paisagens, sem necessariamente ter preocupações a respeito da conservação da natureza

Considerando essas informações, há estudos ligados ao lazer e turismo que têm utilizado as premissas da geografia cultural e da etnoconservação. Calvente (1997), Merlo (2000), Maldonado (2001) e Furlan (2004) estudaram o comportamento, as crenças, valores, necessidades e aspirações da comunidade caiçara de Ilhabela, no litoral norte do Estado de São Paulo. Rodrigues (2002, 2003) analisou o processo de planejamento participativo quando da elaboração do plano de manejo do Parque Estadual da Ilha do Cardoso, no litoral sul de São Paulo. Apesar das dificuldades e conflitos relatados por Rodrigues (op. cit.), tratou-se de uma das primeiras experiências de planejamento de áreas protegidas no Estado que considerou e materializou os interesses das comunidades humanas.

Este trabalho norteou o Ministério do Turismo a estabelecer um polo de ecoturismo e considerá-lo uma experiência positiva de base local. Nesses exemplos, há diferenças nos procedimentos de elaboração das pesquisas. Contudo, todas elas trazem em seu bojo uma caracterização sobre o modo de pensar e agir de comunidades humanas que fazem uma leitura dos atributos da paisagem, baseada numa cosmogonia em muito diferenciada dos valores e crenças dos citadinos. Trata-se de um entendimento da paisagem como produto da ação de uma cultura sobre o meio. Um grupo social que apresenta técnicas, mas principalmente representações (visões de mundo) distintas dos habitantes da cidade ou de áreas mais modernizadas do campo.

Identificar os saberes e fazeres dessas comunidades constitui atualmente uma grande tarefa para os profissionais da área de turismo. Trata-se da identificação do que Guimarães (2002) chamou de paisagem vivida e paisagem simbólica. Uma vez identificadas as características dessas paisagens vividas, deve-se considerar que as novas introduções e transformações promovidas pelo lazer e turismo não as descaracterizem significativamente, garantindo os atributos naturais e socioculturais das paisagens onde se inserem, como mostrado nas **Figuras 2.8** e **2.9**.

Figura 2.8 — Praia de Picinguaba, Ubatuba (SP). As residências secundárias entremeiam-se aos ranchos de pescas dos caiçaras. É preciso identificar a paisagem vivida, as aspirações e necessidades dessas comunidades para evitar o conflito pelo uso do espaço

Figura 2.9 — Placa de informação da comunidade Almada, litoral norte de São Paulo. O orgulho étnico representado nessa placa precisa ser entendido e valorizado, com a identificação dos valores, crenças, o imaginário e o simbólico da comunidade. Com isso, evita-se que descaracterizações socioculturais mais severas produzidas pelo turismo se instalem ali, ao mesmo tempo em que os saberes e fazeres dessa comunidade tradicional possam ser incorporados nas atividades de lazer e turismo

CONSIDERAÇÕES FINAIS

O entendimento da paisagem pela sociedade transformou-se ao longo da história, notadamente nos útimos cem anos. Atualmente constitui-se numa ferramenta importante para o planejamento e gestão de atividades de lazer e turismo.

Em questões ambientais, a análise da paisagem pode considerar os atributos ou componentes dos meios físico (rochas, relevo, água, clima) e biológico (vegetação e fauna), numa análise integrada. Definem-se, assim, não somente as paisagens naturais que compõem uma localidade, mas também suas conexões – os fluxos ecológicos que se estabelecem entre os ambientes. Com isso, é possível passar indicações sobre os limites da natureza em suportar interferências. Pode-se também apresentar as potencialidades paisagísticas da área de estudo, isto é, as principais características destes elementos naturais para o desenvolvimento de atividades ligadas ao lazer e turismo, tornando, assim, mais rica e agradável a experiência do visitante.

Outra vertente de análise da paisagem, igualmente importante, considera as características sociais e culturais para definição, delimitação e entendimento de uma dada paisagem. Valoriza, assim, as materialidades que se expressam no espaço a partir do conjunto de crenças e percepções, imaginárias e simbólicas, de populações humanas que habitam esses locais.

Ambos os enfoques, um ligado à natureza (análise geossistêmica ou da ecologia da paisagem) e outro à sociedade e cultura (da geografia cultural ou da etnociência), são fundamentais para garantir a manutenção dos atributos diferenciais da paisagem. Com isso, persegue-se o que Yázigi (2001) chamou de "a alma do lugar", isto é, características naturais e/ou socioculturais que conferem a uma paisagem um caráter de singularidade e que merecem ser conservados em relação às forças transformadoras do setor turístico. Evita-se, no dizer de Krippendorf (1977), que o turismo seja um devorador de paisagens, ou seja, que não altere negativamente uma paisagem, degradando seus atributos naturais e culturais. Evita-se, também, a construção de equipamentos e o desenvolvimento de atividades que em nada lembrem as características paisagísticas anteriores à chegada do turismo. Características essas que foram construídas historicamente, nesse processo de interação entre o grupo social e o meio natural que lhe dava suporte.

Os profissionais que atuam com lazer e turismo necessitam conhecer as técnicas de análise da paisagem aqui apresentadas, evitando tais descaracterizações e contribuindo para a busca de uma prática sustentável do lazer e turismo.

ATIVIDADES PROPOSTAS

Para explorar e se aprofundar no estudo da temática abordada, é preciso estar atento às discussões que envolvem paisagem e turismo, e conhecer métodos que agreguem valor às ações que possam enriquecer os trabalhos de planejamento do turismo.

Criteriosas pesquisas na internet e em periódicos científicos nacionais e internacionais de geografia e turismo são o meio mais ágil de se manter antenado nas novidades publicadas com essa temática.

1. A fim de provocar discussões e consolidar o conhecimento, sugerimos que o grupo explore o texto e faça uma discussão com o foco na seguinte afirmação:

   > tudo aquilo que nós vemos, o que nossa visão alcança. Esta pode ser definida como o domínio do visível, aquilo que a visão abarca. Não é formada apenas de volumes, mas também de cores, movimentos, odores, sons etc. (Santos, 1996, p. 61).

   Relacione as ideias contidas nessa citação de Santos com as informações da **Tabela 2.1**.

2. Considerando que as formas de entender o mundo e as relações entre sociedade e natureza ocorreram de maneira diferente em diferentes momentos da evolução do pensamento geográfico, discuta os seguintes pontos, indicando também como essas maneiras de entender a paisagem podem ser aplicadas ao planejamento e gestão do turismo:

- a paisagem no determinismo ambiental;
- a paisagem no possibilismo;
- a paisagem na geografia crítica; e
- a paisagem na geografia cultural.

3. Considerando as informações apresentadas no item Técnicas de análise da paisagem com ênfase nas questões ambientais, eleja um local onde você resida ou visite e faça, com seu grupo, uma análise da paisagem destacando suas potencialidades e fragilidades. Você pode conversar com especialistas e lideranças que conhecem o local para obter maiores informações sobre as características naturais e socioculturais da área. Com base nessas informações, procure definir:

- a "síntese" da paisagem – mapas ou croquis da análise integrada ou geossistêmica da paisagem;
- áreas destinadas a conservação e preservação, seja do ponto de vista natural ou ligado à cultura local;
- áreas possíveis para atividades de lazer e turismo, destacando suas características e vocação. Quais os atributos naturais e/ou socioculturais são importantes para definição dessas áreas; e
- áreas possíveis para instalação de equipamentos turísticos.

CAPÍTULO 3
Clima e turismo

Edson Cabral

CONCEITOS APRESENTADOS NESTE CAPÍTULO

Este capítulo aborda as interfaces existentes entre os elementos climáticos e as atividades turísticas, com destaque para aquelas voltadas às áreas naturais, cujos segmentos são considerados alternativas, recebendo várias denominações como turismo ecológico, turismo de aventura ou ecoturismo, entre outros. Também é discutida a questão do aquecimento global, amplamente divulgada na mídia em tempos recentes, e suas implicações no turismo. Destaca-se a necessidade de um maior conhecimento das relações entre o clima e as atividades turísticas, visando um planejamento turístico mais adequado. O conhecimento do clima e de sua variabilidade é de grande relevância para as diversas atividades humanas e, dentre elas, se destaca o turismo, pela importância econômica, geração de empregos e conservação ambiental.

INTRODUÇÃO

A Climatologia é a ciência que estuda o clima; esta palavra deriva do grego, e pode ser traduzida como "inclinação", referindo-se à inclinação ou curvatura da Terra, responsável pelas grandes variações climáticas no globo, tendo em vista a recepção de energia diferenciada em cada faixa do planeta.

Deve-se adicionalmente definir outros dois conceitos importantes: tempo e clima. O tempo atmosférico expressa uma condição momentânea, pontual, em relação aos elementos temperatura, umidade, ventos, precipitação, radiação etc. O clima, por sua vez, representa o ambiente atmosférico constituído pela série de estados da atmosfera em um determinado lugar e sua sucessão habitual (Sorre, 1934), ou seja, uma grande sucessão de estados de tempo atmosférico durante um longo período.

Para a Organização Meteorológica Mundial (OMM), o clima é definido como o conjunto flutuante das condições atmosféricas, caracterizado pelos estados e evolução do tempo no curso de um período suficientemente longo para um domínio espacial determinado (Conti, 2000).

As condições atmosféricas afetam diretamente as atividades turísticas, tanto favorável quanto desfavoravelmente. O tempo atmosférico tanto pode contribuir com a atratividade turística quanto impedir que os turistas exerçam as atividades previstas. Por exemplo, a precipitação de neve (nival) em um dado local pode atrair grandes quantidades de turistas, como ocorre em alguns episódios no sul do Brasil no período de inverno, enquanto condições de muita nebulosidade e nevoeiros podem ser indesejáveis em algumas situações devido ao obscurecimento da paisagem, ou até cancelar as atividades, no caso de situações extremas, como chuvas torrenciais, tornados e furacões.

As condições de tempo são particularmente importantes em atividades turísticas em áreas naturais, que vem crescendo em importância a partir da década de 1990, no conjunto dos segmentos das viagens turísticas.

Tais modalidades em áreas naturais, denominadas alternativas, são classificadas em diferentes segmentos: ecoturismo, turismo ecológico, turismo de aventura e turismo rural, abrangendo várias atividades de esporte de natureza, como o *rafting*, rapel, *tracking*, safáris fotográficos, entre outras.

É de suma importância que se conheça a climatologia dos locais a serem visitados e uma boa previsão de tempo é fundamental para o êxito das atividades turísticas.

Existem atualmente vários *sites* com previsões de tempo que podem ser consultados tendo como finalidade o turismo.

O *site* do Instituto de Pesquisas Espaciais (http://www.cptec.inpe.br), vinculado ao Ministério da Ciência e Tecnologia, apresenta uma enorme quantidade de informações meteorológicas (imagens de satélite, cartas sinóticas, previsões de tempo para um período de até sete dias) que pode servir de base para um adequado planejamento turístico.

A *homepage* do Instituto Nacional de Meteorologia, do Ministério da Agricultura, Pecuária e Abastecimento (www.inmet.gov.br), também oferece imagens de satélite, mapas de tempo, dados climatológicos de estações próprias do Instituto e previsões de tempo com três dias de antecedência.

O *site* do Weather Channel (http://br.weather.com), por sua vez, elabora previsões de tempo para cidades de todo o planeta com até 10 dias de antecedência.

O portal eletrônico da empresa Climatempo, além de mapas do tempo e imagens de satélite com animação, apresenta previsões de tempo para períodos de cinco dias e tendências para os cinco dias seguintes, além de previsões de tempo sob a forma de vídeos para cada região do país. Voltado especificamente ao turismo, a Climatempo criou também o *site* http://www.climadeviagem.com.br, onde se destacam os pontos turísticos de vários destinos nacionais e também características climáticas das cinco grandes regiões brasileiras e de várias partes do mundo.

As condições de tempo influenciam em vários aspectos uma caminhada, *trekking* ou escalada. Os elementos vento, temperatura, umidades, chuvas e visibilidade, entre outros, são variáveis atmosféricas que interferem sobremaneira no planejamento, logística, segurança e desempenho nas atividades turísticas em áreas naturais.

Nas regiões costeiras, normalmente o clima comporta-se de maneira menos variável, com as temperaturas apresentando pouca amplitude; as chuvas são mais comuns, mas nem sempre torrenciais, e as trovoadas são menores frequentes. Nesses locais, também, as temperaturas e a umidade são elevadas devido às menores altitudes e ao efeito de proximidade do oceano ou maritimidade.

O tempo em regiões montanhosas, por sua vez, é muito variável, com os ventos se apresentando desde calmos a muito fortes; os ambientes podem ser secos ou até muito úmidos, dependendo da localização, com temperaturas variando do calor ao frio congelante, tudo isso em um curto espaço de tempo. Esta grande variabilidade requer dos turistas um preparo nas suas ações, de maneira a poderem tirar o máximo proveito da atividade, mantendo-se as condições de segurança e logística como consumo e fornecimento de água, alimentação, vestimenta adequada, áreas para abrigo etc.

Em relação ao território brasileiro, de grande extensão espacial, a maior parte do fluxo turístico está localizada em áreas de praias, sendo a climatologia um elemento importante da visitação turística. A maior parte da área litorânea está inserida na faixa intertropical e pode receber viajantes praticamente durante todo o ano.

Nas regiões tropicais, as condições climáticas dos locais visitados são variáveis que fazem parte da "sazonalidade nos destinos turísticos", que significam tempo bom, ensolarado, com presença das chuvas na estação chuvosa (verão), e tempo frio na estação seca (inverno) (Zamparoni, 2005, p. 4.001).

Somente na região Sul do Brasil, conforme mostra a **Figura 3.1**, onde predomina o clima subtropical, devido às menores médias térmicas e temperaturas oceânicas mais reduzidas, particularmente no período de inverno, existe uma restrição maior da visitação turística tendo em vista as condições climáticas nessa área.

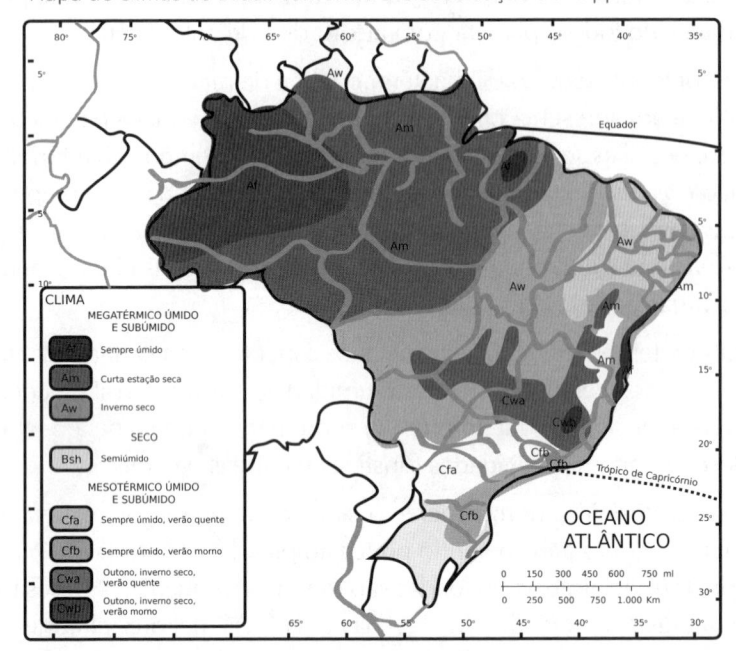

Figura 3.1 — Mapa de climas do Brasil conforme a Classificação de Köppen

Fonte: http://tempoagora.uol.com.br/mclimaticas/internas/images/clima_koppen_14.gif.

O turismo realizado em áreas montanhosas, por seu turno, tem como um dos atrativos justamente o seu clima singular, com temperaturas mais amenas, e, algumas situações até próximas de 0°C. Na região Sudeste do Brasil são exemplos destacados de destinos que atraem os turistas pelo "clima de montanha" os municípios de Campos do Jordão (SP), Teresópolis (RJ) e Poços de Caldas e Camanducaia (onde se localiza o Distrito de Monte Verde), ambos em MG. No Nordeste, são destaques de centros turísticos de montanhas as localidades de Garanhuns (PE) e Guaramiranga (CE).

A seguir, apresenta-se uma descrição dos principais fenômenos atmosféricos e a maneira pela qual eles interferem nas atividades de ecoturismo.

Temperatura

A temperatura é um fator extremamente importante para os seres vivos, pois determina as condições ambientais e estabelece o grau de conforto.

Em termos médios, os turistas que percorram regiões montanhosas poderão observar uma grande queda de temperatura à medida que aumentam as elevações, cerca de 6,5°C a cada mil metros. Caso o ar esteja muito seco, essa queda pode ser ainda maior.

Conforme se ganha altitude, além da queda da temperatura, a umidade relativa tende a diminuir, a vegetação se torna menos densa e a exposição à radiação pode ser muito forte. Em áreas mais elevadas, é bastante comum ocorrer uma grande amplitude térmica, com grande aquecimento durante o dia e forte resfriamento noturno.

Em que pese os termômetros indicarem determinadas temperaturas, a sensação térmica pode ser bastante diversa, de acordo com dois outros elementos climáticos, a umidade e o vento. Quando a temperatura é elevada e a umidade também, por exemplo, a sensação térmica é maior, pois o organismo humano não consegue transpirar com facilidade, perdendo calor para o meio (**Figura 3.2**).

No caso do vento, quando este apresentar valores altos, por exemplo, pode contribuir para diminuir a sensação de desconforto para o calor, enquanto em situações de baixa temperatura, a sensação de desconforto para o frio aumenta significativamente.

Figura 3.2 — Diagrama do conforto humano

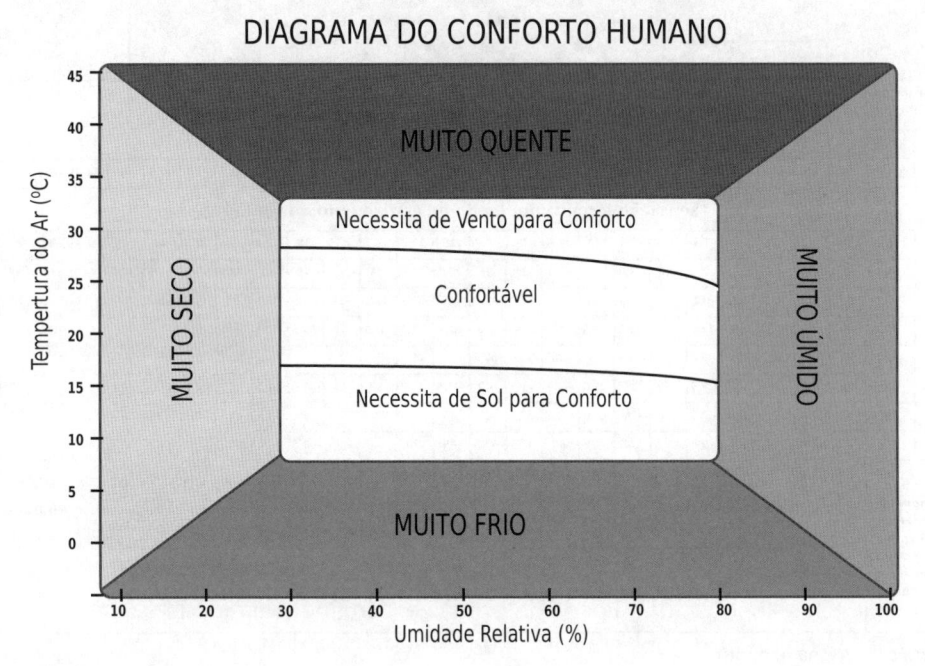

DIAGRAMA DO CONFORTO HUMANO

Fonte: INMET

Vento

Em áreas costeiras, os ventos geralmente sopram do mar para o continente durante o dia (brisa marítima) e, durante a noite, do continente para o oceano (brisa terrestre ou terral), devido às diferenças de temperatura e pressão verificadas entre o oceano e a superfície terrestre. Nas áreas costeiras e nas serras próximas ocorre, portanto, muita nebulosidade, e, por vezes, precipitação.

Em áreas montanhosas e, particularmente, em seus picos, raramente os ventos são calmos, enquanto nos fundos de vale os ventos tendem a ser mais fracos e, durante as noites, apresentarem condições de estabilidade propícias à formação de nevoeiros.

Nas regiões montanhosas, durante o período vespertino, principalmente no verão, é comum a ocorrência das brisas de vale, que se deslocam dos fundos de vale para os topos das colinas e montanhas, podendo ocasionar nuvens e chuvas orográficas. No período noturno, é comum o fenômeno inverso: as brisas de montanha, com os ventos descendo as vertentes em direção aos fundos de vale.

Regra geral, o vento aumenta de intensidade com o aumento da altura e devido ao contato com o terreno montanhoso, se elevando em direção aos seus picos; podem também se afunilar em vales estreitos ganhando velocidade. Com o aumento da intensidade do vento, é necessário que os turistas atentem para o efeito da sensação térmica denominada *Wind chill*, conforme mostrado na **Figura 3.3**.

Figura 3.3 — Tabela de sensação térmica – temperatura × vento (*Wind chill*)

FORÇA AÉREA ARGENTINA COMANDO DE REGIÕES AÉREAS SERVIÇO METEOROLÓGICO NACIONAL Tabela de temperatura equivalente de esfriamento por efeito do vento																											
Velocidade do vento		Temperatura (ºC)																								
NÓS	km/h																									
NÓS	km/h	10	7,5	5	2,5	0	-2,5	-5	-7,5	-10	-12,5	-15	-17,5	-20	-22,5	-25	-27,5	-30	-32,5	-35	-37,5	-40	-42,5	-45	-47,5	-50
Sensação térmica por efeito de esfriamento do vento																										
3 - 6	8	7,5	5	2,5	0	-2,5	-5	-7,5	-10	-12,5	-15	-17,5	-20	-22,5	-25	-27,5	-30	-32,5	-35	-37,5	-40	-45	-47,5	-50	-52,5	-55
7 - 10	16	5	-2,5	-2,5	-5	-7,5	-10	-12,5	-15	-17,5	-20	-25	-27,5	-32,5	-35	-37,5	-40	-45	-47,5	-50	-52,5	-57,5	-60	-62,5	-65	-67,5
11 - 15	24	2,5	0	-5	-7,5	-10	-12,5	-17,5	-20	-25	-27,5	-32,5	-35	-37,5	-42,5	-45	-47,5	-52,5	-55	-57,5	-60	-65	-67,5	-72,5	-75	-77,5
16 - 19	32	0	-2,5	-7,5	-10	-12,5	-17,5	-22,5	-22,5	-25	-30	-35	-37,5	-42,5	-47,5	-50	-52,5	-57,5	-60	-65	-67,5	-70	-72,5	-77,5	-80	-85
20 - 23	40	-0	-5	-7,5	-10	-15	-17,5	-22,5	-25	-30	-32,5	-37,5	-40	-45	-47,5	-52,5	-55	-60	-62,5	-67,5	-70	-75	-77,5	-82,5	-85	-90
24 - 28	48	-2,5	-5	-10	-12,5	-17,5	-20	-25	-27,5	-32,5	-35	-40	-42,5	-47,5	-50	-55	-57,5	-62,5	-65	-67,5	-72,5	-75	-77,5	-80	-85	-90	-95
29 - 32	56	-2,5	-7,5	-10	-12,5	-17,5	-20	-25	-30	-32,5	-37,5	-42,5	-45	-50	-52,5	-57,5	-60	-65	-67,5	-72,5	-75	-80	-82,5	-87,5	-90	-95
33 - 36	64	-2,5	-7,5	-10	-15	-20	-22,5	-27,5	-30	-35	-37,5	-42,5	-45	-50	-55	-60	-62,5	-65	-70	-75	-77,5	-82,5	-85	-90	-92,5	-97,5
Ventos superiores aos 64 km/h. Produzem um pequeno efeito adicional		PERIGOSO	MUITO PERIGOSO As partes do corpo expostas ao vento podem congelar-se em 1 minuto										EXTREMAMENTE PERIGOSO As partes do corpo expostas ao vento podem congelar-se em 30 minutos												
^		Sensação térmica por efeito de esfriamento do vento																								

Fonte: Força Aérea Argentina.

Além disso, como o ar em maiores altitudes é mais rarefeito e mais seco, deve-se observar de forma cuidadosa o consumo de água, embora a oxidação de equipamentos e decomposição de alimentos seja mais lenta nessas condições.

Outro problema associado à rarefação do ar, principalmente acima de 3.000m, é o denominado "mal da altura", que pode causar náuseas e dor de cabeça.

Precipitação

As precipitações são provenientes de vários gêneros de nuvens e podem ser sólidas (neve, granizo) ou líquidas (chuva, chuvisco), sendo geradas de três modalidades: frontal, orográfica e convectiva.

As precipitações frontais estão associadas à passagem de sistemas frontais e são mais intensas nas frentes frias, podendo abranger uma grande área, vinculadas geralmente a trovoadas e ventos fortes. Em algumas situações de verão, os sistemas frontais podem estacionar durante vários dias em uma região e gerar chuva por longos períodos. As regiões Sul e Sudeste do Brasil são as mais afetadas pelo estacionamento de sistemas frontais.

As chuvas orográficas, por sua vez, ocorrem associadas à orografia (relevo) na encosta onde sopram os ventos predominantes (a barlavento das elevações). As chuvas orográficas no período mais quente do ano são mais frequentes e podem ocorrer de forma torrencial.

Em atividades de trilhas feitas próximas a córregos e rios, deve-se observar a ocorrência de pancadas de chuvas, pois o nível dos cursos d'água pode se elevar rapidamente. Precipitações que ocorrem de forma intensa em áreas mais elevadas podem rapidamente descer as encostas das montanhas e chegar ao leito dos rios, impedindo sua travessia e colocando em perigo os excursionistas.

Trovoadas

As trovoadas são provenientes de nuvens de grande desenvolvimento vertical, as cumulonimbus, que geram também fortes ventos (tempestades), chuvas em forma de pancadas e, esporadicamente, a precipitação de granizo, podendo causar riscos às atividades turísticas em áreas naturais.

As trovoadas podem ocorrer em qualquer área, sobre os oceanos ou continentes, mas sua frequência é maior no período de verão, e também estão associadas a frentes frias. Nas áreas montanhosas a probabilidade de ocorrência de granizo e descargas elétricas é maior devido ao impulso fornecido pelo relevo.

O raio deve ser motivo de preocupação dos turistas, devendo ser evitadas áreas planas, bem como lagos e represas, além de árvores e elevações montanhosas e particularmente seus cumes.

Para se identificar uma nuvem cumulonimbus, deve-se observar sua base escura, forte desenvolvimento vertical e também a presença de trovoadas.

Nevoeiros

Os nevoeiros são caracterizados como fenômenos meteorológicos que restringem muito a visibilidade horizontal (menos de 1.000m), impedindo a visualização de aspectos importantes da paisagem, com o comprometimento de atividades turísticas ao ar livre.

Os nevoeiros ocorrem de forma mais frequente e intensa em regiões montanhosas e principalmente em fundos de vale, onde, pelo efeito de resfriamento noturno e da ação da gravidade, há acúmulo de ar frio e a condensação de gotículas d'água com a formação de espessas névoas. Em tais situações, geralmente a dissipação dos nevoeiros ocorre pela incidência de radiação solar e pelo aumento da intensidade dos ventos ainda no período matutino. Após a dissipação dos nevoeiros, o tempo normalmente fica estável.

Em regiões costeiras também se verifica a existência de nevoeiros devido à forte umidade oceânica e diferenças de temperatura entre o continente e o oceano.

Nas vertentes oceânicas das montanhas, são bastante comuns os densos nevoeiros orográficos e também as nuvens stratus, gerando chuviscos e podendo restringir totalmente uma atividade de ecoturismo.

Nuvens

As nuvens são fenômenos meteorológicos formados pelo aglomerado de partículas de água, líquidas e/ou sólidas, em suspensão na atmosfera. Para sua formação, é necessário haver alta umidade relativa, núcleos de condensação (sal, polens, fuligem, material particulado) e o processo de condensação ou sublimação.

As moléculas de vapor d'água se acumulam em torno dos núcleos de condensação e se transformam em gotículas d'água ou cristais de gelo, formando as nuvens.

Segundo o *Atlas Internacional de Nuvens*, há dez gêneros de nuvens distribuídos em quatro estágios de formação: baixo, médio, alto e o de desenvolvimento vertical (**Tabela 3.1**).

Tabela 3.1 — Estágios de formação das nuvens (latitudes tropicais)

ESTÁGIO ALTO (acima de 8km)	Cirrus (Ci) Cirrocumulus (Cc) Cirrostratus (Cs)	cristais de gelo
ESTÁGIO MÉDIO (de 2km a 8km)	Nimbostratus (Ns) Altostratus (As) Altocumulus (Ac)	cristais de gelo e gotículas d'água
ESTÁGIO BAIXO (de 30m a 2km)	Stratocumulus (Sc) Stratus (St)	gotículas d'água
GRANDE DESENVOLVIMENTO VERTICAL (base aproximada de 900m a topos de até 20km)	Cumulus (Cu) Cumulonimbus (Cb)	gotículas d'água e cristais de gelo

Estágio alto: as nuvens deste estágio possuem três gêneros diferentes, formam-se acima dos 4.000m de altura nas regiões polares, acima dos 7.000m nas regiões temperadas e acima dos 8.000m nas regiões tropicais. As nuvens altas são pouco espessas, formadas pela sublimação do vapor d'água.

> **Nuvens cirrus:** possuem aspecto de filamentos ou ganchos devido aos fortes ventos que as acompanham. Estão muitas vezes associadas às correntes de jato e são nuvens que geralmente precedem as entradas de frentes frias ou quentes.
>
> **Nuvens cirrocumulus:** apresentam-se em forma de grânulos ou rugas, dispostas mais ou menos regularmente, e são indicadoras de ar turbulento nos níveis em que se formam.
>
> **Nuvens cirrostratus**: são um véu de nuvens esbranquiçadas e transparentes que formam em torno do Sol ou da Lua um arco colorido denominado *halo*.

Estágio médio: as nuvens classificadas no estágio médio têm suas bases a partir de 2.000m, podendo ser encontradas até uma altura de 4.000m sobre latitudes polares, 7.000m sobre as latitudes médias e 8.000m sobre as latitudes tropicais. As nuvens do estágio médio são constituídas por gotículas d'água e cristais de gelo.

Nuvens altocumulus: são um banco ou lençol de nuvens brancas ou cinzentas que se apresentam em forma de lâminas ou rolos que raramente dão origem a precipitação, mas associam-se ao ar turbulento.

Nuvens altostratus: apresentam-se em camadas acinzentadas ou azuladas suficientemente espessas para ofuscar ou impedir a passagem de luz. Essas nuvens podem dar origem à precipitação leve e intermitente e até contínua.

Nuvens nimbostratus: são camadas de nuvens cinza escuro que ocultam completamente o Sol e dão origem à precipitação de chuva ou neve de caráter contínuo, de intensidade leve ou moderada. Geralmente apresenta base oculta por outras nuvens baixas ou médias.

Estágio baixo: as nuvens baixas apresentam-se entre 30m e 2.000m de altura em qualquer latitude e são constituídas exclusivamente por gotículas d'água.

Nuvens stratocumulus: são nuvens de transição entre stratus e cumulus que se apresentam com altura e espessura variável. Quando vistas de perfil, assemelham-se a um colchão branco, com base nivelada e topo achatado.

Nuvens stratus: camada de nuvens esgarçadas e de pequena espessura que pode prejudicar a visibilidade em função de sua baixa altura, podendo originar chuviscos.

Nuvens de grande desenvolvimento vertical: são nuvens que, apesar de suas bases se encontrarem em estágio baixo, possuem grande extensão vertical.

Nuvens cumulus: são nuvens isoladas e densas, com desenvolvimento em forma de torres possuindo protuberâncias e contornos bem definidos, semelhantes à couve-flor. Essas nuvens possuem base sombria e horizontal. Elas se desenvolvem em ar instável, por isso, denunciam a presença de turbulência em altitude e dão origem à precipitação em forma de pancadas.

Nuvens cumulonimbus: são enormes formações de nuvens que produzem ventos de rajadas, trovoadas e forte precipitação sob a forma de pancadas de chuva e/ou granizo. Deve-se evitar sempre ficar próximo de áreas que tenham este tipo de nuvem em sua fase mais intensa, com a presença de trovoadas.

As nuvens denotam a condição de estabilidade ou instabilidade da atmosfera. A atmosfera pode estar com uma condição de estabilidade, onde há ausência de movimentos convectivos ascendentes, podendo produzir nuvens estratiformes ou nevoeiros, ou então apresentar condição de instabilidade, predominando os movimentos convectivos ascendentes e, consequentemente, produzindo nuvens do tipo cumulus e cumulonimbus.

De acordo com sua aparência e forma, podem auxiliar localmente na obtenção de uma previsão de tempo, indicando uma provável mudança da condição atmosférica.

As nuvens de maior desenvolvimento vertical, como as cumulus e as cumulonimbus, possuem um grande potencial de gerarem chuvas em forma de pancadas. A grande elevação de temperatura durante o dia e o rápido desenvolvimento das nuvens cumulus e cumulonimbus é um sinal de que poderá haver chuvas fortes e tempestades.

O aparecimento de nuvens cirrus no céu, por exemplo, pode indicar a aproximação de um sistema frontal, da mesma forma que as nuvens cirrostratus, geralmente com um halo em torno do Sol ou da Lua, conforme mostrado na **Figura 3.4**. O aumento da nebulosidade aliado à elevação da temperatura, e, consequentemente, a uma redução de pressão atmosférica, também podem indicar mudança das condições de tempo nas próximas horas.

Figura 3.4 — Imagens dos vários gêneros de nuvens

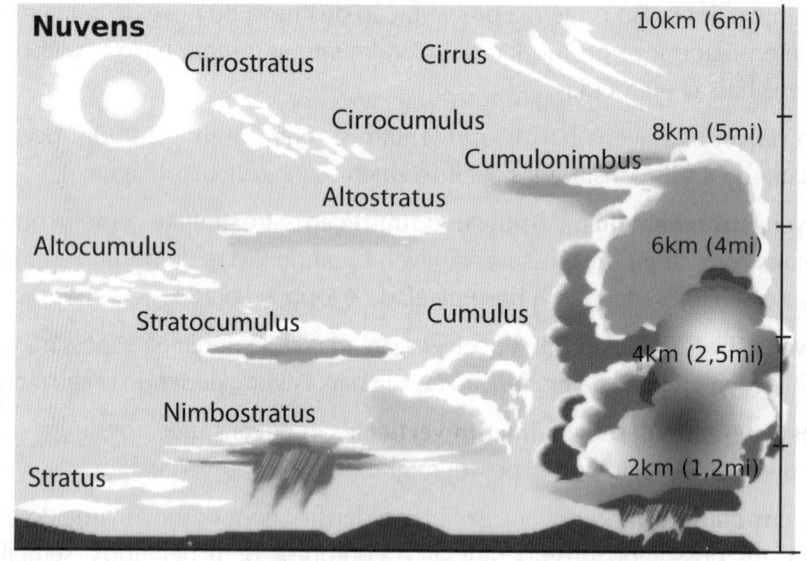

Fonte: http://geoinloco.blogspot.com/2009/11/nuvens.html.

Existem quatro processos de formação de nuvens: o radiativo, o dinâmico (frontal), o orográfico e o convectivo.

O processo radiativo ocorre com maior frequência no inverno, com a perda radiativa de energia em radiação de ondas longas no período noturno, com o consequente resfriamento da superfície e a formação de nuvens baixas (stratus) e nevoeiros.

O processo dinâmico (frontal) se verifica nas áreas de sistemas frontais, pela ascenção do ar na rampa frontal, com o consequente resfriamento e condensação sob a forma de nuvens.

O processo orográfico é devido à presença do relevo, com o ar úmido subindo as elevações, se resfriando e condensando sob a forma de nuvens na face a barlavento das montanhas e colinas.

Por último, tem-se o processo convectivo, formado a partir das correntes ascendentes devido ao aquecimento da superfície, particularmente na primavera e no verão. Formam nebulosidade cumuliforme – cumulus e cumulonimbus, principalmente no período vespertino.

De forma geral, os principais parâmetros meteorológicos que auxiliam em uma previsão de tempo são a pressão atmosférica, a direção e a intensidade dos ventos, a temperatura e a umidade relativa do ar. Quando algum desses elementos varia bruscamente em poucas horas, há um bom indício de mudança de tempo.

O clima é considerado um recurso turístico natural, e pode ser avaliado para fins de organização do produto turístico assim como para a conscientização dos efeitos que vêm sofrendo, considerando que as práticas de turismo de natureza, entre outros aspectos, primam pela educação ambiental. Assim, o clima se constitui em recurso básico para vários segmentos, que dependem do tempo atmosférico, como o turismo de praia, os esportes de inverno, os esportes náuticos, o ecoturismo etc. As classificações aqui apresentadas podem ser mais bem trabalhadas no processo de planejamento das destinações, onde o tempo e o clima são elementos que vão satisfazer a demanda e contribuir para a formatação de produtos turísticos específicos.

O AQUECIMENTO GLOBAL E O TURISMO

Atualmente existe uma grande preocupação da sociedade com a temática do aquecimento global, principalmente a partir da divulgação, em 2007, de relatório do Painel Intergovernamental de Mudanças Climáticas (Intergovernmental Panel on Climate Chance – IPCC), apontando quatro cenários possíveis de aumento de temperatura do planeta para o século XXI, de 1,8°C a 4°C. Nesse estudo, os cientistas creditam uma probabilidade de 90% de as influências antrópicas estarem relacionadas ao aquecimento já observado, da ordem de 0,6° C a 0,7°C no século XX e valores mais altos nos anos mais recentes, conforme se observa na **Figura 3.5**.

Figura 3.5 — Anomalias térmicas anuais do globo de 1880 a 2003

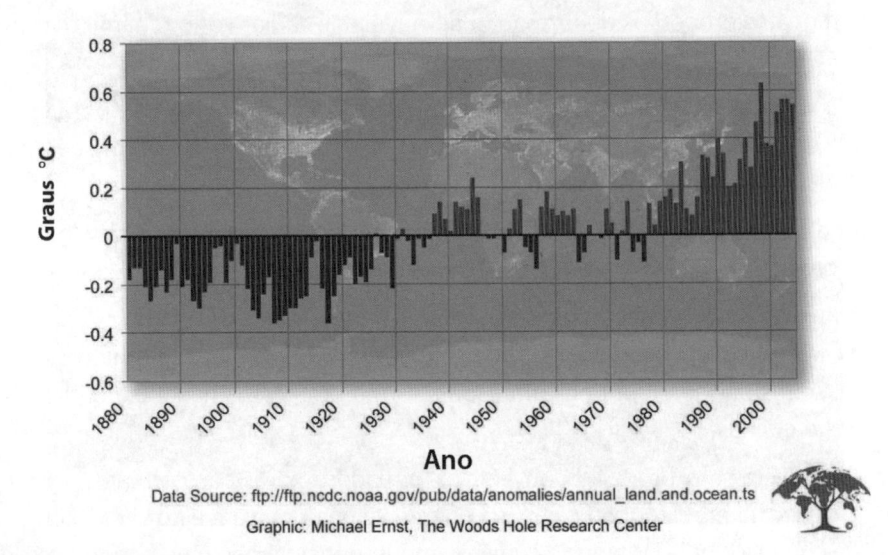

Data Source: ftp://ftp.ncdc.noaa.gov/pub/data/anomalies/annual_land.and.ocean.ts
Graphic: Michael Ernst, The Woods Hole Research Center

Fonte: National Oceanic and Atmospheric Administration (NOAA).

Entre os efeitos previstos com o aquecimento global, estão o derretimento de geleiras, com o consequente aumento do nível dos oceanos, inundando ilhas e cidades litorâneas de várias partes do planeta, destruição de ecossistemas marítimos e terrestres, expansão de doenças, aumento de eventos climáticos extremos como secas e inundações, aumento da intensidade de ciclones tropicais e furacões, entre outros.

O turismo, dentro desse contexto, atua na ampliação dos gases do efeito estufa, com o aumento crescente do tráfego aéreo mundial, bem como o uso do ar-condicionado muito presente no setor hoteleiro.

Por outro lado, o turismo surge como uma das vítimas iniciais das mudanças climáticas, pois as regiões costeiras e ilhas do Pacífico, como as Maldivas, que tem como base de sua economia a atividade turística, poderão ser as primeiras a serem atingidas pela elevação do nível dos oceanos advinda do aumento das temperaturas e derretimento das calotas polares.

Áreas que tradicionalmente são utilizadas para os esportes de inverno, como os Alpes europeus, já estão sentindo os efeitos da elevação da temperatura, restringindo a atividade econômica com a redução da quantidade de neve. Mesmo na América do Sul, é visível a redução das áreas de gelo em várias partes da Patagônia e no Peru. Para constatar tal ocorrência consulte o *site* http://www.aruanda.org/noticiasespecial.asp.

Tem-se observado também uma forte redução da precipitação nival na estação de esqui mais alta do mundo, acima de 5.200m de altitude, em Chacaltaya, na Bolívia, que, nos últimos tempos, está praticamente sem gelo e neve em seus topos, como se observa na **Figura 3.6**.

Figura 3.6 — Geleira de Chacaltaya, Bolívia, em 1994 e 2009

Fonte: Edson Ramirez/BBC Brasil

Os efeitos da desertificação também estão se fazendo sentir em várias partes do globo, como na Tanzânia, pois, com o aumento da seca na região, os seus grandes lagos estão sendo muito afetados, prejudicando sobremaneira a atividade turística na região.

O conhecimento do clima e de sua variabilidade é de grande relevância para as várias atividades humanas e, dentre elas, se destaca o turismo, pela importância econômica, geração de empregos e conservação ambiental.

Este texto procurou expor a estreita vinculação entre os elementos climáticos e as atividades turísticas, devendo-se destacar a necessidade de se conhecer de forma mais aprofundada tal relação, objetivando um melhor planejamento turístico, além de mostrar um quadro, ainda que de forma sucinta, da recente preocupação com a temática do aquecimento global e suas implicações com o turismo, um dos agentes causadores desse processo, mas que também é vítima dele.

ATIVIDADES PROPOSTAS

1. "Em relação ao território brasileiro, de grande extensão espacial, grande parte do fluxo turístico está localizado em áreas de praias, sendo a climatologia um condicionante importante da visitação turística."

    A partir da leitura do capítulo, comente o parágrafo acima com destaque para os seguintes pontos:

    – fluxos turísticos;

    – elaboração de produtos turísticos e papel da climatologia na sua formatação; e

    – campanhas publicitárias de destinos turísticos e o papel da climatologia na influência das demandas real e potencial.

2. Com relação à importante e atual temática envolvendo o "aquecimento global", forneça exemplos de como as atividades turísticas podem ser afetadas por tal fenômeno.

Parte 2

CAPÍTULO 4
Ações sustentáveis para o desenvolvimento do ecoturismo em unidades de conservação

Silvia Maria Bellato Nogueira

CONCEITOS APRESENTADOS NESTE CAPÍTULO

Este capítulo apresenta os principais agentes envolvidos nas atividades do ecoturismo em áreas protegidas no Brasil, ou seja, as operadoras e agências de ecoturismo, tanto propondo ações de "*marketing* responsável" para este segmento quanto sugerindo práticas sustentáveis, sobretudo no que concerne à condução de visitantes e a relevância das comunidades locais que comumente habitam as áreas de interesse dessa atividade do ramo. Por fim, o texto apresenta uma síntese onde a questão do turismo sustentável e de sua certificação como ferramenta para o desenvolvimento de um ecoturismo o mais autêntico possível é aprofundada com a apresentação de metas desejáveis para os empreendedores do ramo que almejam o aprimoramento da sustentabilidade em sua atividade, assim como ressalta a igual importância para os gestores de unidades de conservação, na busca da certificação para uma recepção mais assertiva do Ecoturismo.

ATUAÇÃO DAS OPERADORAS E AGÊNCIAS DE ECOTURISMO

As operadoras e agências exercem um papel fundamental no desenvolvimento da atividade turística e para a conservação de ambientes naturais, uma vez que suas atitudes estão diretamente relacionadas à sustentabilidade – ou não – dos destinos turísticos brasileiros (Prochnow e Vasconcelos, 2008).

A Associação Brasileira das Empresas de Ecoturismo e Turismo de Aventura (Abeta)[1] possui 204 operadoras cadastradas, sendo que o Estado de São Paulo lidera com 61 associados, seguido do Rio de Janeiro, com 18 associados, e do Paraná, com 12. Avalia também, que existem, atualmente, mais de 1,5 mil empresas de turismo de aventura e que 10% delas estão irregulares.[2]

Pesquisa de mercado, realizada com dez conhecidas operadoras de ecoturismo em São Paulo, revelou que as características desejadas pelas empresas e agências para ofertar seus destinos são natureza, receptivo, acesso e divulgação; os elementos de decisão de compra por parte dos clientes são qualidade, roteiro, propaganda e a presença de monitores; o perfil profissional dos consumidores que frequentam estes locais é de profissionais liberais, estudantes, casais com filhos e estrangeiros.[3]

No ecoturismo, o processo de distribuição e comercialização ocorre sob três modalidades (Brasil, 2008):

- diretamente aos consumidores – quando as unidades de conservação e os atrativos oferecem atividades diretamente aos turistas e visitantes;
- utilizando intermediários – quando os produtos e serviços são oferecidos por meio de operadoras e agências de viagem; e
- por associações de profissionais autônomos (guias e condutores) – quando a atividade é oferecida de forma acompanhada e orientada desde a recepção até a sua prática.

Algumas características da atividade das operadoras e agências de ecoturismo no Brasil (Ruschmann, 1995. *Apud* Raimundo et al., 2007):

- a maioria das agências foi fundada entre os anos de 1986 e 1990, possui de 1 a 4 sócios, cuja faixa etária oscila entre 24 e 45 anos. Grande parte possui instrução superior;
- o faturamento médio mensal é de US$ 20.000;
- 52,3% das agências de São Paulo e 28,5% das de outros Estados operam apenas com pacotes de ecoturismo; as demais trabalham com todos os tipos de turismo;
- o meio de transporte mais utilizado nas excursões ecológicas é o ônibus, seguido do avião, barcos (motorizados ou não), automóvel e trem. Nos destinos, os deslocamentos são predominantemente feitos a pé, com barcos (motorizados ou não), animais de montaria e bicicletas;
- o alojamento utilizado pela maioria das agências constitui-se de pousadas ou hotéis simples, *campings* e albergues da juventude. 19,5% utilizam hotéis de luxo para acomodarem os seus clientes durante suas visitas ecológicas;
- os turistas são orientados sobre o comportamento adequado à proteção do meio visitado e às características dos ecossistemas.

---

1 Disponível em http://www.abeta.com.br. Acesso em 24/08/2009.
2 Disponível em http://www.abeta.com.br. Acesso em 20/01/2009.
3 Scorsatto, S. Pesquisa de mercado com dez conhecidas operadoras de Ecoturismo em São Paulo. *Boletim de Turismo e de Administração Hoteleira*, da Faculdade Ibero-Americana, v. 7, n. 2, out./1998.

No leque de operadoras e agências que atuam com ecoturismo no Brasil, muitas ainda não incorporaram os fundamentos que devem fazer parte desta atividade. A maioria é despreparada e apenas trata da questão operacional de conduzir grupos até a unidade de conservação, esperando que lá exista um serviço que realize a visitação. Algumas agências/profissionais se especializam em uma única atividade, como o turismo científico; de aventura; de observação de pássaros etc., sendo minoria e de alto custo. O perfil adequado da agência é aquele que prioriza o conhecimento do funcionamento da unidade de conservação, do seu programa de visitação, suas normas, e oferece ao público atividades compatíveis com aquela unidade (Mazzei, 2008).

Para Mourão (2004), de acordo com a experiência de desenvolvimento e comercialização de produtos turísticos, muitos operadores e fornecedores brasileiros têm apresentado produtos de forma errada ou incompleta, comprometendo sua promoção e comercialização.

Concordando com o autor, Hintze (2009) acrescenta que as operadoras e agências, de um modo geral, entendem que a educação a ser empregada na experiência turística não deve se misturar com o turismo, momento supremo de lazer dos clientes pagantes. Todas utilizam a própria experiência como base para as ações. Os representantes das operadoras e agências concordam que o ecoturismo na prática está longe do ideal, se for levada em consideração toda sua conceituação original. Entretanto, segundo o autor, as operadoras e agências poderiam ocupar os espaços da educação não formal por meio das atividades de educação ambiental nas práticas ecoturísticas, formando pessoas para tal exercício.

O termo ecoturismo está sendo usado como "grife" em pacotes (roteiros turísticos) elaborados pela maioria das operadoras e agências que criam, comercializam e/ou executam tais roteiros em ambientes naturais, demandados por um público cada vez mais exigente e ecologicamente culto (Prochnow e Vasconcelos, op. cit.).

O Código de Conduta do Operador Turístico Sustentável apresenta três hipóteses para a falta de ferramentas a serem utilizadas como referência para os interessados em promover a sustentabilidade de suas operações:

- em função de não haver consenso sobre a definição do ecoturismo e das diretrizes para sua prática, há uma dificuldade do operador que pretende ser sustentável em avaliar as viagens oferecidas como sendo de ecoturismo;
- com as leis em fase de regulamentação, muitos empreendedores apontam para uma falta de dados técnicos e científicos que possam ajudá-los a definir o verde para seus produtos e processos; e
- uma vez que o ecoturismo é considerado uma alternativa à extração voraz dos recursos florestais e minerais, podendo gerar divisas, trazer receitas para as áreas de proteção e para a comunidade, e sendo as operadoras e agências turísticas consideradas potenciais emissoras de turistas para viagens à natureza, há carência de diretrizes e regulamentações para a prática dessa atividade.

Por não se inserir em nenhuma destas iniciativas, avaliam Prochnow e Vasconcelos (op. cit.), a maioria das operadoras e agências turísticas brasileiras demonstra desconhecimento, atua de forma isolada em algumas iniciativas, tem dificuldades em implantar ações sustentáveis e, principalmente, carece de princípios básicos em um processo abrangente, complexo e contínuo na gestão ambiental de seus negócios.

Para uma iniciativa voluntária visando o desenvolvimento sustentável por parte das operadoras e agências ecoturísticas, a Organização Mundial do Turismo (OMT) cita como elementos-chave: resposta a pressões externas; política; responsabilidade social; e intenção de antecipar-se às regulamentações legais ou de forma a complementar uma lei.

Alguns Planos de Manejo mais recentes tentam estabelecer diretrizes básicas para normatização de atividades comerciais de ecoturismo e turismo de aventura, como no Parque Estadual da Serra do Mar (PESM) (São Paulo, 2006). Algumas de suas premissas:

- guias ou condutores deverão apresentar certificados, demonstrar ao menos dois anos de prática e serem residentes nos municípios vizinhos ao núcleo do PESM;
- os recursos gerados pelas taxas das operações turísticas deverão ser utilizados para custear a manutenção do sistema de sinalização e da infraestrutura das trilhas e atrativos;
- as empresas e as pessoas físicas deverão obedecer a critérios mínimos de operação a serem especificados para cada atividade;
- operadoras de ecoturismo perderão a licença de atuação quando infringirem as normas estabelecidas pelas diretrizes;
- eventos envolvendo mais de 40 pessoas, competições esportivas de qualquer natureza e número de participantes e atividades que exijam veículos movidos a combustão e/ou motores estacionários deverão apresentar um relatório prévio de impacto, além dos demais documentos e provas solicitadas.

Em nível nacional, Brasil (2002) aponta que muitos operadores relataram a necessidade de um maior número de guias e guardas de parques internos a estas áreas e um maior controle das entradas para evitar grandes aglomerações de visitantes em espaços exíguos. Este estudo traz as recomendações para as instituições prestadoras de serviços em unidades de conservação, entre elas:

- primar pela conservação dos recursos naturais e culturais;
- apresentar um plano de monitoramento dos impactos ambientais, sociais, econômicos e culturais vinculados ao serviço e à área de influência da atividade realizada;
- promover o desenvolvimento da comunidade local por meio de integração e parcerias na prestação de serviços aos usuários, visando à geração de benefícios que atendam às necessidades da sociedade;
- promover a conduta responsável e consciente dos visitantes;
- capacitar e fomentar o aprendizado de seus funcionários, guias e monitores, sobretudo no que se refere aos instrumentos de gestão e manejo dos impactos da visitação;

- articular entre si e com os gestores de unidades de conservação para estabelecer padrões comuns de operação, considerando critérios de qualidade, segurança e sustentabilidade;
- instruir previamente seus clientes acerca da conduta adequada no interior da unidade de conservação, a fim de minimizar os impactos negativos sobre os recursos naturais e culturais, bem como garantir a sua segurança;
- verificar a possibilidade de estabelecer parceiras com a unidade de conservação, a fim de potencializar a qualidade da visitação; e
- informar os prováveis locais de risco aos seus clientes e aos gestores das unidades de conservação.

Este estudo também aponta que, com relação à legislação, como é o Instituto Brasileiro de Turismo (Embratur) que regulamenta as atividades das agências de viagem e turismo, tratando de aspectos ligados ao seu funcionamento, direitos e obrigações e disposições gerais, mas em momento algum faz menção aos critérios em ambientes naturais, a legislação existente torna-se incompleta para as operadoras e agências de ecoturismo. Ainda assim, o estudo ressalta que, independentemente do fato de a legislação específica das agências e operadoras turísticas ser incompleta no que diz respeito aos critérios em ambientes naturais, vale a legislação ambiental que trata de impactos, crimes ambientais, unidades de conservação, entre outros. Essa legislação é ampla e se aplica a todos que exercem atividades em meio à natureza.

O *MARKETING* RESPONSÁVEL PARA O ECOTURISMO EM UNIDADES DE CONSERVAÇÃO

Em relação ao ecoturismo, o *marketing* deve ser socialmente responsável, ou seja, envolver, no caso do destino, a instituição, com o objetivo de fortalecer a sua marca. Esse *marketing* deve ser balizado pela ética, legalidade e responsabilidade social (Brasil, 2008).

Este estudo avalia que a imagem e a marca do produto devem estar ligadas aos princípios do ecoturismo e do desenvolvimento sustentável, sendo de fundamental importância que elas estejam intrinsecamente associadas a uma conduta e ações realmente responsáveis e preocupadas com a sustentabilidade do meio. No que tange aos aspectos de promoção e comercialização de ecoturismo no Brasil, é necessário considerar suas peculiaridades, por envolver especificamente insumos ambientais, políticas públicas, organizações ambientalistas e o próprio mercado.

> Dessa forma, cabe ressaltar que, no caso do ecoturismo, os agentes promotores e comercializadores do segmento não são compostos apenas pelo setor privado. Observa-se que o governo também é parte importante da cadeia de produção e distribuição do turismo, devido às atividades e ações desenvolvidas em unidades de conservação, cuja gestão é pública. Como outro elo da cadeia,

apresentam-se as organizações não governamentais ambientalistas ou socio-
-ambientalistas promovendo destinos, serviços e produtos que assumem caráter
turístico (Brasil, op. cit.).

Mas não é o que ocorre na prática na maioria dos casos da divulgação de áreas
para o ecoturismo, o que remete a uma prática recentemente identificada, denominada
Greenwashing. Segundo Araújo (2007), trata-se da prática de empresas, ONGs ou mesmo de governos, quando fazem propaganda de práticas ambientais positivas, e, na verdade, possuem atuação contrária aos interesses e bens ambientais.

Salvati (2002) observa que o turismo em áreas naturais no Brasil ainda não está de
fato comprometido com os princípios da sustentabilidade, também porque muitos
consumidores não adotaram a escolha de produtos turísticos com os critérios de *"ecologicamente corretos, socialmente justos e economicamente equilibrados"*. Algumas
pesquisas, segundo o autor, mostram que as principais motivações na compra de um
pacote de ecoturismo ainda são o contato com a natureza e a busca por atividade
física e de aventura.

> No turismo, o *greenwashing* tem sido usado como instrumento para iludir turistas,
> quando estes escolhem destinos acreditando que estão participando de projetos
> sustentáveis, quando, na verdade, isto não ocorre. É muito comum hotéis *(serem)*
> divulgados como meios de hospedagem ecológicos, por estarem inseridos em
> uma floresta, quando, na verdade, tais hotéis não têm um programa de hospeda-
> gem sustentável. O combate a este falso processo de sustentabilidade se dá pela
> compreensão e pela prática, por parte de ecoturistas, profissionais e órgãos fisca-
> lizadores, do verdadeiro ecoturismo (Araújo, op. cit.).

Este estudo aponta ainda que, no ecoturismo, o processo de distribuição e comercialização ocorre da seguinte forma:

- diretamente aos consumidores, quando as unidades de conservação e os atrativos
  oferecem atividades diretamente aos turistas e visitantes;
- utilizando intermediários, quando os produtos e serviços são oferecidos por meio de
  operadoras e agências de viagem;
- por associações de profissionais autônomos (guias e condutores), quando as atividades de ecoturismo são oferecidas de forma acompanhada e orientada desde a
  recepção até sua prática.

> **Parque Estadual de Ibitipoca**[4]
>
> *A partir da década de 80, observou-se um processo contínuo de descaracterização ambiental e arquitetônica da vila de Conceição de Ibitipoca, distrito de Lima Duarte (MG), com a abertura da visitação do Parque Estadual do Ibitipoca, a 3km desta localidade. Servindo como suporte do turismo gerado pelo parque, o distrito de 971 habitantes (IBGE, 2000), nos feriados, chega a receber 3.000 turistas. Com isso, um aglomerado de novas construções tornou-se parte integrante da paisagem, por vezes substituindo edificações centenárias. Novos valores foram incorporados. É necessário que o desenvolvimento local seja compatível com o modo de vida da comunidade, sendo capaz de se adaptar às diversidades e preservar a sua identidade. Quanto à unidade de conservação, com apenas 14,88km^2, tem recebido cerca de 50 mil visitantes anuais, números que fazem dela uma das mais congestionadas do país, ultrapassando a sua capacidade de absorver a demanda de visitantes. Sem um ordenamento, o grau de degradação das áreas expostas à visitação pública dentro do parque, que já é evidente, tende a aumentar, reduzindo as chances de o local funcionar como polo turístico duradouro, ou seja, indo na contramão dos princípios de um turismo sustentável. "Graças à inércia dos governantes e à voracidade dos agentes econômicos, parques como o do Ibitipoca, com excesso de visitação, trilhas e estradas erodidas e cercadas por loteamentos ou propriedades particulares por todos os lados, não parecem ter um futuro muito promissor".*

Em geral, falta uma cultura empreendedora com foco no mercado. Um bom exemplo disto é a falta de estatísticas de visitação e estudos de perfil dos visitantes. Uma análise das apresentações e discussões com chefes de parques de um encontro promovido pelo Fundo Brasileiro de Biodiversidade (FUNBIO) em 2002 mostra a falta de uma cultura de *marketing*: a ênfase está no produto (o parque e seus atrativos) sem focar o mercado (o visitante atual, o tipo de visitante a atrair, o tamanho do mercado etc.) (Janér, 2003).

Segundo a autora, alguns exemplos são ilustrativos. Documentos produzidos pelo governo federal repetem estatísticas muito gerais sobre ecoturismo, que não são válidos para a realidade de cada unidade de conservação. Também ignoram que já se oferece serviços de uso público em PARNAs e nas suas redondezas. Os empreendedores desavisados são então convidados a investir sem ter amparo em dados reais do mercado de demanda e oferta (concorrência existente) para seu negócio.

Faltam informações de qualidade sobre produtos, guias e um *marketing* consistente e confiável. Melhorando estes pontos fracos, o Brasil poderia competir melhor para uma maior fatia do mercado internacional. Existem muitas oportunidades também para explorar "nichos" específicos, como observação de pássaros e o turismo de aventura (Janér, op. cit.).

---

4 SANTOS, A. L. e CAMPELO, M. S. *Os impactos causados pelo turismo na Vila de Conceição de Ibitipoca* (MG). IV Encontro Nacional da Anppas, 04, 05 e 06/06/2008, Brasília (DF).

Salvati (2001) analisou a importância do *marketing* correto para o ecoturismo, dado o crescimento da demanda:

- a oferta de serviços ao turista deve iniciar-se a partir do conhecimento prévio do seu perfil socioeconômico, interesses e motivações específicas;

- pesquisas de mercado são fundamentais para melhor desenvolver produtos, estabelecer uma imagem de acordo com o perfil do turista desejado, analisar as estratégias, os produtos e os preços da concorrência e melhor definir a estratégia de *marketing* e implantação das operações;

- deve-se providenciar um minucioso estudo de mercado para diagnosticar a sensibilidade do núcleo receptor em suportar a demanda do turismo;

- deve-se, dentro de uma visão de desenvolvimento sustentável, estimular a adoção também da produção e do consumo sustentável do produto; e

- o plano de *marketing* para o ecoturismo prescinde principalmente da divulgação de um produto que não estimule impactos negativos no ambiente e na cultura do núcleo receptor.

Por outro lado, a atividade do Turismo, com seus capitais emergentes sendo despejados em regiões de fragilidade socioambiental, precisa aceitar a sua responsabilidade por seus impactos nos ambientes naturais e nas populações e ativamente agir em busca de reconhecê-los e lidar com sua redução. A adoção de procedimentos responsáveis de planejamento e gerenciamento dos negócios do Turismo será uma importante ferramenta de propaganda e *marketing* para um mercado cada vez mais crescente – o chamado consumidor verde. Estas atividades características do Turismo Sustentável estão criando tendências no *trade* turístico, onde operadores convencionais estão não só percebendo a economia de recursos como uma maior possibilidade de atrair consumidores exigentes (Salvati, 2002).

> **Novos roteiros integrados em ecoturismo[5]**
>
> *Entre os novos produtos turísticos do país voltados ao segmento do ecoturismo, criados em parceria com instituições públicas e privadas e que ocorrem em áreas de influência de unidades de conservação, estão o conjunto de cânions na divisa entre Rio Grande do Sul e Santa Catarina (roteiro Aparados da Serra); a travessia do Pantanal envolvendo Mato Grosso e Mato Grosso do Sul (roteiro Travessia do Pantanal); a rota entre Amazonas e Roraima (Rota 174 – Amazonas/Roraima); entre outras atrações, lançados no 37º Congresso da Associação Brasileira das Agências de Viagens (Abav) e Feira das Américas, realizado no Rio de Janeiro, em novembro de 2009. Os roteiros são frutos da segunda edição do Projeto Rede de Cooperação Técnica para Roteirização, uma realização do Serviço Brasileiro de Apoio às Micro e*

(continua)

---

5 Agência Sebrae de Notícias. Sebrae Nacional, Ministério do Turismo e Instituto Marca Brasil lançam cinco novos roteiros integrados na ABAV 2009. Disponível em: http://www.sebrae.com.br. Acesso em 01/11/2009.

> Pequenas Empresas (Sebrae), Ministério do Turismo e Instituto Marca Brasil (IMB) e integram diversos Estados nas cinco macrorregiões do país, já visando os turistas que virão para a Copa do Mundo de 2014 e as Olimpíadas de 2016, segundo o Sebrae. Foram construídos com foco no mercado e sob a ótica do turista e do operador, de acordo com o IMB, instituição gestora do projeto, que enfatiza que os produtos lançados fogem do lugar comum e oferecem aos turistas nacionais e internacionais a possibilidade de uma imersão profunda na cultura e nas paisagens exuberantes do nosso país. A primeira edição do projeto Rede de Cooperação Técnica para a Roteirização foi responsável pelo lançamento dos primeiros roteiros integrados do país: Rota das Emoções (Jericoacoara/CE, Delta do Parnaíba/PI e Lençóis Maranhenses/MA); Caminhos da Revolução Acreana (AC); Estrada Real – Caminho Velho (MG/SP/RJ); Brasília – Chapada dos Veadeiros (DF/GO); e Missões/Iguaçu (RS/PR), que são comercializados com sucesso por várias operadoras nacionais.

CONDUÇÃO DE VISITANTES EM ÁREAS PROTEGIDAS

Muitos termos já foram utilizados para designar a pessoa que orienta e conduz visitantes em áreas naturais: guia mateiro, guia de selva, monitor ambiental, condutor de visitantes e, oficialmente, guia de ecoturismo ou guia de turismo especializado em atrativo turístico natural. O último é uma categoria reconhecida pela Embratur e requer nível médio de escolaridade e capacitação em curso específico com duração de cinco meses.

Já as categorias "condutor de visitantes" e "monitor ambiental" foram criadas informalmente para adequar a atividade à realidade do país, pois, na falta de condutores de visitantes capacitados, as operadoras e agências de ecoturismo costumam contratar mateiros, além dos guias usuais, para auxiliar no trabalho de condução em áreas naturais (Mourão, 2004).

O Decreto nº 4.898, de 26/11/2003, transferiu ao Ministério do Turismo a responsabilidade pelo cadastramento das empresas e prestadores de serviços turísticos. O número de guias de turismo cadastrados, segundo unidades da Federação, entre 2006 e 2007, distribuía-se da seguinte forma: Norte, 47; Nordeste, 1.143; Sudeste, 4.762; Sul, 1.652; e Centro-Oeste, 384, totalizando, no Brasil, 7.988 guias em atividade. O profissional que conduz os grupos dentro das unidades de conservação tem sua atividade reconhecida pela Lei nº 8.263, de 28/01/1993.[6]

O número de cursos de guias de turismo cadastrados no Ministério do Turismo, entre 2006 e 2007, distribuía-se da seguinte forma nas cinco regiões brasileiras: Norte, 9; Nordeste, 43; Sudeste, 225; Sul, 111; e Centro-Oeste, 12, totalizando 400 cursos cadastrados no Brasil.

Os monitores ambientais, por sua vez, são capacitados pelas próprias unidades de conservação e por ONGs, ou ainda, são autodidatas, possuindo o conhecimento que

---

6 Ministério do Turismo (MTur). Estatísticas básicas de Turismo 2003 a 2007. Disponível em http://www.braziltour.com. Acesso em 02/09/2008.

adquiriram ao longo de sua atividade de condutor de grupos e na comunidade onde residem, geralmente, no entorno de áreas protegidas.

A atuação de ambos os profissionais em uma mesma área protegida tem gerado conflitos pela disputa do mercado de trabalho, sobretudo, quando as associações de monitores ambientais (guias locais) conseguem exclusividade na condução de turistas dentro das unidades de conservação.

É fato que, no Brasil, há um número insuficiente de guias diplomados para atuarem em todas as unidades de conservação. Agravando este fato, a profissionalização nesta área é inacessível para grande parte dos monitores ambientais, tanto pela distância de suas cidades dos locais onde se concentram estes cursos profissionalizantes quanto pela sua condição econômica, por serem cursos caros para o padrão socioeconômico da população que vive dentro e no entorno das unidades de conservação.

Parque Nacional da Chapada dos Veadeiros[7]

Localizado em Goiás, esteve fechado pelo Instituto Brasileiro do Meio Ambiente e dos Recursos Naturais Renováveis (Ibama) em 1989, devido aos grandes impactos causados pelo turismo. Anualmente são 18 mil visitantes, já inseridos, desde 1991, em um plano de disciplinamento da visitação pública e capacitação de condutores, que limitou a capacidade diária de visitação. A organização da comunidade local tem sido mobilizada desde o projeto Caminhos do Paraíso, premiado em 2003 pelo Banco Mundial. Neste PARNA existe o trabalho de centenas de guias locais e só é possível adentrá-lo sendo guiado por eles. São seis associações que reúnem cerca de 300 condutores, sendo um modelo de ecoturismo de base comunitária. Outra forma de capacitar o grupo foi a realização de intercâmbios em polos de ecoturismo (Bonito/MS e Pirenópolis/GO). O trabalho dos condutores está garantindo a proteção na prática e a segurança do ecoturista. Entretanto, o PARNA ainda não conseguiu aprovar seu Plano de Manejo. Possui poucos funcionários e muitos problemas financeiros, por isso, foi inserido, em 2008, no Projeto Turismo nos Parques do governo federal. O Plano de Manejo, que está em fase final, pretende incluir novas áreas para o turismo, mais postos de fiscalização, trilhas renovadas e um ponto para acampamento dentro da reserva. A intenção do governo é humanizar o parque, trazendo mais conforto e segurança, facilitar o acesso aos atrativos naturais, inclusive para deficientes físicos. Também são planejados novos sistemas de sinalização (constantemente depredados) e estruturas de apoio ao visitante. Se as reformas projetadas para Veadeiros saírem do papel, o número de visitantes pode crescer até 50%, passando de 20 mil para até 30 mil por ano, o que agrava a situação dos funcionários, que ficam totalmente absorvidos pelo uso público, deixando de lado temas como fiscalização, por exemplo. O Plano de Manejo promete mudanças

(continua)

---

7 BOURSCHEIT, Aldem. *Um plano para Veadeiros*. Disponível em http://www.oeco.com.br. Acesso em 12/08/2008.

> *para abertura do mercado de guias. Entretanto, o futuro de muitas famílias, segundo os condutores locais, está ameaçado com esta mudança, sobretudo, se o serviço terceirizado exigir qualificações que muitos não possuem. Na Vila de São Jorge, principal localidade de hospedagem, cresce a expectativa do aumento da demanda com os novos investimentos governamentais, que, se por um lado gera mais faturamento e emprego, por outro agrava problemas como a destinação dos resíduos sólidos e líquidos (estes correndo em parte para dentro do PARNA) e com a captação de água que sai de córregos da unidade.*

No Estado de São Paulo há uma variante desta situação, pois a atividade do monitor ambiental é prevista por meio de uma resolução da Secretaria do Meio Ambiente (SMA/SP-32, de 31/03/1985, corroborada pela Resolução SMA/59 de 27/08/2008), que regulamenta o credenciamento do monitor ambiental para atuar com ecoturismo e educação ambiental nas suas unidades de conservação. Assim, tanto o guia de atrativo natural quanto o monitor ambiental podem atuar dentro e no entorno das unidades de conservação e ambos seguem as normas impostas para a atividade.

Esta Resolução foi fruto de reivindicações históricas das populações residentes no entorno das unidades de conservação do Estado de São Paulo e também das agências e operadoras que já atuavam historicamente nestas áreas.

Esta Resolução estabeleceu, também, que será expedido um documento fixando para cada área protegida as atividades e os locais onde o visitante poderá se locomover sem a presença do monitor ambiental ou do guia, em trilhas autoguiadas, e os locais de alto risco onde somente será permitida a visitação com a supervisão destes profissionais, salvo se o visitante, nestes locais, dispensar o acompanhamento do monitor ou do guia, assinando um termo de reconhecimento de risco.

Há, de acordo com São Paulo (2006), excesso de expectativas em relação à função social do condutor de visitantes e a eficiência da função.

> A monitoria compulsória, fenômeno que se alastra pelo território nacional, é fruto do descaso com a importância e o crescimento da visitação nos parques, que tornou as trilhas inseguras e mais difíceis por falta de informação ao visitante, sinalização, manutenção e demais ações de manejo. Frente ao quadro caótico da visitação, surgiu a ideia redentora de se incentivar e fomentar a formação de condutores para suprir essa carência além de oferecer novas oportunidades de renda à população (São Paulo, 2006).

A principal proposta relativa aos condutores de visitantes não é a obrigatoriedade da sua presença, que cria uma espécie de reserva de mercado que favorece apenas a uma classe de profissionais, e sim, o associativismo, onde os monitores devem ser incentivados a se organizar em associações legalmente constituídas, abrindo-se licitação pública para parcerias com essas associações, que poderão oferecer e divulgar seus serviços (São Paulo, op. cit.).

O perfil adequado do profissional que acompanhará os grupos é aquele que prioriza o conhecimento do funcionamento da unidade de conservação, do seu programa de visitação, suas normas, e oferece ao público atividades compatíveis com aquela unidade, sendo recomendável que tenha conhecimento das áreas a serem visitadas, das dificuldades etc. (Mazzei, 2008).

As características que o profissional deve ter para atuar em unidades de conservação (Raimundo et al., 2007) são:

- saber explanar conceitos, significados e inter-relacionamentos do fenômeno natural, entender a estrutura e a dinâmica básica dos sistemas ecológicos e das paisagens naturais;
- relacionar conhecimentos adquiridos nos livros e cursos com o meio;
- valorizar os conhecimentos da comunidade local na interpretação da natureza;
- resgatar interpretações culturais sobre o ambiente visitado;
- cuidar do grupo (física e psicologicamente);
- providenciar descanso (e também água e alimento, se forem o caso).
- dar segurança (prevenir acidentes, prestar primeiros socorros e organizar resgate);
- informar e fazer cumprir normas de comportamento;
- informar e educar (ambiental e culturalmente);
- colaborar com a organização do turismo (se for monitor ambiental da comunidade); e
- proteger os patrimônios culturais e ambientais.

Entretanto, de acordo com Mourão (2004), a realidade brasileira, particularmente do interior do país, onde se pratica de fato o ecoturismo, requer uma adequação na qualificação do guia, frente aos baixos patamares de escolaridade e ao difícil acesso aos cursos oficiais.

COMUNIDADES LOCAIS E ECOTURISMO

Com a ausência de um planejamento integrado, a exploração comercial do turismo mundial vem contribuindo, desde os anos 50, não só para o desequilíbrio ecológico, mas também para a desagregação social e a perda de valores culturais das comunidades anfitriãs, e para danos ao patrimônio histórico (Salvati, 2002).

Segundo Irving (2004), o processo de diálogo, consulta e coordenação com as comunidades locais deve ser parte integral e contínua das atividades de planejamento e manejo de áreas protegidas. Os habitantes locais devem ser tratados com respeito, como iguais, e não como objeto de projetos conservacionistas ou educativos.

Nas comunidades receptoras, há pressões para a adequação de seu *modus vivendi* e de seu lugar de vida para o atendimento às demandas das agências e seus clientes (Hintze, 2009).

Considerando as dificuldades de gestão enfrentadas por esses espaços, Spínola (2006) questiona como o ecoturismo pode contribuir para o desenvolvimento local das unidades de conservação.

Alguns autores arriscam sugestões, mas todos são unânimes em que se atente para o tipo de participação comunitária que se buscará nesse processo, ressaltando dois pontos:

- nenhuma ação pode excluir a população local, de acordo com o princípio da orientação social defendida pela concepção de turismo sustentável; e
- é fundamental o planejamento participativo para qualquer ação com esse propósito.

Quanto às populações do entorno das unidades de conservação, segundo Spínola (op. cit.), para usufruírem dos benefícios da atividade ecoturística, devem trabalhar pela construção de um poder endógeno capaz de torná-las autogerenciadas. Contudo, trata-se da condição mais difícil de ser alcançada, tendo em vista o baixo nível de instrução, informação e cidadania encontrado nas comunidades de áreas subdesenvolvidas, que são forçadas a se adaptar a uma nova realidade, muitas vezes não desejada.

É evidente, portanto que, sem que seja definido um novo modelo de ação integrada interinstitucional com base local, o desenvolvimento do ecoturismo vinculado a unidades de conservação tende a ser lento e problemático (Irving, 2000).

Parque Nacional do Monte Pascoal[8]

A Mata Atlântica desta unidade de conservação, localizada no sul da Bahia, foi quase totalmente devastada pelo uso agrícola, pela pecuária e pelo extrativismo não sustentável. Conflitos de terra com o povo indígena Pataxó ainda são constantes (cerca de cinco mil indígenas vivem no entorno da unidade). Há incêndios florestais, ação predatória sobre a fauna e a flora, descaracterização de ecossistemas e precariedade da infraestrutura turística. A falta de funcionários agrava a gestão da área, além do desentendimento entre o Ibama e a Fundação Nacional do Índio (Funai). Na década de 90, oito mil hectares foram cedidos aos índios, porém, esta terra também foi desmatada para produção de artesanato. O SNUC não prevê uma categoria que concilie áreas de proteção com reservas indígenas. São aguardados programas de segurança alimentar, que já beneficiaram cerca de 600 famílias indígenas, com o resgate do plantio de mandioca que estava totalmente extinto. Para reduzir a ameaça do fogo, foram contratados índios pataxós para preencher cargos nas brigadas contra incêndio. Alcançou-se a queima controlada em 90% das aldeias. Os índios também se beneficiam da visitação ao Monte Pascoal, sendo contratados como guias pelos visitantes e recebendo integralmente o valor do ingresso cobrado para entrar no Parque. Com a expansão do turismo no sul da Bahia, a partir da década de 80, a

(continua)

---

8 STEFFEN, Priscila Geha. *Cerco ao Parque*. Acesso em 15 /01/ 2007. Disponível em http://www.oeco.com.br.

> *extração da madeira para a produção de peças artesanais, por parte dos indígenas, tornou-se insustentável. A madeira é cortada dentro do próprio parque, atividade que ficou conhecida como "industrianato", de difícil combate, pois os atravessadores são fortes, e, aos índios, falta a consciência de que esta atividade nunca gerou uma renda decente para eles. ONGs e governo buscam alternativas para o artesanato sustentável, porém, é amplo o desafio, tamanha a precariedade socioeconômica das aldeias. As ações para implantar o ecoturismo nesta unidade têm envolvido a organização comunitária e o planejamento de roteiros participativos, interligando estas aldeias a outras unidades de conservação.*

O planejamento participativo com a comunidade local é fundamental para o desenvolvimento do ecoturismo nos parques visando proporcionar a interação com as comunidades locais, como cita Spínola (op. cit.). Com base em inúmeras experiências estudadas, este autor diferencia duas formas de envolvimento da população local com o ecoturismo, a beneficiária e a participativa:

- Na beneficiária, que ocorre na maior parte dos projetos de implantação ecoturística, há a cooptação passiva da população local, por meio da oferta de postos de trabalho, consultas quanto às suas expectativas ou repasse de recursos para a realização de ações a título de remuneração compensatória. Essa abordagem não contribui para o desenvolvimento da comunidade.

> ### Polo Ecoturístico do Lagamar (SP)[9]
>
> *Numa área denominada Lagamar, no litoral sul do Estado de São Paulo, a opção pelo ecoturismo surgiu como uma resposta ao impasse entre a conservação ambiental e o desenvolvimento da região. O projeto foi criado em 1995, pela Fundação SOS Mata Atlântica, Embratur, Fundação Florestal de São Paulo e a iniciativa privada. Foi empreendido o levantamento do potencial ecoturístico da região e cursos de capacitação profissional foram oferecidos para os moradores locais, além da implantação de projetos de Educação Ambiental e de um Centro de Interpretação Ambiental e Informação Turística. O polo priorizou a geração de emprego e renda, buscando o desenvolvimento do turismo em bases sustentáveis, imprimindo qualidade aos serviços prestados. Os critérios norteadores incluíram adaptar, de maneira gradual, os meios de hospedagem, os meios de transporte, restaurantes, trilhas e demais serviços turísticos existentes nos municípios, às exigências do mercado consumidor. Também deu incentivo às práticas associativistas envolvendo o Poder Público, a iniciativa privada e as organizações civis. Criou uma rede de 26 agentes emissivos baseados na capital, que intermediavam e/ou operavam roteiros ecoturísticos em parceria com os agentes receptivos do Lagamar, previamente cadastrados. Em 1999, o projeto foi*

(continua)

---

9 Disponível em http://www.corredores.org.br. Acesso em 17/09/2010.

> *premiado pela revista norte-americana* Condé Nast Traveler *como o melhor planejamento em destino ecoturístico do mundo. As comunidades caiçaras da região, também conseguiram manter preservada boa parte de seus costumes tradicionais, seja nos cercos de pesca, na culinária ou nas festas típicas. Após a quinta fase do Polo Lagamar, realizada em 2003, tem-se assistido à evolução do processo de Certificação do Turismo Sustentável.*

◀ Na participativa, busca-se envolver as pessoas para que gerenciem recursos e tomem decisões. É o modelo mais difícil de ser estabelecido e demanda longo prazo, quase sempre dissociado do *timing* da dinâmica empresarial e da legislação ambiental, que implica no alijamento das populações tradicionais do processo de planejamento dessas unidades.

> **Comunidade amazônica é exemplo de sustentabilidade**[10]
>
> *Há 23 anos a comunidade de Silves, no interior da Amazônia, vem buscando meios para a defesa de seus recursos pesqueiros, ameaçados pela pesca comercial. A exploração predatória tem se multiplicado na Amazônia devido ao aumento da demanda urbana por peixes e à queda nos preços de outros produtos extrativistas. Com a ameaça ao estoque pesqueiro, surgiram em Silves conflitos relativos ao uso dos recursos da várzea, que se repetem por toda a Amazônia. A pressão da comunidade levou à execução de um sistema de manejo efetivo dos lagos, visando recuperar e conservar os estoques de peixe; a comunidade se articulou em uma organização não governamental. Em busca de fontes de financiamento para as atividades de conservação, a Associação Silves pela Preservação Ambiental e Cultural (Aspac) iniciou um projeto comunitário de ecoturismo. Embora o potencial dessa atividade no Brasil seja imenso, trata-se de um conceito novo, e a maioria dos empreendimentos não adota os verdadeiros princípios do ecoturismo. A Aspac conta com o apoio do World Wildlife Fund (WWF) Brasil, dos governos da Áustria, Inglaterra e Suécia e dos programas Pró-Várzea/Ibama e PDA,[11] ambos do Ministério do Meio Ambiente. Numa segunda fase, foram desenvolvidos os roteiros turísticos de caráter educativo e ambiental, aproveitando a excepcional riqueza da paisagem e da cultura da região, que possibilitam ao visitante o convívio com as belezas da floresta amazônica e os costumes das populações tradicionais locais. Os anos de 2001 a 2003 marcaram os investimentos em novas ações de ecoturismo, com a comunidade assumindo integralmente a gestão do negócio.*

---

10 Comunidade amazônica é exemplo de sustentabilidade. *Leadership for Environment and Development.* Disponível em http://www.lead.org.br. Acesso em 08/12/2008.

11 O Subprograma Projetos Demonstrativos (PDA) foi criado em 1995 pelo Ministério do Meio Ambiente e tem como principais desafios demonstrar por meio de experiências inovadoras, a possibilidade efetiva de construção, em bases socioambientais, de estratégias de promoção do desenvolvimento sustentável e, a partir dos aprendizados produzidos por estas experiências, estimular a formulação de políticas públicas que contribuam para a difusão e incorporação destas estratégias por outras comunidades, organizações e instituições governamentais. O PDA recebe apoio principalmente de um programa denominado Cooperação Internacional Alemã e dele participam, além do Governo Brasileiro, organismos de cooperação internacional, redes de ONGs e Movimentos Sociais da Amazônia e da Mata Atlântica (RMA).

As diretrizes para a participação das comunidades locais na gestão da visitação em unidades de conservação são apontadas por Brasil (2006a):

- promover iniciativas que encorajem o entendimento mútuo entre a comunidade local, os visitantes e os gestores;
- estimular a manutenção das tradições da comunidade que estejam em harmonia com os objetivos de manejo da unidade de conservação;
- promover a corresponsabilidade e ações conjuntas, de acordo com os objetivos específicos da unidade de conservação; e
- desenvolver campanhas de informação e educação ambiental que possam despertar sentimentos de respeito e responsabilidade frente à área.

> Quando se procura listar as consequências positivas da exploração do ecoturismo, encontra-se sempre uma argumentação de cunho econômico, que justifica a sua existência em função dos ganhos obtidos pelas reservas e pelas comunidades... Mas, faz-se necessário apresentar algumas experiências de espaços protegidos que reforçam o argumento e demonstram que a melhoria da qualidade de vida das comunidades locais está longe de ser resolvida mediante um simples aumento do fluxo de visitantes e da arrecadação das unidades de conservação (Spinola, op. cit.).

O turismo sustentável deve resultar em que as comunidades locais se tornem as grandes beneficiárias, e não vítimas do desenvolvimento do turismo. Neste sentido, a grande preocupação dos grupos ambientalistas e sociais se volta novamente para o princípio da sustentabilidade e o temor de que estes projetos estejam somente impulsionando rendimentos econômicos para o mercado, e que seu processo deixe em segundo plano estratégias como a conservação da biodiversidade e a melhoria da qualidade de vida das comunidades locais (Salvati, 2002).

A organização social é um dos maiores desafios para promover o desenvolvimento do turismo sustentável, tendo como um dos elementos-chave dessas experiências o associativismo, reunião de pessoas ou entidades com objetivos específicos a fim de gerar benefícios e superar dificuldades econômicas, sociais, ambientais ou políticas, por meio de associação, sindicato ou cooperativa (Manosso, 2005).

De acordo com o Movimento Brasil de Turismo e Cultura[12], inspirado nos ideais do Fórum Mundial de Turismo para Paz e Desenvolvimento Sustentável, o estímulo ao desenvolvimento local sustentável através do turismo e da valorização da cultura se realizará ao:

- resgatar e fortalecer a diversidade de manifestações culturais;
- criar um ambiente favorável à inclusão social;
- estimular a preservação da biodiversidade; e potencializar os micro e pequenos negócios no setor de turismo.

Cabe enfatizar a importância de zelar constantemente para que, no desenvolvimento do ecoturismo em áreas protegidas e em seu entorno, as populações locais sejam

---

12 Movimento Brasil de Turismo e Cultura. Instituto de Hospitalidade. Programa de Certificação em Turismo Sustentável. Disponível em: http://www.pcts.org.br. Acesso em 20/01/2009.

incluídas nos processos decisórios e nos lucros advindos das atividades do turismo. Além do que, é importante não perder de vista os cuidados para que estas áreas e comunidades não tenham seus costumes e modos de vida gravemente afetados por uma exploração ecoturística sem compromisso com os reais intuitos da sustentabilidade.

PROCESSOS DE CERTIFICAÇÃO: VIABILIZANDO A SUSTENTABILIDADE DO TURISMO

Em 2010, alguns destinos brasileiros foram eleitos por seus frequentadores como os melhores locais para a prática do ecoturismo, eleição organizada pela revista *Viagem e Turismo*.[13] O município de Bonito (MS) foi escolhido pela nona vez consecutiva o Melhor Destino de Ecoturismo. Nas demais colocações, vieram os municípios de Brotas (SP), Fernando de Noronha (PE), Pantanal (MT/MS), Chapada Diamantina (BA), Amazônia, Foz do Iguaçu (PR), Itacaré (BA), Chapada dos Veadeiros (GO) e Lençóis Maranhenses (MA).

Estes locais possuem uma ou mais unidades de conservação, seja na forma de proteção integral, seja na forma de uso sustentável e, em muitos deles, a presença de RPPNs é cada vez maior em número e área. Por causa desta condição, recebem o repasse do ICMS ecológico. Entretanto, este repasse sempre foi condicionado a critérios quantitativos, calculados sobre o território ocupado por suas áreas protegidas ou reservas indígenas.

Porém, cada vez mais Estados estão adotando, além de critérios quantitativos, também critérios qualitativos para o repasse de verbas, observando o estado de conservação das áreas protegidas, e, ainda, a gestão ambiental praticada pelos municípios. Esta tem sido uma forma de incentivo para que os recursos sejam aplicados na área ambiental.

Esta mudança está atrelada a um ciclo crescente de ações sustentáveis que envolvem diretamente a cadeia do turismo, profundamente interessada na conservação ambiental das unidades de conservação e na melhoria da infraestrutura para a recepção de turistas nos municípios, entre outros objetivos.

Constata-se, nas localidades que têm sido premiadas como preferidas para a prática do ecoturismo no Brasil, o aprimoramento das ações que focam nas metas anteriormente relacionadas como requisitos para a sustentabilidade do turismo, tanto no que tange à iniciativa do empreendedor privado, quanto em localidades onde a interação entre o público e o privado é ponto de partida para o ecoturismo, como nas unidades de conservação.

Segundo o Ministério do Turismo, reconhece-se que o ecoturismo tem liderado a introdução de práticas sustentáveis no setor, mas é importante ressaltar que o turismo sustentável deve estar presente em todos os segmentos da indústria.

As principais metas a serem incorporadas como rotina pelos empreendedores que almejam um ecoturismo autêntico (pautado na sustentabilidade), segundo o Instituto de Hospitalidade (2004a), se referem a que o empreendedor conheça de fato seu negócio; que viabilize um sistema de gestão da sustentabilidade; que verifique o funcionamento desse sistema; e que melhore seu desempenho.

---

13 Disponível em http://www.viajeaqui.abril.com.br. Prêmio Viagem e Turismo 2009/2010. Acesso em 10/12/2010.

Janér (2007) realizou trabalho de atualização, adaptação e síntese das metas mais importantes, tanto para o empreendedor privado quanto para o agente público, quando se almeja um turismo sustentável, o mais autêntico possível, ressaltando que, uma vez que se adotam práticas de economia, reutilização e reciclagem de recursos ambientais e energéticos, os investimentos na sustentabilidade são compensados pela rentabilidade e lucratividade da economia sustentável, ou, conforme descreve a autora:

- incorporar a valoração da natureza nos cálculos econômicos;
- integrar metas ambientais, sociais e econômicas nas políticas e atividades;
- reconhecer a integração e a interação global;
- ter compromisso com a melhoria constante das "boas práticas"; e
- promover a boa governança.

> **Programa de certificação em turismo sustentável**[14]
>
> É um programa desenvolvido pelo Instituto de Hospitalidade (IH), de abrangência nacional, que visa aprimorar a qualidade e a competitividade das micro e pequenas empresas de turismo, responsáveis por mais de 90% dos empreendimentos do setor. Apoia os empreendedores no sentido de melhorar o desempenho de suas organizações nas dimensões econômica, ambiental e sociocultural, contribuindo para o desenvolvimento sustentável do país e a melhoria da imagem do Brasil no exterior. Os requisitos relativos à sustentabilidade foram utilizados como base para a norma brasileira NBR 15401 (Meios de Hospedagem, Sistemas de Gestão e Requisitos para a Sustentabilidade), publicada pela Associação Brasileira de Normas Técnicas (ABNT). Esta norma está totalmente alinhada com os Critérios Globais para o Turismo Sustentável, publicados pela OMT em outubro de 2008. O projeto pioneiro nessa área contemplou a região da Costa dos Coqueiros, na Bahia. Esse piloto também deu origem ao Movimento Brasil de Turismo e Cultura, iniciativa de ação contínua que tem como missão estimular o desenvolvimento local sustentável através do turismo e da valorização da cultura. Localidades que se beneficiaram da adoção de práticas sustentáveis em parceria com o IH foram:
>
> - **Canela, na serra gaúcha**, onde moradores e visitantes estão sendo conscientizados sobre a preservação ambiental;
> - **Pantanal Mato-grossense**, onde hotéis e pousadas estão reduzindo a geração de resíduos e aprimorando seu descarte;
> - **Minas Gerais**, onde a construção de uma usina de triagem e compostagem de resíduos está beneficiando os meios de hospedagem da região; e
> - **Belém (PA)**, onde hotéis estão selecionando fornecedores de produtos biodegradáveis e de origem orgânica, e sensibilizando-os quanto à política de sustentabilidade dos empreendimentos.

---

14 *Programa de Certificação em Turismo Sustentável.* Instituto de Hospitalidade. Disponível em http://www.pcts.org.br. Acesso em 20/01/2009.

Vale resgatar duas importantes considerações. Para a OMT,[15] turismo sustentável é aquele que relaciona as necessidades dos turistas e das regiões receptoras, protegendo e fortalecendo oportunidades para o futuro, contemplando a gestão dos recursos econômicos e sociais e as necessidades estéticas, mantendo a integridade cultural, os processos ecológicos essenciais, a diversidade biológica e os sistemas de suporte à vida.

> (...) A OMT e o Programa das Nações Unidas para o Meio Ambiente (Pnuma) referem-se ao ecoturismo como um segmento do turismo, enquanto os princípios que se almejam para o turismo sustentável são aplicáveis e devem servir de premissa para todos os tipos de turismo em quaisquer destinos. Como existem pontos comuns na ideia de turismo sustentável e na de ecoturismo a partir dos princípios da sustentabilidade, estabeleceu-se essa sobreposição nas definições conceituais.[16]

A discussão de sustentabilidade do turismo inclui reconhecer a importância de planejamento em longo prazo e de utilizar indicadores de desempenho que monitorem a valorização econômica, ambiental e socioambiental. Também se necessita investir em práticas e tecnologias que permitam minimizar impactos.[17]

> Turismo sustentável, porém, não é um produto, é um conceito interno. O seu poder de *marketing* só tem valor quando considerado como ingrediente essencial de produtos de turismo de qualidade, que pode ser ecoturismo, turismo de aventura, turismo cultural e até turismo de sol e mar (Instituto Ecobrasil, 2010).

Instituto de Hospitalidade (2004b) ressalta que as ações para se alcançar as metas de sustentabilidade no turismo são modelos de orientação geral e a forma para executá-los poderá, sempre que necessário, ser ajustada à cultura do empreendimento e às particularidades técnicas, econômicas, ambientais e socioculturais locais. Segundo o IH, a sustentabilidade no turismo abrange as seguintes dimensões:

- geoambiental: conservação e preservação são princípios associados ao desenvolvimento sustentado;
- econômico-social: crescimento econômico na perspectiva da equidade social, por meio de mecanismos que envolvam a população, seja agregando valor às cadeias produtivas locais ou assimilando novos processos produtivos. Os instrumentos deste eixo são: a educação básica e a qualificação profissional, a organização social, o estímulo ao empreendedorismo e a identificação de novos mercados;
- histórico-cultural: valorização dos laços históricos, da identidade e da cultura locais, são elementos construtores da aproximação e da sustentação de processos transformadores;
- científico–tecnológica: respeito aos traços tradicionais dos saberes e fazeres na agregação de valor e na diversificação dos produtos regionais; e

---

15 Organização Mundial do Turismo. Código Mundial de Ética do Turismo. Santiago: OMT, 1999.

16 Ministério do Turismo. Disponível em http://www.turismo.gov.br. Acesso em 18/09/2010.

17 Instituto Ecobrasil. Documento Turismo Sustentável. Disponível em http://www.ecobrasil.org. Acesso em 15/01/2009.

◖ político-institucional: modelo de gestão baseado na construção colaborativa de um plano de ação e na execução participativa no processo transformador. Identificação, formação e fortalecimento de lideranças, para que a comunidade possa assumir gradativamente a sua gestão, ampliando o exercício da cidadania.

> **RPPN Cabeceira do Prata (Jardim e Bonito/MS)[18]**
>
> *A experiência turística desenvolvida nestes municípios foi reforçada pela estruturação dos arcabouços legal e institucional no plano municipal. Alguns elementos explicam a razão pela qual se tornaram ilustrativos das experiências bem-sucedidas em ecoturismo no país: a existência em quantidade e qualidade de atrativos naturais; a forma de exploração desses atrativos com base nos pressupostos da sustentabilidade; o expressivo número de atores cujas ações promovem a sustentabilidade da atividade turística; a existência de projetos financiados pelo Banco Interamericano de Desenvolvimento (BID); a percepção, por parte das lideranças empresariais locais, da importância da preservação ambiental (Barbosa e Zamboni, 2000, apud Irving, 2004).*
>
> *A RPPN Cabeceira do Prata, que engloba o Recanto Ecológico Rio da Prata, em Jardim (MS), é parceira do WWF. Criada em 1999, desenvolve atividades de ecoturismo, pesquisa e conservação. Pela segunda vez foi agraciada como a melhor atração turística do Brasil pelo Guia 4 Rodas (2008 e 2009). O recanto ecológico recebeu o Prêmio Gestão Empresarial para a Sustentabilidade 2008, priorizando a contratação de mão de obra e a venda de artesanato local, horta orgânica e separação de resíduos sólidos para reciclagem, entre outras ações. Também ganhou o 3º Prêmio Brasil de Meio Ambiente 2008 na categoria Melhor Trabalho em Ecoturismo. A prefeitura de Bonito recebeu, por sua vez, a premiação Projeto Sustentável 2009. Os 76 mil visitantes/ano costumam gastar R$ 30 milhões nas localidades, e ajudam a manter 4.600 empregos. A mais recente iniciativa é ensinar Turismo e Noções Ambientais nas escolas. Algumas críticas existem, por conta do crescimento acelerado da atividade, com pressão pela introdução de grandes empreendimentos e infraestruturas, sem se observar a capacidade de suporte local no que tange ao saneamento básico, uso do solo, envolvimento efetivo das comunidades receptoras, entre outros problemas, com risco de o modelo sustentável ser superado pelas pressões para um modelo de massificação do turismo. Projetos de ecoturismo de base comunitária estão sendo estimulados por organizações ambientalistas, como o WWF-Brasil, em uma tentativa de manter o planejamento e gestão sob controle, assim como os benefícios socioeconômicos continuarem a serem revertidos para a região.*

O conceito de turismo sustentável está entrando na agenda da OMT e dos gestores de destinos turísticos e assuntos ligados à sustentabilidade estão começando a ter ressonância na percepção do público, por exemplo, com o conceito do Destination

---

18 Câmara Americana de Comércio. Prêmio Eco 2008. Disponível em http://www.premioeco.com.br/vencedores. Acesso em 27/03/2009.

Scorecard do National Geographic Traveler, definido em 2004, que usa seis indicadores de sustentabilidade para fazer um ranking dos melhores destinos turísticos sustentáveis do mundo. Entretanto, não há ainda dentro destes destinos selecionados, um exemplo oriundo do Brasil.[19]

A Declaração de Québec reconhece que o ecoturismo abraça os princípios do turismo sustentável, adere aos princípios de contribuição ativa para a conservação do patrimônio natural e cultural, inclui as comunidades locais e indígenas em seu planejamento, desenvolvimento e exploração, contribuindo para seu bem-estar, sendo que o verdadeiro ecoturismo proporciona emprego e renda de forma sustentável à comunidade local (Araújo, 2007).

O Pnuma[20] avalia que entre as principais metas para se alcançar a sustentabilidade no turismo (e consequentemente no ecoturismo), estão as práticas que almejam:

- na dimensão ambiental: a pureza ambiental; a eficiência dos recursos; a diversidade biológica; a integridade física dos ambientes; na dimensão cultural: a riqueza cultural; o bem-estar da comunidade; o controle local; e
- na dimensão econômica: a satisfação do visitante; a equidade social; a qualidade do emprego; a prosperidade local.

Entretanto, para Waddington (2004), se os códigos voluntários de conduta ambiental vêm sendo reconhecidos internacionalmente como elementos importantes no conjunto de medidas adequadas para alcançar o desenvolvimento sustentável do turismo, por entidades como a OMT e o Pnuma,[21] no Brasil o turismo sustentável é um desafio de vulto que requer o comprometimento e parcerias entre a indústria, governos e a sociedade civil.

- Para Salvati (2002), o turismo sustentável não é somente a criação de meios de hospedagem, alimentação e locais de recreação e lazer, mas sim, um conceito que integra o desenvolvimento urbano e rural, com investimentos em infraestrutura, vias de acesso e melhores qualidades nos serviços diversos.

Além dos critérios de sustentabilidade que têm norteado todos os segmentos do turismo, vem ocorrendo a adoção cada vez mais crescente da Certificação para o Turismo Sustentável, como forma prática de executar os princípios da sustentabilidade do Turismo.

Waddington (2004) argumenta que a Certificação vem ao encontro de uma tendência internacional de estabelecer produtos realmente sustentáveis, refletindo novas formas e modalidades operacionais, compatíveis com princípios de conscientização empresarial, que vêm se expandindo no Brasil.

Processos de certificação geralmente emitem um selo para empreendimentos e serviços que declaram e atestam possuir determinada qualidade. No caso do tu-

---

19 Instituto Ecobrasil. Estatísticas, estudos e notícias. Disponível em: http://www.ecobrasil.org. Acesso em 15/01/2009.

20 Programa das Nações Unidas para o meio. Adaptado de http://www.pnuma.org.br. Acesso em 23/02/2009.

21 Instituto Brasil PNUMA. Comitê Brasileiro Programa das Nações Unidas para o Meio Ambiente. Disponível em www.brasilpnuma.org.br. Acesso em 29 /02/ 2009

rismo, trata-se da adoção voluntária de normas operacionais que visem aprimorar o desempenho socioambiental do empreendimento e seu entorno (...) gerados por um processo participativo envolvendo diversos segmentos do turismo (...) Isto quer dizer que a Certificação não é a única solução para a sustentabilidade, mas sim uma das ferramentas para se chegar lá. Neste contexto, é fundamental prosseguir através de um processo verdadeiramente participativo, com definição e elaboração de normas e indicadores ambientais possíveis de serem adotados (Waddington, op. cit.).

De acordo com Araújo (2007), a existência de uma norma de certificação específica para o ecoturismo poderá aumentar a eficácia da certificação no mercado e enquanto instrumento de política. Por esta razão, o Ministério do Turismo também vem incentivando a disseminação de expedientes de certificação de empreendimentos e pessoas em ecoturismo, previstos no Plano Nacional de Turismo (2007-2010).

O Acordo de Mohonk, realizado nos Estados Unidos em 2000, nivelou os princípios e componentes que devem fazer parte de um programa sólido de certificação em turismo. Segundo este acordo, os programas de certificação de turismo necessitam ser ajustados às características geográficas locais e aos respectivos segmentos turísticos, definindo os componentes universais que devem lastrear todo programa de turismo sustentável e de ecoturismo (**Tabela 4.1**).

Tabela 4.1 — Princípios e componentes que devem fazer parte de um programa sólido de certificação em turismo segundo o Acordo de Mohonk

A empresa turística pautada nos princípios da sustentabilidade deverá:	Além dos critérios e princípios do turismo sustentável, o ecoturismo deverá:
• estar comprometida com o manejo ambiental, social e cultural;	• promover as experiências pessoais com a natureza para um melhor aprendizado e mais respeito;
• promover a venda de produtos responsáveis e autênticos;	• interpretar e conscientizar sobre os aspectos naturais e socioculturais locais;
• avaliar impactos sociais, culturais, ambientais e econômicos negativos, estabelecendo estratégias para manejo e mitigação;	• contribuir ativamente para a conservação de áreas naturais e da biodiversidade;
• treinar seus funcionários para estarem capacitados, responsáveis e terem conhecimento;	• promover benefícios econômicos, sociais e culturais para as comunidades locais;
• ter mecanismos para monitorar e relatar seu desempenho ambiental;	• promover a participação das comunidades no turismo onde for apropriado;
• fazer uso sustentável de insumos – recicláveis e reciclados – produzidos localmente;	• fazer com que infraestrutura, atrativos e programas sejam harmônicos e compatíveis com o entorno local; e
• minimizar a produção de dejetos e assegurar sua adequada disposição e os impactos ambientais de sua operação;	• valorizar as culturas locais e tradicionais, minimizando eventuais impactos negativos.
• promover a conservação da biodiversidade e a integridade dos ecossistemas;	
• promover a redução do uso dos recursos;	

(continua)

- adquirir, utilizar e manter a posse de terras de forma apropriada;
- possuir medidas para proteger a integridade da estrutura social das comunidades locais;
- promover impactos positivos (benefícios) na estrutura social, cultural e econômica local;
- estabelecer relações trabalhistas justas e em conformidade com a legislação; e
- utilizar-se de práticas éticas comerciais.

Fonte: Instituto Ecobrasil. Disponível em: http://www.ecobrasil.org. Acesso em 07/06/2009.

Visando criar parâmetros concretos para o desenvolvimento da sustentabilidade no turismo no país, o IH desenvolveu o Programa de Certificação do Turismo Sustentável (PCTS) em 2002. O PCTS, por seus ótimos resultados, serviu de incentivo e parâmetro para os avanços da Certificação ambiental no Brasil.

> O Programa de Certificação em Turismo Sustentável (...) visa a aprimorar a qualidade e a competitividade das micro e pequenas empresas de turismo, estimulando seu melhor desempenho nas áreas econômica, ambiental, cultural e social, contribuindo, assim, para o desenvolvimento sustentável do país e a melhoria da imagem do destino Brasil no exterior. (...) Essa postura contribui para o fortalecimento do setor turístico, onde a competição entre os destinos turísticos nacionais e internacionais é cada vez mais acirrada e os turistas são cada vez mais exigentes (Instituto de Hospitalidade, 2004a).

Todavia, o PCTS era uma normatização oriunda de uma instituição privada, fato este que colocava ao país a necessidade de oficializar os parâmetros da Certificação em Turismo Sustentável.

Foi então que se estabeleceu uma norma oficial do país para a Certificação em Turismo Sustentável no ano de 2006, a norma pública ABNT NBR 15.401, que, segundo o Instituto Ecobrasil, dá os parâmetros atuais da Certificação para o Turismo no país por meio da Associação Brasileira de Normas Técnicas (ABNT).[22]

Também enfatiza que as ações de Certificação em Turismo Sustentável vêm ganhando força no mundo, sobretudo com a criação do Global Sustainable Tourism Criteria, adotado por quase todos os países.

Ressalte-se que a norma da ABNT NBR 15.401 é uma das poucas que atende integralmente a estes critérios. Fechando este ciclo de amadurecimento, em 2009, as duas primeiras empresas nacionais certificadoras são criadas: a ABNT Certificadora e a Falcão Bauer, autorizadas pelo Instituto Nacional de Metrologia, Normalização e Qualidade Industrial (Inmetro).

As metas colocadas atualmente pela NBR 15.401 são desejáveis e possíveis, como metas a moldar as ações dos empreendedores do ecoturismo que usufruem dos espaços das áreas protegidas no Brasil, criando um processo mais dinâmico e interativo com os gestores destas áreas.

---

22 Dados retirados de Instituto Ecobrasil. Disponível em http://www.ecobrasil.org.br. Acesso em 02/09/2010.

Porém, também as unidades de conservação necessitam incorporar o mecanismo da Certificação que, entre outros aspectos, se caracteriza como um processo de adesão voluntária, que é realizado através de agentes externos e que considera os diversos bens, produtos e serviços ambientais gerados, conforme ressalta Padovan (2003), adaptando-se à crescente pressão pelo uso público nestas áreas.

> O mercado, de maneira geral, é um fator que tem impulsionado os processos de certificação de produtos e serviços. No caso das unidades de conservação, a venda de bens e serviços ambientais ainda é incipiente e sua valorização não reflete o custo real dos recursos naturais. No caso do turismo controlado, (...) poderia ser o elemento responsável por promover o início do processo de certificação de unidades de conservação (...) desde que sejam adotados critérios técnicos claramente estabelecidos, que seja dada a devida uniformidade nos procedimentos de medição, e definido e implantado um sistema confiável e que sirva de referência para o manejo sustentável (Padovan, op. cit.).

No caso das unidades de conservação, além de uma oportunidade concreta de melhoria contínua das condições do manejo, a Certificação, segundo a autora:

- favorece o desenvolvimento da unidade de forma compatível com a categoria de manejo;
- favorece o delineamento de estratégias adequadas às reais necessidades da área;
- minimiza os conflitos de propriedade e uso de terras;
- garante maior visibilidade e divulgação aos projetos desenvolvidos na área; e
- facilita o acesso a fundos públicos, o que pode servir como critério de prioridade nos financiamentos realizados por agências de cooperação que têm papel fundamental na execução do processo, condicionando a liberação de recursos à obtenção do selo, e, desta forma, abrindo caminho para o financiamento e para um efeito multiplicador.

Para que seja efetivo, o sistema de certificação de unidades de conservação, de acordo com Padovan (op. cit.), deve:

Inovações no ecoturismo garantem destaque nacional para Bonito[23]

Em busca de valorizar as inovações na atividade turística, o Ministério do Turismo, em parceria com o IMB e a Fundação Getúlio Vargas (FGV), selecionou em 2010, no Brasil, 65 destinos indutores do desenvolvimento turístico regional. Destes, 27 foram escolhidos para receber o prêmio de melhores práticas. Entre os vencedores está Bonito, em Mato Grosso do Sul, representado na categoria "políticas públicas".

Percebendo as potencialidades de explorar as belezas naturais e o turismo, muitas das antigas fazendas de gado optaram por mudar de ramo e investir nos passeios. O município, que possui menos de 20 mil habitantes, recebe cerca de 200 mil visitantes por ano.

(continua)

---

23 Adaptado de http://www.ms.agenciasebrae.com.br. Acesso em 11/11/2010.

> No entanto, como qualquer atividade comercial, o turismo consome território, pode colocar em risco o meio ambiente e, caso seja desenvolvido sem qualquer controle, pode deixar o município sem sua principal fonte de renda.
>
> Para a famosa Gruta do Lago Azul, por exemplo, não se pode passar de 305 pessoas ao dia. Mantendo-se nessa faixa, a natureza é capaz de se recuperar das interferências causadas pela visitação.
>
> Para orientar a atividade turística na cidade, a prefeitura terceirizou a uma empresa o desenvolvimento do voucher único digital, uma inovação que rendeu o prêmio a Bonito e que permite o controle preciso da quantidade de visitantes. Para participar de qualquer passeio, o turista precisa pagar por ele em uma agência de turismo. Não adianta ir direto ao local. O voucher permite o agendamento dos passeios com até um ano de antecedência. Como o sistema é unificado, nenhuma agência consegue vender o passeio se ele estiver lotado.
>
> Assim que um visitante adentra um atrativo, o voucher emite cinco vias, que são geradas digitalmente: para o turista, para o guia, para o proprietário do passeio, para a agência de turismo e uma última para o Imposto sobre Serviços de Qualquer Natureza (ISS).
>
> Dados da prefeitura de Bonito apontam que, entre os anos de 1996 e 2003, o fluxo da atividade turística aumentou em quase 115%. No entanto, a partir desta data ele começou a cair anualmente, tendo atingido 11% em 2006.
>
> Desde o início no ano passado, 18 empreendimentos passaram a integrar o projeto Economia da Experiência, realizados pelo Sebrae. A proposta é despertar os cinco sentidos do visitante, oferecendo cheiros, sabores e sensações além do tradicional.

- contar com a participação dos diversos setores relacionados e comprometidos com a conservação, pois o não estabelecimento de um sistema específico e confiável para a certificação poderia levar à proliferação de selos de caráter duvidoso e ao seu próprio descrédito como instrumento para o alcance dos reais objetivos de conservação; e
- estabelecer uma política de valorização de mecanismos de venda de serviços ambientais, o que pode impulsionar a execução do processo de certificação de forma equitativa e contribuir, consequentemente, para a gradativa melhoria das condições de manejo das unidades de conservação.

No país, os territórios ocupados pelas unidades de conservação estão aptos por excelência para a recepção das atividades do ecoturismo, dada a diversidade, singularidade e naturalidade destes ambientes. Assim, o turismo sustentável, que deve ser parte de um desenvolvimento amplo e de suporte nos programas de conservação ambiental, precisa pautar as decisões dos agentes e operadores do turismo em áreas protegidas, assim como dos administradores destas áreas, ao elaborarem seus planos de uso público, segundo o WWF (2001).

Uma vez que cresce mundialmente o movimento pela adoção da Certificação em Turismo Sustentável para os empreendimentos turísticos, sobretudo os que usufruem de ambientes naturais como os pautados pelo modelo do ecoturismo, a adoção da NBR 15.401 no Brasil é um passo primordial para os empreendedores alcançarem gradualmente os princípios autênticos do ecoturismo.

Gorini (2006) observa, no entanto, que a tendência no futuro, com a melhor compreensão dos ganhos da relação entre governo e empreendedores privados provenientes do turismo em unidades de conservação, é a evolução para um tratamento sistemático do tema, com planos de manejo incorporando cada vez mais parcerias com o setor privado, o que, sem dúvida, deverá ser discutido em conjunto com a população local e com os planejadores especializados em ecoturismo.

Esta adaptação é desejável e obrigatória, sobretudo quando as ações ocorrem dentro e no entorno das áreas protegidas, dado a sua fragilidade ambiental e a complexidade da população que habita o entorno e até dentro destas áreas.

As boas práticas de gestão do ecoturismo estão cada vez mais em destaque no momento de planejar as atividades em áreas protegidas. A natureza e as sociedades locais são as grandes beneficiárias neste crescente processo, pois, quanto mais práticas sustentáveis no turismo (obtidas pelo viés dos procedimentos de certificação), maior a garantia da conservação dos patrimônios natural e cultural para o segmento e, por conseguinte, como num círculo virtuoso e crescente, maiores os ganhos ambientais, sociais e financeiros para todos os envolvidos.

ATIVIDADES PROPOSTAS

Com base na leitura do capítulo e utilizando-se dos *sites* citados como referência ao longo do texto, além de outros *sites*, selecione uma unidade de conservação de proteção integral no Brasil, que possua informações e/ou estudos divulgados na *web* e, por meio destas informações, descreva e analise, quando possível, as seguintes questões:

1. nome, localização e características físico-bióticas da área ocupada pela unidade de conservação e os principais impactos negativos sobre a área;
2. categoria de proteção da unidade de conservação, a existência de Plano de Manejo, Planos de Gestão e Planos de Uso Público para esta área;
3. o *marketing* desenvolvido tanto pelas operadoras e guias turísticos quanto pela própria unidade de conservação para atrair o visitante, e o quanto este *marketing* contém de aspectos positivos e negativos para o desenvolvimento do chamado turismo sustentável;
4. empreendimentos ecoturísticos, operadoras e outras parcerias que participem das atividades de ecoturismo, de lazer e uso público nesta unidade de conservação, verificando, sobretudo, o quanto o perfil de atuação destes empreendedores e empresas se aproxima dos princípios do autêntico ecoturismo; e
5. a presença de populações em seu interior e comunidades locais em seu entorno, caracterizando sua situação socioeconômica e seu envolvimento com o ecoturismo desenvolvido na unidade de conservação.

CAPÍTULO 5
Planejamento do ecoturismo em unidades de conservação no Brasil

Silvia Maria Bellato Nogueira

CONCEITOS APRESENTADOS NESTE CAPÍTULO

É tratado neste capítulo ecoturismo como segmento do turismo praticado dentro de áreas protegidas ou, como são oficialmente denominadas no Brasil, unidades de conservação. Trata-se de uma análise das principais políticas e programas de desenvolvimento desta atividade no país ao longo da história, apoiada em estatísticas e considerações de diversos especialistas sobre o tema. São apresentados conceitos, assim como a espacialização territorial do ecoturismo no país. Em seguida, algumas temáticas derivadas do planejamento do uso das unidades de conservação para atividades de ecoturismo são discutidas sob a ótica da conservação ambiental, sendo elas: o "Planejamento e Gestão do Ecoturismo em Unidades de Conservação" e a "Avaliação e Gestão de Impactos do Ecoturismo em Unidades de Conservação". A conclusão chama a atenção do leitor para uma importante questão, que se refere às possibilidades de um turismo verdadeiramente sustentável, ou seja, uma atividade realizada em áreas protegidas que ao mesmo tempo respeite a capacidade de suporte ambiental desses territórios especialmente protegidos e que alcance satisfatoriamente os princípios estabelecidos para a atividade do ecoturismo.

O ECOTURISMO NO BRASIL: NÚMEROS E CONCEITOS

O ecoturismo representa de 5% a 8% do total de negócios do turismo mundial, segundo dados do Conselho Mundial de Turismo e Viagem (World Travel and Tourism Council – WTTC)[1]. Estatísti-

---
1 World Travel and Tourism Council (WTTC). Estatísticas. Disponível em: http://www.wttc.org.

cas da Organização Mundial de Turismo (World Tourism Organization – WTO)[2] demonstram o seu crescimento de 4% a 5% ao ano, estimando que 10% das pessoas que viajem pelo mundo são ecoturistas. No Brasil, este número alcançaria, segundo o estudo, meio milhão de turistas. A Sociedade Internacional de Ecoturismo (International Ecotourism Society – IES)[3], por sua vez, estima que entre 40 e 60% de todo o volume de turismo mundial é relacionado a viagens que envolvam a natureza. Cerca de 20% das motivações de viagem dos turistas estrangeiros, quando escolhem o país, é o segmento de natureza, ecoturismo e aventura (**Tabela 5.1**).

Tabela 5.1 — Demanda turística internacional entre 2005-2007

Caracterização da viagem (%)	2005	2006	2007
Sol e praia	54,9	54,7	60,4
Natureza, ecoturismo ou aventura	19,3	19,5	20,9
Cultura	17,2	17,0	11,7
Esportes	1,7	3,3	2,6
Diversão noturna	1,5	1,5	1,4
Viagem de incentivo	0,7	1,1	0,9
Outros	4,7	2,9	2,1

Fonte: Brasil. Ministério do Turismo. Secretaria Nacional de Políticas de Turismo. Estudo da demanda turística internacional entre 2005-2007. Departamento de Estudos e Pesquisas. Brasília, abril de 2009.

O faturamento anual do ecoturismo no mundo é estimado em US$ 260 bilhões, sendo que no Brasil calcula-se o faturamento em cerca de US$ 70 milhões, valor considerado pequeno e originário, sobretudo de apenas duas unidades de conservação: os Parques Nacionais (PARNA) de Foz do Iguaçu (PR) e da Floresta da Tijuca (RJ). Salvati (2003c) apresentou um dos poucos estudos disponibilizados sobre os números do Ecoturismo no país, que coletou em algumas entidades especializadas na análise deste segmento:

- De acordo com o Instituto de Ecoturismo do Brasil (IEB)[4], há mais de meio milhão de praticantes de ecoturismo no país, empregando diretamente mais de 30 mil pessoas.
- O *trade* de ecoturismo contava, em 1999, com mais de duas mil pousadas e mais de 1,5 mil prestadores de serviços, entre lojas de equipamentos, transportes, alimentação, consultorias e serviços de apoio.
- Segundo o Ministério de Meio Ambiente e a Conservation International, o Brasil tinha, em 2000, aproximadamente 1.680 *eco-lodges* (refúgios de selva), 300 agências e operadoras de ecoturismo e 25 revistas de turismo e meio ambiente.
- O pantanal concentra 30% dos *eco-lodges* brasileiros, seguido pela região Amazônica e pelo bioma Mata Atlântica, com 25% cada.

---

2 World Tourism Organization (WTO). Estatísticas. Disponível em: http://www.unwto.org.
3 International Ecotourism Society (IES). Estatísticas. Disponível em: www.ecotourism.org.
4 Instituto de Ecoturismo do Brasil (atualmente sem *site*).

Ainda segundo Brasil (2009), para o período entre 2005 e 2007, a maioria dos turistas internacionais chegou sozinha ao país, gastou entre US$ 60 e 70 *per capita/dia* e permaneceu entre 13 e 15 dias. A opinião mais negativa emitida foi quanto às vias de deslocamento por estradas, o que suscita a discussão do quanto o segmento de ecoturismo, dependente sobremaneira deste meio de transporte para o acesso dos turistas, torna-se frágil pela insuficiência de investimentos em conservação e ampliação dos acessos.

A **Tabela 5.2** demonstra que o ecoturismo e o turismo de aventura têm tido um crescimento significativo no mercado turístico brasileiro, visto que o número de turistas estrangeiros de quase todos os países que visita o Brasil apresentou um acréscimo do focado nestes segmentos em detrimento de outros.

Dentre os países que mais enviam turistas para o Brasil em viagens específicas de Ecoturismo e Aventura estão a Alemanha (com cerca de 30% do total de turistas); o Canadá (igualmente com cerca de 30% do total); a Espanha (que demonstra um significativo crescimento no percentual de turistas, ou seja, cerca de 35% do total); a Holanda (com cerca de 31% dos turistas focados no segmento) e a Suíça (com cerca de 30%).

Tabela 5.2 — Nacionalidade e porcentagem de turistas estrangeiros que vieram ao país para viagens relacionadas à natureza, ao ecoturismo ou à aventura entre o total de turistas que desembarcaram no país

	2005	2006	2007		2005	2006	2007
Espanhóis	22,8	32,4	35,7	Americanos	16,5	17,2	21,9
Alemães	30,9	35,6	32,6	Italianos	20,7	18,0	21,4
Holandeses	21,9	29,0	31,0	Ingleses	22,1	21,5	20,1
Suíços	27,3	24,0	30,4	Chilenos	13,6	16,4	19,8
Canadenses	26,6	19,9	30,0	Portugueses	14,9	17,1	19,1
Uruguaios	21,8	12,4	26,6	Paraguaios	28,2	9,9	17,3
Mexicanos	28,5	28,4	25,0	Argentinos	8,8	7,7	12,6
Franceses	16,3	23,8	24,3				

Fonte: Brasil. Ministério do Turismo. Secretaria Nacional de Políticas de Turismo. Estudo da demanda turística internacional entre 2005-2007. Departamento de Estudos e Pesquisas. Brasília, abril de 2009.

Acredita-se que o termo "ecoturismo" foi utilizado pela primeira vez em 1965, identificando os quatro princípios para o turismo responsável: respeitar as culturas locais, minimizar os impactos ambientais, maximizar a satisfação do visitante e maximizar os benefícios para comunidades locais (Mourão, 2004).

No Brasil, o ecoturismo é definido como um segmento da atividade turística que:

> (...) utiliza de forma sustentável os patrimônios natural e cultural, incentiva sua conservação e busca a formação de uma consciência ambientalista através da interpretação do ambiente, promovendo o bem-estar das populações envolvidas (Brasil, 1994).

Três importantes acordos mundiais ajudaram a construir os preceitos do ecoturismo no Brasil: a Carta de Lanzarote (Espanha, 1995), que elencou uma série de princípios a serem seguidos nas atividades de ecoturismo; o Acordo de Mohonk (Estado Unidos, 2000), que nivelou os princípios e componentes que devem fazer parte de um programa sólido de Certificação em Turismo; e a Declaração de Quebec (Canadá, 2002), que estabeleceu as recomendações para a implantação do Ecoturismo no contexto do desenvolvimento sustentável.[5]

Entretanto, conforme observa Hintze (2009), o conceito é um dos que mais suscita discussões no turismo, pois, desde a sua concepção, teve grande variação de significados e aplicabilidade controversa, permitindo que muitas atividades turísticas não sustentáveis pudessem ser por ele abarcadas.

Para o autor, a não percepção do que representa a polissemia do ecoturismo pode indicar a superficialidade da abordagem pelo mercado, simplificador por conta de sua estruturação, além de não desejar que haja aprofundamento em questões relevantes:

> O ecoturismo ter vários significados nos parece uma boa estratégia para que suas preocupações originais não sejam mais perseguidas e assim possa se entregar ao grande objetivo do capital: a busca do lucro de qualquer forma (Hintze, 2009).

Irving (2000) já havia observado anteriormente que o conceito de ecoturismo está ainda em construção, o que dificulta, por exemplo, a própria avaliação crítica de iniciativas e de projetos, uma vez que esse rótulo tem sido equivocadamente utilizado para qualquer tipo de turismo, no qual o bem natural representa o atrativo, mas os compromissos de sustentabilidade não são claros.

Dentre as preocupações apontadas pelos autores analisados, de que o Ecoturismo não se reverta em práticas sustentáveis, ficando a sua base conceitual cada vez mais distante das práticas de fato, uma das prioridades reside em avaliar as políticas públicas e os programas e projetos de desenvolvimento do Ecoturismo no Brasil, no sentido de identificar em que grau têm contribuído para elevar este segmento do Turismo a um patamar de ações que concretizem seus preceitos de sustentabilidade.

POLÍTICAS E PROGRAMAS DE DESENVOLVIMENTO DO ECOTURISMO NO BRASIL

Na história das políticas públicas de turismo no país (que deveriam contemplar a capacitação de recursos humanos, a infraestrutura básica e turística, a modernização da legislação, a articulação entre Poder Público e setor privado, a articulação intragovernamental, o apoio aos pequenos empreendedores, a democratização do acesso ao turismo, o desenvolvimento turístico regional, entre outros fatores), a intervenção estatal gradativamente se empobreceu e se restringiu a ações de indução (fomento) e de controle (regulamentação) (UAM, 2002).

---

[5] Instituto Ecobrasil. Estatísticas, estudos e notícias. Disponível em: http://www.ecobrasil.org. Acesso em várias datas.

Nem as iniciativas governamentais nem as privadas, de acordo com Mourão (2004), foram suficientes para ultrapassar barreiras até hoje existentes no Brasil que dificultam o efetivo desenvolvimento do ecoturismo. São exemplos dessas dificuldades a insuficiência de regulamentações e de incentivos que orientem empresários, investidores e o próprio governo no estímulo e no uso do potencial dos patrimônios naturais e culturais e que, ao mesmo tempo, promovam a sua conservação e o desenvolvimento do ecoturismo.

Segundo Irving (2000), o problema da incapacidade dos órgãos governamentais de atuar efetivamente em conjunto com administradores locais das áreas turísticas (incluindo áreas protegidas) persiste devido a frequentes conflitos de políticas públicas e a uma atuação institucional distante das realidades locais, muitos deles se beneficiando de investimentos públicos.

Salvati (2002), concordando com a autora, observa que as políticas públicas para o desenvolvimento do ecoturismo no Brasil têm se revertido em programas direcionados a viabilizar a implantação de grandes empreendimentos, como os *resorts*, apresentando, muitas vezes, problemas em seu planejamento e em sua execução, e alto custo socioambiental, muitos deles se beneficiando de investimentos públicos.

Há, de acordo com Irving (2004), três fases de desenvolvimento do ecoturismo no Brasil. O ano de 1985 inaugura a primeira fase, com o lançamento do programa Turismo Ecológico: Conhecer para Preservar,[6] num período em que as políticas públicas estavam num estágio embrionário, e as práticas de ecoturismo eram pouco sustentáveis. Mas, segundo a autora, os resultados foram limitados, pois os esforços foram insuficientes para superar obstáculos até hoje existentes entre a teoria e a prática do ecoturismo, como investimentos que privilegiam a modalidade "sol e praia" no Brasil.

Num segundo momento, o ecoturismo ganha espaço com a Rio-92.[7] Nessa fase, porém, o ecoturismo limita-se a iniciativas isoladas de turismo de aventura ou de construção de *eco-lodges*. Poucas são as iniciativas, no cenário nacional, capazes de mobilizar o setor de maneira integrada e estratégica.

Num terceiro momento, iniciado em 1994 com o lançamento das Diretrizes para uma Política Nacional de Ecoturismo,[8] há a consolidação das bases conceituais e operacionais que passam a orientar as políticas para o setor. Inicia-se um diálogo interinstitucional, e definem-se as ações prioritárias voltadas para populações locais, regulamentação do ecoturismo, fortalecimento e interação interinstitucional, formação e capacitação de recursos humanos, controle da qualidade do produto ecoturístico, implantação e adequação de infraestrutura e conscientização e informação do turista.

A partir de então, conforme aponta Brasil (2006b), o ecoturismo buscou, além de se assentar sobre o tripé interpretação, conservação e sustentabilidade, requerer uma série de características em relação à atitude do prestador de serviços, da comunidade

---

6 Criado em parceria pelo Instituto Brasileiro de Turismo (Embratur); Instituto Brasileiro de Desenvolvimento Florestal (IBDF) e Secretaria Especial de Meio Ambiente (Sema).

7 Conferência Internacional sobre Meio Ambiente e Desenvolvimento Sustentável ocorrida na cidade do Rio de Janeiro em 1992.

8 Portaria Interministerial nº 1, de 20/04/1994, elaborada pelo Ministério do Meio Ambiente (MMA) e pelo Ministério da Indústria, do Comércio e do Turismo (Mtur), por meio da Embratur.

receptora e do próprio turista, obedecendo a princípios fundamentais, como a utilização sustentável do patrimônio natural e cultural, a busca de uma consciência ambientalista pela interpretação do ambiente e a promoção do bem-estar das populações envolvidas.

Irving (2002) relembra que, em 1994, com a perspectiva de descentralizar o setor do turismo, o Programa Nacional de Municipalização do Turismo (PNMT)[9] instituiu para os municípios quatro metas a serem alcançadas: estabelecer os conselhos municipais de turismo; elaborar os planos diretores do turismo; elaborar os planos de desenvolvimento do turismo e; estabelecer os fundos municipais como apoio a criação de oportunidades de negócios para atividades específicas, tais como o turismo ecológico.

De acordo com Paiva (2001), em 1995, foi lançado o Programa Nacional de Ecoturismo[10] com objetivo de desenvolver ações integradas relacionadas ao ecoturismo e ao turismo sustentável e de apoiar o ordenamento das atividades no país associadas às áreas naturais protegidas. Esse programa apoiou projetos ecoturísticos específicos, como:

- a Agenda de Ecoturismo do Vale do Ribeira no Estado de São Paulo;
- o Polo Ecoturístico do Sertão Central do Ceará;
- a capacitação de técnicos do PARNA da Serra da Capivara;
- o Polo Ecoturístico do Lagamar no Estado de São Paulo;
- um conjunto de projetos para o aproveitamento turístico do litoral brasileiro.

O Programa de Desenvolvimento Turístico (Prodetur), criado também em 1995 para dar suporte financeiro à realização do PNMT, foi dividido em módulos (Prodetur/NE I e II, Prodetur/Norte e Prodetur/Sul). Houve incremento na temática do aproveitamento sustentável do turismo em 1998, quando o Banco do Nordeste deu início ao processo de estruturação dos Polos de Desenvolvimento Integrados de Turismo Sustentável (Embratur e Instituto Ecoturismo do Brasil – IEB), que viriam a ser instituídos em 2000, com objetivo de formar parcerias que permitissem a mobilização e a integração dos atores locais com a gestão e organização da atividade turística sustentável.

Os Polos de Desenvolvimento de Ecoturismo estabeleceram zonas geográficas mapeadas em cada Estado brasileiro que apresentava atrativos naturais e culturais de interesse ecoturístico. Nesse processo, foram identificados mais de cem roteiros ecológicos para exploração turística no Brasil, com prioridade para investimentos do setor público e privado na área de ecoturismo que envolvessem planejamento, interação com as comunidades locais, conservação dos atrativos naturais e investimentos em infraestrutura, equipamentos e serviços turísticos.[11]

---

9 Ministério da Indústria, do Comércio e do Turismo, por meio da Embratur.

10 Ministério do Meio Ambiente (MMA) e Ministério do Turismo (Mtur).

11 Instituto Aqualung. Polos de Desenvolvimento do Ecoturismo no Brasil (http://www.institutoaqualung.com.br).

O Programa de Desenvolvimento do Ecoturismo na Amazônia Legal (PROECOTUR)[12] também foi criado em 2000 pelo Ministério do Meio Ambiente com apoio do Banco Interamericano de Desenvolvimento (BID). Integrado ao Programa Nacional de Ecoturismo, foi concebido com a finalidade de estabelecer a base de investimentos públicos necessários para a atração de investidores privados e de fomentar diretrizes para o ecoturismo na região amazônica, como:

- gerar alternativas sustentáveis para as atividades degradadoras do meio ambiente;
- criar empregos e oportunidades de negócios de natureza sustentável, além de gerar renda;
- avaliar o mercado nacional e internacional;
- estimular a utilização de tecnologias apropriadas;
- valorizar as culturas locais;
- contribuir para a conservação da biodiversidade.

Irving (2004) ressalta a importância de outras iniciativas que afetaram positivamente o ecoturismo no Brasil:

- o Programa de Melhores Práticas em Ecoturismo (MPE) e o Manual de Melhores Práticas em Ecoturismo, que capacitam um conjunto de facilitadores para atuar como difusores do processo em diversas regiões do país;[13]
- o Programa de Desenvolvimento Sustentável do Pantanal (Projeto Pantanal) pretende alocar US$ 400 milhões para gestão ambiental e desenvolvimento do turismo;[14]
- o Projeto Áreas Protegidas da Amazônia (Arpa), pelo Banco Mundial, com o objetivo de criar e consolidar áreas protegidas em território amazônico, influenciando o setor do ecoturismo.[15]

---

12 O Proecotur é dividido em duas fases: a de pré-investimentos, que foi até 2003, e a atual. Tem como objetivos proteger os atrativos ecoturísticos; implementar infraestrutura básica de serviços; avaliar o mercado nacional e internacional; propor bases normativas; capacitar recursos humanos; estimular a utilização de tecnologias apropriadas; valorizar as culturas locais e contribuir para a conservação da biodiversidade (http://www.mma.gov.br).

13 Patrocinadas pelo FUNBIO (Fundo para a Biodiversidade), surgiram a partir de um estudo de 2000, com o objetivo de obter subsídios sobre Ecoturismo à luz do atual cenário de políticas nacionais, agentes financeiros, recursos disponíveis e perspectivas do setor. O resultado foi a criação do "Programa Melhores Práticas para o Ecoturismo – MPE". (http://www.ecobrasil.org.br).

14 Surgido em 2001, teve como objetivo a promoção do desenvolvimento sustentável dos municípios que compõem a Bacia do Alto Paraguai (BAP) nos Estados de Mato Grosso e Mato Grosso do Sul, pelo governo federal. Foi a primeira tentativa de desenvolver um grande projeto de alternativas de desenvolvimento no País. (http://www.riosvivos.org.br).

15 O ARPA, criado em 2003, é fruto de uma parceria entre o MMA, o IBAMA, ICMBio, governos estaduais e municipais da Amazônia, o Fundo para o Meio Ambiente Global (GEF), o Banco Mundial, o KFW (banco de cooperação do governo da Alemanha), a GTZ (agência de cooperação da Alemanha), o WWF-Brasil, o Fundo Brasileiro para a Biodiversidade (FUNBIO) e organizações da sociedade civil. Lançado em 2002, por meio do Decreto Federal nº 4.326, tem como meta garantir a proteção de ecossistemas, sobretudo florestas em unidades de conservação, abrangendo 563 mil Km². Os investimentos são da ordem de US$ 400 milhões ao longo de 10 anos. (www.amazonia.org.br e www.mma.gov.br).

> **Parque Nacional de Foz do Iguaçu**[16]
>
> *É considerado o caso mais bem-sucedido no Brasil de ecoturismo em áreas protegidas, com atividades licenciadas à iniciativa privada, em que a operação e administração de certas áreas e atividades no parque foram cedidas por meio de concessões, em processos licitatórios realizados entre 1998 e 2002 (Gorini et al., 2006). Costuma atrair um perfil de turista que gasta mais que a média nacional. A participação das agências de viagens conduzindo o turista se mostra importante (assim como nos PARNAS Fernando de Noronha e nas unidades de conservação na Amazônia) (Brasil, 2002).*
>
> *Sua revitalização abrangeu a implantação de atividades de recreação, interpretação e educação ambiental, grande parte delas desenvolvidas por empresas concessionárias, sob monitoramento do Ibama. A implantação deste modelo foi possível pelo fato de o parque reunir condições adequadas, entre elas, a maturidade do seu Plano de Manejo; a rentabilidade econômica em função do histórico já elevado de visitantes; o equacionamento da questão fundiária; e a boa infraestrutura externa de acesso ao parque (Gorini et al., op. cit.).*
>
> *Entretanto, impactos negativos existem, sobretudo, com relação à fauna (caça; deficiência na fiscalização; alta velocidade de circulação de veículos; não implantação integral do Plano de Manejo da unidade). É iminente o risco de extinção da onça-pintada, numa das maiores áreas de floresta atlântica contínua do Brasil, mas que possui atualmente menos de 10 animais da espécie. A demora na implantação integral de seu Plano de Manejo deve-se justamente à pressão que o setor turístico exerce para evitar medidas como a restrição ao trânsito interno ao PARNA. A intenção dos gestores desta unidade de conservação é fechar definitivamente o transporte interno de turistas por agências e carros particulares. Empresas de turismo trafegam sem autorização dentro da unidade, fazendo visitas cada vez mais rápidas, para que o tempo do turista seja gasto no comércio da cidade.*

Foram selecionados 23 PARNAS que já reuniam algumas condições para a implantação do uso público em suas áreas: Itatiaia, Tijuca e Serra dos Órgãos no Rio de Janeiro; o próprio PARNA do Iguaçu, além de Abrolhos (BA) e Fernando de Noronha, em Pernambuco.

O Governo Federal ressaltou que estão desprotegidos, são pouco usufruídos e incapazes de se autogerirem. Os PARNAS Iguaçu e Tijuca concentram 90% dos visitantes, restando ao governo mudar a forma de cuidar dessas áreas e atrair público para as demais. A saída vislumbrada é privatizar serviços de transporte, alimentação, comercialização de suvenires, manutenção, cobrança de ingressos e estacionamentos.[17]

---

16 Bourscheit, Aldem. *Somem catetos e queixadas, onças também*. O Eco. Notícias Ambientais. Disponível em www.oeco.com.br . Acesso em 14 /04/2009.

17 Instituto Socioambiental. *Minc quer dobrar visitação nos PARNAs*. Disponível em www.socioambiental.org. Acesso em 15/9/2008.

> **Programa de Desenvolvimento do Ecoturismo para a Região da Mata Atlântica do Litoral Norte e do Vale do Ribeira no Estado de São Paulo.**[18]
>
> *Implantado entre 2005 e 2009, objetivou a reestruturação da visitação pública em seis parques estaduais (Carlos Botelho, Intervales, Petar, Jacupiranga, Ilha do Cardoso e Ilhabela), apoiando a cadeia produtiva do turismo com vistas a transformar as unidades de conservação em produtos turísticos, sem prejuízo de uso da vocação de patrimônio natural. O investimento foi da ordem de 12,7 milhões de euros, oriundos do BID e do Estado de São Paulo. As atividades previstas incluíram centros de interpretação ambiental, obras de infraestrutura, assistência técnica, apoio à cadeia produtiva do ecoturismo, fortalecimento institucional para a gestão pública, entre outras. Os investimentos foram aplicados em equipamentos para a prática de atividades, na melhora e/ou ampliação de meios de hospedagem, em serviços de venda de comidas e bebidas e venda de artesanatos, e outros serviços turísticos pagos que poderão ser concessionados ao setor privado. Os parques selecionados foram os que apresentaram grande riqueza de recursos naturais, potencial que pode melhorar as condições socioeconômicas da região e que podem servir como estudo de caso de medidas de planejamento, gestão e controle da atividade ecoturística.*

Para agravar ainda mais o contexto, Irving (2004) faz uma denúncia sobre os recursos obtidos pelas unidades de conservação a partir da exploração do ecoturismo em áreas protegidas. De acordo com o autor, o Sistema Nacional de Unidades de Conservação (SNUC) estabeleceu leis e normas sobre essa arrecadação, que são desrespeitadas. Muito do que é arrecadado nas bilheterias das áreas protegidas retorna às instituições públicas que gerem essas áreas.

Como instrumento da autossustentabilidade econômica das unidades de conservação, o SNUC prevê que a exploração comercial de qualquer produto elaborado a partir de seus recursos, inclusive os cênicos, dependerá de prévia autorização, além de sujeitar o explorador a pagamento, conforme regulamento (Pires, 2003).

Os investimentos serão inicialmente públicos, provenientes principalmente de recursos de compensação ambiental advindos de empresas privadas (Gorini et al., 2006).

Mais recentemente, em 2008, o Programa Turismo nos Parques (MTur/MMA/ICMBIO) iniciou investimentos de R$ 28 milhões nas unidades de conservação consideradas de alto potencial turístico, mostrando interação entre diferentes esferas governamentais.

Os PARNAS contemplados são: Aparados da Serra, Chapada dos Veadeiros, Lençóis Maranhenses, Serra dos Órgãos, Jaú, Serra da Capivara, Iguaçu, Fernando de Noronha, Abrolhos e Tijuca.

Silvestre (2008) aponta que o objetivo é ampliar o acesso de turistas, sinalizando para o setor empresarial disposição de buscar soluções para dar agilidade e maior eficiência

---

18 Ambiente Brasil. *São Paulo terá US$ 9 milhões para Ecoturismo*. Disponível em www.noticias.ambientebrasil.com.br. Acesso em 26/02/2006.

ao tratamento das questões relacionadas ao licenciamento ambiental sem abrir mão do cumprimento das exigências ambientais, além de prever o investimento na infraestrutura do entorno dos parques, possibilitando hospedagem e condições de acessibilidade, e de implantar normas visando à qualificação da condução de visitantes.

Entretanto, Gorini et al. (2006) lembram que as especificidades do PARNA de Foz do Iguaçu, modelo de sucesso pelo pioneirismo na concessão de serviços privados, não necessariamente podem ser reproduzidas em todas as unidades de conservação por causa de suas especificidades. Cada caso deve ser analisado e projetado com características particulares no momento das concessões.

No caso do Estado de São Paulo, o governo tem buscado um modelo de concessão de serviços em parques ao setor privado, obedecendo a uma série de especificidades de suas áreas protegidas, instituindo uma renovação nos aspectos legais que permitem novas formas de explorar o uso público. É o que tem ocorrido com os programas mais recentes implantados, como o Programa de Desenvolvimento do Ecoturismo para a Região da Mata Atlântica do Litoral Norte e do Vale do Ribeira no Estado de São Paulo, em fase de conclusão.

A Resolução nº 59 da Secretaria do Meio Ambiente do Estado de São Paulo, de 27/08/2008, regulamenta os procedimentos administrativos de gestão e de fiscalização do uso público nas unidades de conservação de proteção integral. Da resolução, destaca-se o art. 9º, segundo o qual se define que, nas unidades de conservação, os serviços e as atividades poderão ser desenvolvidos por meio de contratos ou parcerias com instituições públicas ou privadas, em conformidade com o que dispuser o Plano de Manejo, o Plano de Uso Público ou o Plano Emergencial de Uso Público, obedecida a legislação vigente.

O parágrafo 4º deste artigo também merece destaque:

> Será estimulado nas parcerias e contratos, desde que obedecida a legislação vigente, o desenvolvimento das micro, pequenas e médias empresas locais e regionais, bem como das comunidades locais organizadas, valorizando suas competências, características e a cultura local.

Entretanto, à época de seu lançamento, algumas críticas referiam-se à pequena participação das comunidades tradicionais, pois teriam dificuldade em competir com empresas e profissionais terceirizados no momento das licitações dos serviços.[19]

De acordo com Salvati (2002), as políticas de desenvolvimento do ecoturismo podem ser de difícil aplicabilidade quando se pensa em sustentabilidade ampla. Além das dificuldades inerentes à esfera pública brasileira (p. ex. carências técnico-administrativas em monitoramento e fiscalização), existem também lacunas de legitimidade. Poucas delas conseguem contemplar efetivamente a participação das comunidades em todas as fases do planejamento e nas tomadas de decisão. Transferir parte do processo de visitação pública para a iniciativa privada – completa o autor – não garante que o Estado

---

19 Tatto, Nilton. *Projeto do BID não envolve comunidades tradicionais da Mata Atlântica*. Disponível em www.noticias.ambientebrasil.com.br. Acesso em 15/11/2005.

será eficiente nos outros objetivos das unidades de conservação, como a manutenção da biodiversidade.

> (...) os processos de terceirização dos serviços de uso público, por meio de concessões, permissões e autorizações para oferta de serviços turísticos em unidades de conservação, podem ser uma saída adequada para as carências e ineficiências do Estado, se houver um componente de capacitação e preparação prévia das sociedades locais em participar e assumir os compromissos de uma licitação, como garantia de que os recursos obtidos com o lucro do Turismo circulem pelas economias locais e regionais, ao invés de retornarem para os grandes centros econômicos do país (Salvati, op. cit.).

De acordo com Gorini et al. (2006), concessões podem trazer uma série de benefícios para a administração de uma unidade de conservação, pois, de um modo geral, os administradores públicos são inexperientes nesse campo. Ademais, tais concessões liberam o administrador para suas funções mais nobres, voltadas para a preservação em si, como fiscalização, monitoramento e pesquisa.

Não obstante – prosseguem os autores –, alguns aspectos devem ser bem equacionados para que esse tipo de parceria entre setor público e privado funcione, como a definição da parcela da receita da concessionária que retorna à unidade de conservação ou ao Estado. Deve haver também respeito de ambas as partes aos contratos pactuados, interferindo-se o menos possível nos aspectos relacionados à gestão privada do negócio, sem, no entanto, perder de vista o principal objetivo, a preservação ambiental.

O ECOTURISMO NAS UNIDADES DE CONSERVAÇÃO BRASILEIRAS

O sistema de unidades de conservação do Brasil

A Convenção das Nações Unidas sobre a Diversidade Biológica, adotada pela Conferência das Nações Unidas para o Meio Ambiente e o Desenvolvimento (Cnumad/Rio-92), enfatiza a importância das unidades de conservação como elementos indispensáveis para a conservação de biodiversidade, já que assegurariam, se adequadamente distribuídas geograficamente e em extensão, a manutenção de amostras representativas de ambientes naturais, da diversidade de espécies e de sua variabilidade genética, além de promover oportunidades para pesquisa científica, educação ambiental, turismo e outras formas menos impactantes de geração de renda, juntamente com a manutenção de serviços ecossistêmicos essenciais à qualidade de vida (Pinto, 2008).

> O estabelecimento de parques e reservas no Brasil pode ser considerado um fenômeno ainda recente, sendo que a maioria foi criada nos últimos 30 anos. No entanto, espera-se que as oportunidades para a expansão do sistema se esgotem nas próximas duas décadas, tornando imperativa a criação de um maior número possível de unidades de conservação em todos os biomas brasileiros, valendo-se de critérios biológicos [...] Um dos pontos mais polêmicos ligados às unidades de conservação é representado pela antiga discussão sobre o que é mais prioritário: criar unidades ou implementar as já criadas. É preciso ficar alerta para as possíveis

armadilhas geradas pela questão. Se tivermos de esperar a implementação das unidades de conservação existentes para criarmos novas, o risco de perder áreas importantíssimas para a biodiversidade é bastante significativo. O equilíbrio entre as duas estratégias de ação é indispensável (Pinto, op. cit.).

A baixa representatividade de proteção por bioma no Brasil, ainda segundo Pinto (op. cit.), pode ser parcialmente atribuída ao histórico de uso e de ocupação territorial e, por consequência, às pressões antrópicas internas e externas diferenciadas ao longo da rede de unidades de conservação em cada bioma. A fragilidade do sistema de unidades de conservação do país não se resume aos aspectos de natureza técnico-científica ligados a sua extensão e distribuição, mas estão também associados à falta de capacidade dos órgãos de governo de oferecer os instrumentos adequados a seu manejo e proteção.

De acordo com relatório do Ministério do Meio Ambiente (MMA) de 2008,[20] elaborado ao longo de 2006 e de 2007, com exceção da Amazônia, nenhum bioma brasileiro tem área protegida para garantir a própria biodiversidade, com índice abaixo das recomendações internacionais. Suas áreas naturais estão desamparadas, faltam pesquisa, proteção, demarcação e infraestrutura mínima para o uso público. O estudo calculou em R$ 1,4 bilhão o custo mínimo para fiscalização, organização, instalação e funcionamento administrativo de todas as unidades de conservação federais e estaduais no Brasil. Porém, mesmo com tantas necessidades, aproximadamente ¼ desta quantia é destinado anualmente a essas unidades de conservação.

O Fórum Econômico Mundial classificou o Brasil como o terceiro país do mundo em recursos naturais para o turismo.[21] Institutos, ONGs, governos e iniciativa privada investem crescentemente em estudos e em projetos voltados para o ecoturismo no país, sobretudo, envolvendo o uso de áreas protegidas e suas áreas envoltórias.

Por isso, as unidades de conservação têm se firmado como espaço legítimo para a prática do ecoturismo nas últimas décadas. Isso também ocorre porque são consideradas o lócus de uma exploração sustentável da atividade, tendo em vista a existência de um aparato legal e administrativo que, ao menos teoricamente, assegura limites à sua utilização (Spinola, 2006).

Entretanto, em passado bastante recente, muitas dificuldades foram enfrentadas pelas unidades de conservação quando o Instituto Brasileiro do Meio Ambiente e dos Recursos Naturais Renováveis (Ibama) lançou proposta de abertura de vários PARNAS ao ecoturismo, juntamente com as propostas do Programa de Desenvolvimento do Ecoturismo na Amazônia Legal (PROECOTUR) sem a realização de estudos preliminares e dotação destas áreas de infraestrutura para recepção do visitante (Takahashi, 2004).

Nesse período, o Sistema Nacional de Unidades de Conservação (SNUC) ainda não havia sido regulamentado e só em 2000 foi instituído, pela Lei Federal nº 9.985 de 19 de julho, ratificando legalmente um sistema para as unidades de conservação brasileiras, definindo-as como:

---

20 Ministério do Meio Ambiente. Disponível em http://www.mma.gov.br.

21 Anauate, Camila. *Promissor, mercado quer atrair estrangeiros*. Disponível em www.estadao.com.br. Acesso em 01/07/2008.

Espaço territorial e seus recursos ambientais, incluindo águas jurisdicionais, com características naturais relevantes, legalmente instituídos pelo Poder Público, com objetivos de conservação e limites definidos, sob regime especial de administração, ao qual se aplicam garantias adequadas de proteção (Lei nº 9.985/2000, art. 2º, I).

O SNUC divide as unidades de conservação em unidades de proteção integral, que admitem apenas atividades educacionais, científicas e recreativas (PARNAS, reservas biológicas, estações ecológicas, monumentos naturais e refúgios de vida silvestre), e em unidades de uso sustentável, que preveem a extração e a comercialização de recursos, desde que sejam realizadas de maneira sustentável, respeitando os limites da natureza, e indicadas em um Plano de Manejo (Áreas de Proteção Ambiental, reservas de fauna, áreas de relevante interesse ecológico, reservas de desenvolvimento sustentável, reservas extrativistas, Reserva Particular do Patrimônio Natural – PPNs e florestas nacionais) (Raimundo et al., 2007).

Em ambas as categorias, seja de proteção integral, seja de uso sustentável, com exceção de modalidades como estações ecológicas e reservas biológicas, é possível e desejável o desenvolvimento de atividades de uso público do turismo, obedecendo às restrições que a categoria de manejo de cada unidade de conservação estabelece para esta atividade.

Em 2008, eram contabilizadas no país 35.667.568,29 hectares de unidades de conservação federais de proteção integral (**Tabela 5.3**).[22] Pinto (2008) observa que menos de 3% da superfície do território brasileiro corresponde a essa categoria de área protegida, que é a de maior relevância para a preservação da biodiversidade.

Tabela 5.3 — Unidades de conservação federais do Brasil

Tipologia da unidade	Categoria - quantidade	Total em hectares
Proteção Integral (PI)	Estação Ecológica (EE) – 32	7.212.059,43
	PARNA – 64	24.417.625,32
	Reserva Biológica (RB) –29	3.868.779,79
	Refúgio de Vida Silvestre (RVS) – 5	169.103,74
PI – Total		35.667.568,29
Uso Sustentável (US)	Área de Proteção Ambiental (APA) –30	9.945.827,41
	Área de Relevante Interesse Ecológico (Arie) –17	43.432,48
	Floresta Nacional (FN) –65	19.590.157,88

(continua)

---

22 O Instituto Chico Mendes de Conservação da Biodiversidade (ICMbio), em 2008, registrava 478 unidades de conservação de proteção integral (federais e estaduais), que totalizavam 37.019.697 ha e 436 áreas de uso sustentável, totalizando 74.592.691 hectares. Somando-se a este número as reservas particulares, o total subia para mais de 1.600 unidades de conservação, totalizando aproximadamente 115 milhões de hectares (Disponível em http://www.icmbio.gov.br).

	Reserva de Desenvolvimento Sustentável (RDS) –1	64.440,31
	Reserva Extrativista (Resex) –56	11.924.003,67
US Total		41.567.861,76
Total geral em hectares		77.235.430,04
Total geral em unidades de conservação		299

Fonte: Instituto Chico Mendes de Conservação da Biodiversidade, Brasília, 2008.

As unidades de conservação federais são relativamente equilibradas em termos de área de proteção integral (48%) e de uso sustentável (52%). Entre os biomas, entretanto, existem diferenças substanciais nesse equilíbrio: a proteção integral é mais comum no Pantanal e no Cerrado, e áreas de uso sustentável ocupam substancialmente maiores espaços nos domínios da Mata Atlântica, da Caatinga e das regiões costeiras e marinhas. Somente na Amazônia existe um equilíbrio aproximado entre proteção integral (49%) e uso sustentável (51%). As unidades de conservação estaduais, por sua vez, são predominantemente do grupo de uso sustentável (somente 16,5% da área total sob proteção estadual são de proteção integral), tendo inclusive uma grande participação de Áreas de Proteção Ambiental (APAs). Os parques estaduais apareceram, sobretudo, no Sul e no Sudeste do Brasil (Rylands e Brandon, 2005).

Também as RPPNs (Reservas Particulares do Patrimônio Natural), criadas pelo Decreto nº 5.746, de 05/04/2006, têm-se revelado importantes áreas para o desenvolvimento de projetos ligados ao ecoturismo no Brasil, visto que são áreas criadas em caráter de perpetuidade, por iniciativa do proprietário, com o objetivo de conservar a sua diversidade biológica. Sendo reconhecidas como parte integrante do SNUC, nelas são permitidas atividades de pesquisa e visitação com objetivos turísticos e educacionais.[23]

As reservas indígenas são cada vez mais reconhecidas como vitais para a conservação da biodiversidade devido a sua grande extensão, sinalizando também para parcerias com projetos de desenvolvimento do ecoturismo em suas áreas (Silvestre, 2008).

A questão fundiária é, segundo Irving (2000), o problema mais sério a ser enfrentado pelo Poder Público para o gerenciamento de áreas naturais e também o grande obstáculo para o ecoturismo. Para a autora, como as unidades de conservação têm sido estabelecidas por instrumentos legais baseados apenas em dados técnicos, com insuficiente consulta às comunidades locais e aos segmentos vinculados, muitas delas são consideradas "unidades de papel", pois se desconsidera que são ocupadas por comunidades – tradicionais ou não – que utilizam a base de recursos naturais para a sua sobrevivência e que, evidentemente, não detêm o direito legal sobre a terra.[24]

---

23 Sua contribuição para a conservação da Mata Atlântica é enorme, pois 70% dos remanescentes do bioma estão nas mãos de proprietários privados. Elas formam corredores entre fragmentos maiores, protegendo o entorno de unidades públicas. Em 2007 eram 473 RPPNs no Brasil, perfazendo um total de 448.208,11 hectares de áreas protegidas. World Wide Fund for Nature (WWF). Relatório Anual, 2007. Disponível em http://www.wwf.org.br. Acesso em diversas datas.

24 A autora destaca que 85% das unidades de conservação no Sudeste do país estão ocupadas por populações, sendo raros os casos de unidades de conservação de proteção integral desabitadas.

Spinola (2006), a respeito do conflito em relação às populações residentes em unidades de conservação, considera que, quando estas são criadas sem o suporte das comunidades que a habitam, o objetivo da conservação e o próprio ecoturismo estão fadados ao fracasso.

> O convívio das populações tradicionais com o meio ambiente é considerado de mais baixo impacto e, até mesmo, benéfico para os objetivos da conservação (Spinola, op. cit.).

Como a remoção dos habitantes das unidades de conservação, segundo Irving (2000), nunca foi possível, de um lado por incapacidade administrativa e, de outro, por restrições orçamentárias, outras formas de convivência com tais populações estão sendo propostas, tanto pelos governos quanto pelas próprias populações, estabelecendo acordos de convivência para que a sobrevivência possa ocorrer de modo mais digno nessas áreas. Outros fatores que implicam dificuldades para a implantação de um modelo sustentável de turismo em unidades de conservação, segundo a autora, são:

- carência de dados técnicos sobre as áreas protegidas;
- inexistência de Planos de Manejo atualizados;
- limitação em termos de infraestrutura adequada;
- deficiência na capacitação de pessoal qualificado para o engajamento em projetos ecoturísticos;
- modelos de gestão arcaicos e centralizadores;
- dificuldade na identificação e no fomento de mercados seletivos;
- metodologias pouco eficientes para o engajamento dos atores sociais locais ao processo;
- modelos fragmentados de atuação interinstitucional e intersetorial;
- quase inexistência de indicadores de qualidade ambiental e social para o setor.

Para agravar ainda mais a situação das áreas protegidas brasileiras, parece haver, por parte de alguns segmentos da sociedade e até de esferas governamentais, um movimento para reduzir ou enfraquecer as categorias de proteção das unidades de conservação com o intuito de flexibilizar o uso da terra nessas áreas. Como exemplo dessa prática e na contramão dos avanços legais que instituíram as áreas protegidas e a legislação ambiental nos país, o Estado de Santa Catarina aprovou uma lei que diminuiu a área do Parque Estadual da Serra do Tabuleiro, reduzindo-o a um mosaico de áreas de proteção ambiental frágeis na conservação da biodiversidade, colocando em risco importantes conquistas legais referentes à conservação.[25]

---

25 Pádua, Maria Tereza J. *O pior dos pesadelos na conservação*. Disponível em http://www.oeco.com.br. Acesso em 23/02/2009.

Uso público nas unidades de conservação no Brasil

O ecoturismo faz parte do programa de uso público de unidades de conservação no Brasil, tanto de uso direto quanto de uso indireto, excetuando-se estações ecológicas e reservas biológicas, que são categorias de proteção máxima dos recursos ambientais nelas contidos. A visitação pública nessas áreas pode ocorrer apenas na forma da educação ambiental.

Conforme Carreiro et al. (2009), entre os diversos programas de manejo de uma unidade de conservação, o de uso público tem o objetivo de proporcionar a integração da sociedade com a unidade e de sensibilizar e de conscientizar a comunidade sobre a importância da biodiversidade existente na unidade, além de buscar seu envolvimento e participação em ações para a sua conservação e valorização. O uso público envolve os subprogramas educação ambiental, interpretação da natureza, ecoturismo e eventos.

> A partir de então, as atividades de uso público, com ênfase à educação ambiental foram se desenvolvendo na maioria das unidades de conservação, contudo, ainda hoje é preciso que se consolidem conceitual e operacionalmente. (...) Sua implementação ainda não se deu institucionalmente, e estas intenções se refletem nas ações pontuais desenvolvidas pelos gestores das UCs, em projetos especiais ou mesmo em suas rotinas de trabalho (São Paulo, 2009).

O capítulo II do SNUC tem objetivos específicos sobre o uso público em unidades de conservação:

> Art. 4º (...)
>
> XII – favorecer condições e promover a educação e interpretação ambiental, a recreação em contato com a natureza e o turismo ecológico.
>
> Art. 5º (...)
>
> IV – busquem o apoio e a cooperação de organizações não governamentais, de organizações privadas e pessoas físicas para o desenvolvimento de estudos, pesquisas científicas, práticas de educação ambiental, atividades de lazer e de turismo ecológico, monitoramento, manutenção e outras atividades de gestão das unidades de conservação.
>
> Art. 11. O Parque Nacional tem como objetivo básico a preservação de ecossistemas naturais de grande relevância ecológica e beleza cênica, possibilitando a realização de pesquisas científicas e o desenvolvimento de atividades de educação e interpretação ambiental, de recreação em contato com a natureza e de turismo ecológico (Brasil, 2000).

Considerando que o ecoturismo no Brasil quase sempre é praticado no interior das unidades de conservação, sejam elas de uso direto ou indireto, Manosso (2005) aponta as principais deficiências do atendimento aos visitantes, como a carência e a dificuldade na capacitação de funcionários, o baixo investimento em infraestrutura, equipamentos de segurança e orientação, além da gestão participativa insuficiente. Frente a tal situação, a visitação pública em muitas unidades de conservação causa diversos impactos ambientais e socioeconômicos, como a deterioração dos caminhos e trilhas, a produção de lixo, os distúrbios sonoros e os conflitos com comunidades residentes e/ou de entorno.

De acordo com Stigliano et al. (2007), os principais destinos de ecoturismo no Brasil, dentro e fora de unidades de conservação, são (**Tabela 5.4**):

Tabela 5.4 — Principais destinos de ecoturismo no Brasil, dentro e fora de unidades de conservação

Região	Destinos
Região Norte	*Resorts* localizados próximos a Manaus e PARNA do Pico da Neblina (AM), Serra do Navio e Fortaleza de São José (AP), Ilha de Marajó (PA), Monte Roraima (RR), Vale do Guaporé (RO), Xapuri (AC) e Ilha do Bananal (TO).
Região Centro-Oeste	Pantanal e Bonito (MS), PARNAS da Chapada dos Veadeiros (GO) e Chapada dos Guimarães (MT).
Região Nordeste	PARNAS de Fernando de Noronha (PE), Sete Cidades (PI); Chapada Diamantina e Abrolhos (BA) e Praia do Forte (BA), Delta do PARNAíba (PI) e Ilha do Caju (MA).
Região Sudeste	PARNA de Itatiaia (RJ/MG), PARNAS da Floresta da Tijuca, Ilha Grande e Serra dos Órgãos (RJ), PARNAS da Serra do Cipó e de Ibitipoca (MG), Parque Estadual da Pedra Azul (ES); Parques Estaduais de Intervales, Turístico do Alto Ribeira, Campos do Jordão, Serra do Mar e Ilha do Cardoso (SP), áreas de visitação pública do Mosaico Jureia-Itatins e Polo Ecoturístico do Lagamar (SP), PARNA da Serra da Bocaina (RJ/SP).
Região Sul	PARNA dos Aparados da Serra, Lagoa do Peixe e Serras Gaúchas (RS), Ilha de Santa Catarina e Rio Itajaí-Açu (SC), PARNAS de Foz do Iguaçu, Superagüi, Viva Velha e Marumbi (PR).

O Ministério do Meio Ambiente (MMA) contabiliza o número de visitantes apenas dos PARNAS da Tijuca, Iguaçu e de Brasília, que receberam juntos, em 2005, 2,8 milhões de turistas (Gorini et al., 2006). No total, 3,5 milhões de pessoas visitam todos os anos os 64 PARNAS brasileiros (Silvestre, 2008). Embora seja evidente o crescimento do turismo em áreas naturais protegidas, muitas questões necessitam ainda de equacionamento antes de seu afloramento efetivo (Irving, 2002).

Dados de 2008 do Ministério do Turismo demonstram, de acordo com a **Tabela 5.5**, que os destinos mais procurados para os segmentos natureza, ecoturismo e aventura foram Foz do Iguaçu, Manaus e destinos em Porto Alegre e em Minas Gerais.

Tabela 5.5 — Entrada de turistas estrangeiros no Brasil para os segmentos de natureza, ecoturismo e aventura (em % do universo total)

	2005	2006	2007
Belo Horizonte (MG)	29,2	16,8	39,8
Brasília (DF)	38,2	24,5	17,4
Curitiba (PR)	23,3	30,1	26,5
Fortaleza (CE)	7,8	9,1	15,2
Foz do Iguaçu (PR)	72,7	82,3	85,2
Manaus (AM)	60,3	71,8	71,2
Porto Alegre (RS)	15,0	12,3	33,4
Porto Seguro (BA)	6,6 *	18,1	14,3
Rio de Janeiro	19,3	20,7	20,6
Salvador (BA)	13,2	15,8	17,9
São Paulo	15,6	18,4	16,8

Fonte: Estudo da demanda turística internacional (2005-2007). Brasil. Ministério do Turismo. Secretaria Nacional de Políticas de Turismo. Departamento de Estudos e Pesquisas. Brasília, abril de 2009.
(*) Turistas que entraram pelo Aeroporto Internacional de Ilhéus.

Os PARNAS podem ter um impacto econômico importante na região em que se inserem; porém, é importante achar formas de valorizar cada parque pelas suas particularidades. Maior autonomia financeira ajuda uma melhor gestão de recursos, mas poucos parques têm o potencial de serem autossustentáveis financeiramente, dependendo principalmente de recursos públicos (Janér, 2003). A pesquisa Polos de Desenvolvimento do Ecoturismo no Brasil, que avaliou a satisfação dos visitantes de áreas naturais e foi realizada pelo convênio celebrado entre o IEB e o Instituto Brasileiro de Turismo (Embratur), fez um estudo do potencial do ecoturismo brasileiro no ano 2000, quando foram identificados mais de cem roteiros ecológicos para exploração turística, entre eles, os elencados na **Tabela 5.6**. A pesquisa revelou que, na maioria dos locais turísticos, a infraestrutura, incluindo acesso, serviços e hospedagem, é incipiente.

Tabela 5.6 — Roteiros ecológicos para exploração turística

Sul	Paraná	Polo Paranaguá e Serra Graciosa Polo Campos Gerais (PARNA de Iguaçu)
	Santa Catarina	Polo Alto Vale do Itajaí Polo Ilha de Santa Catarina Polo Planalto Serrano (PARNA de São Joaquim)
	Rio Grande do Sul	Polo Ecoturístico da Serra Gaúcha (PARNA de Aparados da Serra) Polo Ecoturístico da Região Central
Sudeste	São Paulo	Litoral sul de São Paulo Vale do Ribeira Parque Estadual da Serra do Mar
Norte	Amazonas	Praias fluviais das ilhas de Mariuá, no Rio Negro
Nordeste	Maranhão	Reentrâncias Maranhenses Município de Carolina
Centro-Oeste	Mato Grosso do Sul	Polo de Ecoturismo do Pantanal Sul Polo Serra da Bodoquena (PARNA da Bodoquena)
	Mato Grosso	Polo Pantanal Norte Polo Chapada dos Guimarães (PARNA Chapada dos Guimarães) Polo Amazônia Mato-grossense (RPPN do Rio Cristalino)
	Goiás	Polo PARNA Chapada dos Veadeiros Polo Pirenópolis Polo PARNA das Emas

Fonte: Brasil (2002).

Em outra avaliação das unidades de conservação, de acordo com a opinião de seus frequentadores (Brasil 2002), foram registradas opiniões bastante positivas para a média delas, não obstante os problemas que apresentam. Na **Tabela 5.7**, algumas das considerações positivas dessa pesquisa são apresentadas.

Tabela 5.7 — Avaliação de algumas unidades de conservação por frequentadores quanto aos aspectos positivos

Parque Nacional do Itatiaia	O centro de recepção ao turista. 79,1% dos visitantes organizaram sua viagem por conta própria.
Parque Nacional da Chapada dos Veadeiros	O estado geral de conservação. Condições de higiene e limpeza. Centro de recepção ao turista. 70,3% dos visitantes organizaram sua viagem por conta própria.
Parque Nacional Marinho de Fernando de Noronha	O acesso à unidade. O estado geral de conservação. O centro de recepção ao turista. O serviço de transporte interno. A sinalização interna. Oferta de atrativos culturais. 60,7% dos turistas contratam agências de viagem.

Fonte: Brasil (2002).

> **Parque Nacional Marinho de Fernando de Noronha**
>
> *Irving (2000) observa, em relação ao conceito de capacidade de carga, que este é apenas perifericamente utilizado no Brasil. O PARNA Marinho de Fernando de Noronha é um dos poucos que estabeleceu limites de visitação, ao aplicar mecanismos de controle.*
>
> *Entretanto, a atividade turística nessa unidade de conservação cresceu 200% entre 1995 e 2006 e, por essa razão, enfrenta problemas para consolidar um modelo de turismo sustentável. Pelo fato de 36% da população trabalhar com turismo e por causa do aumento desordenado da demanda, observa-se aumento de lixo e de esgoto, consumo de óleo diesel, emissão de gás carbônico, assoreamento do manguezal, erosão, descaracterização da paisagem natural, sobrecarga dos ecossistemas, pisoteio de corais e alteração na dinâmica populacional de algumas espécies da fauna. A pressão pelo crescimento do turismo tem ameaçado as conquistas relativas ao planejamento previsto no Plano de Manejo.[26]*
>
> *A administração local permite a visita à ilha de no máximo 400 pessoas por dia, mas, em períodos de pico e por pressões de agências de turismo e de cruzeiros marítimos que aportam no arquipélago, esse limite tem sido quase sempre ultrapassado. O Ibama busca implementar o Plano de Manejo para integrar a comunidade e regular as atividades humanas.[27]*
>
> *A remoção da fauna é estimulada pelos visitantes que adquirem artesanato e consomem pratos típicos. O turista passa a não aceitar a limitação de visitas em determinadas praias nem a economia da água e da energia elétrica. O turismo em larga escala é uma séria ameaça (Spinola, 2006).*
>
> *A população local gradualmente deixa suas propriedades arrendadas para agências que nelas organizam o funcionamento de pousadas. A mão de obra local é substituída por trabalhadores de fora da ilha, com maior capacitação em turismo. A ilha é considerada sobrecarregada com seus 50 mil visitantes anuais.[28]*

Janér (2002) observa que, no final da década de 1990, os PARNAS brasileiros começaram a ser mais valorizados como atrativos turísticos, o que aumentou o interesse em seu potencial de geração de recursos e, consequentemente, nas possibilidades de terceirização de serviços de uso público. Um documento denominado Marco Conceitual e Diretrizes para Terceirizações Administrativas em Unidades de Conservação (Rocktaeschel, 1999), foi elaborado, estabelecendo que a utilização de terceirizações em unidades de conservação deve levar em conta:

---

26 Fernandes, Sofia. Estudo vê risco em Fernando de Noronha. Folha de São Paulo, São Paulo, 3/5/2009. Disponível em www.folha.uol.com.br. Acesso em 22 /07/2009.

27 Três voos diários levam um número limitado de visitantes a Fernando de Noronha (são no máximo 420 por dia). Os turistas se juntam aos cerca de três mil moradores da ilha. Por navio, o desembarque de passageiros é limitado a 700 pessoas. Disponível em http://pib.socioambiental.org/pt/noticias. Acesso em 12/02/2010.

28 O Estado de São Paulo. Novas regras para visitar Fernando de Noronha. Disponível em http://www.estadao.com.br. Acesso em 21/09/2008.

- a conservação da unidade;
- a adoção do Plano de Manejo e do programa de uso público;
- os estudos de capacidade de suporte de carga; e
- o estudo de viabilidade econômica.

O estudo de viabilidade econômica institui o plano de negócios – um documento em que se descrevem e se analisam os empreendimentos dentro das áreas protegidas, partindo de uma visão de mercado, da operacionalidade do produto, de projeções financeiras e das demonstrações da sua viabilidade econômica. Esse planejamento deve ser feito em conjunto com o Plano de Uso Público, prevendo a viabilidade operacional e financeira do turismo nessas áreas e obedecendo a alguns requisitos:

- um estudo recente do perfil de visitantes da unidade;
- apoio para a unidade local e regional;
- contabilidade que possa gerar as informações realistas de custos e investimentos e que possa demonstrar o impacto econômico da unidade.

Em 2002, com a regulamentação do SNUC pelo Decreto nº 4.340, a exploração de bens e serviços em unidades de conservação foi instituída. Entretanto, duas crenças equivocadas passaram a fazer parte do discurso da terceirização, ora sendo um "negócio de China", ora sendo sinônimo de privatização do patrimônio público natural. A realidade, porém, tem demonstrado que muitos PARNAS brasileiros não atraem investidores para concessões de longo prazo por causa dos problemas crônicos que apresentam, como os relacionados a questões fundiárias, Planos de Manejo desatualizados ou inexistentes, áreas de difícil acesso, estruturas precárias de recepção ao turista (Janér, 2002).

É interessante ilustrar os possíveis benefícios do turismo para áreas naturais e seu entorno, ressaltando, entretanto, que o papel do Estado não se perde nesse processo; o governo é o agente que garantirá, por meio de legislações e medidas específicas, que o turismo será convertido em benefícios para as populações locais, que não podem competir com médios e grandes investidores no processo de exploração das atividades turísticas em áreas protegidas.

De acordo com Scherl et al. (2006), atualmente, muitos países têm uma legislação criada para assegurar que as comunidades locais se beneficiem diretamente da receita obtida do turismo em áreas protegidas, por exemplo, por meio de taxas de entrada cobradas dos turistas ou de impostos hoteleiros. Em Uganda, por exemplo, a divisão da receita é assegurada pelo estatuto da vida silvestre desse país, e 12% da receita bruta gerada pelos parques retorna às comunidades adjacentes.

Portanto, em meio ao processo de terceirização de serviços em unidades de conservação, se a atividade de turismo a que se almeja é de âmbito sustentável, as esferas governamentais necessitam, mais do que nunca, fortalecer seus órgãos tanto regional quanto localmente (ou de destinos), criando instrumentos públicos representativos dos interesses dos atores sociais do turismo (WWF, 2004).

O PLANEJAMENTO E A GESTÃO DO ECOTURISMO EM UNIDADES DE CONSERVAÇÃO

Parque Nacional dos Aparados da Serra

Localizado na divisa entre o Rio Grande do Sul e Santa Catarina, é bem avaliado por turistas, agências e administradores. O principal obstáculo para aprimoramento da gestão tem sido a insuficiência de recursos humanos. Seu principal atrativo é o cânion do Itaimbezinho, o mais famoso do parque e também um dos maiores do país, o que justifica ser um dos PARNAS mais requisitados pelos turistas (cerca de 45 mil visitantes por ano). Ao lado deste cânion estão localizados o centro de visitantes e um espaço cultural bem-estruturado. Porém, a sinalização de acesso e no interior é considerada deficiente. Tem boa infraestrutura de hospedagem dos mais variados tipos nas localidades vizinhas. Atualmente está inserido no Projeto Turismo nos Parques (MTur e ICMBio), com investimento de R$ 4,1 milhões para revitalização das estruturas, organização e identificação de trilhas. O serviço de lanchonete já é terceirizado.[29]

Mas nem sempre as condições foram propícias à visitação. No início de 1982 foi assinado um convênio entre o então Instituto Brasileiro de Desenvolvimento Florestal (IBDF) e a Embratur, com a finalidade específica de iniciar a infraestrutura para receber o turista (Plano de Manejo 1982-83). Porém, os impactos da visitação pública foram grandes e o Parque ficou fechado de março de 1996 até 1999, pela total falta de condições de manejo para receber o público.

Após um estado de total abandono, houve uma renovação das instalações do parque, e sua beleza paisagística começou a ser divulgada nacionalmente como produto turístico. Uma iniciativa do Ibama, do governo estadual e da Prefeitura de Cambará do Sul propiciou a reformulação desse modelo de fracasso permitindo construir uma estrutura modelo para receber os visitantes. Ao mesmo tempo tentou se implantar o ecoturismo como uma atividade econômica compatível com as limitações de um PARNA.[30]

A criação do parque contribui para a preservação do que restou da mata de araucária, mas o seu entorno continuou caracterizando-se pelo uso insustentável dos recursos. Os impactos negativos referem-se principalmente à questão do gado, da agricultura, da caça, do desmatamento e de fogo e plantio de bananeira nas encostas. Cerca de 20% das terras do parque ainda estão em poder dos proprietários que não foram indenizados.[31]

---

29 Disponível em http://360graus.terra.com.br/Ecoturismo. Acesso em 04/01/2009.

30 Instituto Brasileiro do Meio Ambiente e dos Recursos Naturais (Ibama). Disponível em http://www.ibama.gov.br. Acesso em diversas datas.

31 Brightwell, Maria das Graças S. L. Apontamentos Sobre o PARNA de Aparados da Serra. Universidade Federal de Santa Catarina. Disponível em http://www.clicengenharia.com.br. Acesso em 14/09/2008.

Para que o ecoturismo possa ser desenvolvido respeitando a natureza e cultura locais, inserindo a comunidade nas decisões, assim como contribuindo para que o ecoturista tenha uma experiência rica e agradável, é necessário investir no planejamento das atividades de ecoturismo para que ele possa ser desenvolvido com base no respeito à natureza e às culturas locais, inserindo a comunidade nas decisões e contribuindo para que o turista tenha uma experiência rica e agradável (Raimundo et al., 2007). Segundo os autores, para realizar esse planejamento, deve-se:

- verificar o tamanho da área de estudo;
- elencar objetivos: valorizar culturas, diversificar a economia, qualificar a mão de obra, educar o visitante, diminuir impactos ambientais, incentivar ganho de qualidade nos produtos etc.;
- pensar na integração dos aspectos que compõem a área de estudo: ambiental, legal, financeiro, político-institucional, promocional, econômico, social, cultural.

A chave para a questão é encontrar um consenso entre os envolvidos, sobre o tamanho aceitável do impacto do ecoturismo em unidades de conservação (Takahashi, 2004).

Para Raimundo et al. (op. cit.), o processo de planejamento para uso turístico em unidades de conservação envolve fases como a de inventário, definição de objetivos e metas, desenvolvimento de ações e avaliação dos resultados. As principais questões a serem respondidas para o início do processo de planejamento são:

- levantar o potencial ecoturístico;
- traçar objetivos e metas;
- definir ações necessárias; e
- avaliar e monitorar resultados e necessidades de correção e adequação.

Cada unidade de conservação tem vocações específicas; assim, é necessário que, por meio de regulamentações locais, sejam estabelecidas as recomendações e as diretrizes para visitação (Manosso, 2005).

Os principais atrativos a serem inventariados no ecoturismo, tanto dentro quanto no entorno das áreas protegidas, segundo Borges (2003) *apud* Stigliano et al. (2007), são os atrativos naturais e os atrativos e manifestações histórico-culturais, entre outros.

Raimundo et al. (2007) consideram que os atrativos turísticos devem ser hierarquizados, evidenciando seu potencial de atratividade. Neste sentido, o grau de atratividade máximo é dado àqueles recursos turísticos de grande interesse, capazes de, por si só, atraírem visitantes.

Os visitantes de áreas protegidas são, normalmente, pessoas com nível elevado de escolaridade e renda que desejam experimentar o convívio com a natureza ou estudar o meio ambiente, e os turistas tradicionais que, em meio à programação convencional, buscam o ecoturismo (Raimundo et al., op. cit.).

Conhecer quem são os visitantes dessas áreas é essencial para o desenvolvimento dos produtos do mercado ecoturístico. Segundo Salvati (2001), a pesquisa de demanda (seu poder aquisitivo, suas necessidades e motivações em viagens e turismo), pode inferir na dimensão e origem dos produtos a serem colocados nesse mercado e seus segmentos.

Fazem parte do produto turístico a oferta técnica e a oferta diferencial, que geralmente necessitam ser preparados para se tornarem atrativos turísticos (Raimundo et al., op. cit.):

- a oferta técnica é o conjunto de atrativos, equipamentos e serviços voltados a atender o turista, somados à infraestrutura local. Uma vez organizados e comercializados, transformam-se em produto turístico. Portanto, essa oferta depende do esforço conjunto de órgãos públicos e privados e deve dar preferência à sustentabilidade na sua composição, com o uso de energia renovável, de sistema de tratamento de esgoto, de reciclagem, de suporte comunitário, de mão de obra do local de arquitetura, gastronomia e decoração típicas da área, além de contribuição com projetos de conservação ambiental; e

- a oferta diferencial (atributos positivos que as unidades de conservação possuem para o Ecoturismo) pode ser sintetizada na diversidade e raridade dos ecossistemas, na concentração de singularidades na natureza, na sociodiversidade, no envolvimento crescente da comunidade local nas atividades turísticas, no envolvimento do terceiro etc.

Os autores ainda salientam que, de modo geral, alguns problemas podem ser apontados como bastante impeditivos para o planejamento mais efetivo da atividade do ecoturismo em unidades de conservação. Por exemplo, a precariedade de planejamento urbano e ambiental nos municípios e localidades nos quais estão situadas estas unidades, políticas de *marketing* de divulgação do ecoturista praticamente inexistentes, inexistência ou insuficiência na geração de receitas advindas da visitação pública que poderiam garantir a consolidação e dar sustentabilidade à exploração da atividade.

Entretanto, na prática, as unidades de conservação no Brasil, de modo geral, carecem de ações de ordenação e estruturação de atividades turísticas sustentáveis. Faltam à cadeia produtiva do turismo nessas áreas apoio técnico e uma política de incentivos. Existe a necessidade, por parte dos gestores das unidades de conservação, de passar uma boa instrução para os turistas que praticam o ecoturismo, pois muitos têm a imagem de que apenas visitar e explorar o meio é suficiente para preservá-lo e se conscientizar. Porém, na realidade, é possível que ajam com má conduta ambiental, mesmo que não intencionalmente, resultando em impactos num curto espaço de tempo (São Paulo, 2005).

PLANO DE MANEJO - O PONTO DE PARTIDA

O ponto de partida para obtenção do planejamento do uso público em uma unidade de conservação é a elaboração de seu Plano de Manejo. De acordo com o SNUC, trata-se de um documento técnico mediante o qual, com fundamento nos objetivos gerais de uma unidade de conservação, mediante o qual se estabelecem o seu zoneamento as normas que devem regular o uso da área e o manejo dos recursos naturais, inclusive a implantação das estruturas físicas necessárias à gestão da unidade.

Nos termos do art. 2º da Lei nº 9.985/2000 (SNUC), todas as unidades de conservação devem ter um Plano de Manejo. O art. 27 fornece as diretrizes e princípios básicos para sua elaboração: o Plano de Manejo deve abranger a área da unidade de conservação, sua zona de amortecimento e os corredores ecológicos, incluindo medidas com o fim de promover sua integração à vida econômica e social das comunidades vizinhas. Deverá ser assegurada a ampla participação da população envolvida (Pires, 2003).

De acordo com Raimundo et al. (2007), o Plano de Manejo é composto de duas partes principais: o diagnóstico da área e as propostas de ações. Esta última é subdividida em duas partes: o zoneamento, que define áreas de uso da unidade de conservação e os programas de manejo, que definem as maneiras como devem ser feitas as ações de conservação, pesquisa e uso público (ecoturismo e educação ambiental).

> Para elaborar um plano de manejo adequado às ações de conservação e demandas da sociedade, devem-se considerar a busca por alternativas de geração de receita pela unidade de conservação e o planejamento participativo, incorporando as demandas da sociedade nas estratégias de conservação (Raimundo et al., op. cit.).

Entretanto, o Plano de Manejo, principal instrumento normativo e regulador do uso de áreas protegidas, não está disponível para a maioria dessas áreas. Essa limitação indica mais uma vez a importância do trabalho conjunto e articulado entre órgãos governamentais que atuam nas áreas de turismo e meio ambiente (Irving, 2000).

Irving (2003) cita ainda que os esforços para envolver as comunidades locais (e outros grupos de interesse) devem ser feitos desde o início do processo de planejamento. Isso requer tempo e cooperação, ao invés de táticas rápidas de contato com os envolvidos para cumprir algum requisito do projeto. Esse tipo de ação resulta em um envolvimento da população apenas de maneira superficial.

Garantir o sucesso dos planos de manejo de áreas protegidas é um complexo desafio que exige, entre outras iniciativas;

- a avaliação contínua de resultados e a geração de renda em unidades de conservação são fundamentais para garantir a sustentabilidade tanto da unidade quanto da atividade turística nela desenvolvida (Takahashi, 2004);
- As metas para os gestores das unidades de conservação envolvem códigos de conduta legitimados por todos os atores envolvidos, canalização dos benefícios gerados para todos, estabelecimento de um diálogo intersetorial e interinstitucional e garantia de que a sustentabilidade da atividade esteja acima de outros objetivos (Irving, 2000).

Parque Estadual Turístico do Alto Ribeira (Petar)[32]

Localizado ao sul do Estado de São Paulo, o Petar é um dos destinos mais vendidos por agências de turismo, chegando a receber 35 mil visitantes ao ano. O grande contingente de turistas que acessam o parque em finais de semana, férias e feriados colocam as áreas de uso público sob forte impacto, o que fez com que o governo do estado incluísse o Petar no Programa de Desenvolvimento do Ecoturismo para a Região da Mata Atlântica do Estado de São Paulo, Litoral Norte e Vale do Ribeira, no qual foram projetados um centro de interpretação ambiental, gestão da visitação pública, obras de infraestrutura, assistência técnica em vários níveis, apoio à cadeia produtiva do ecoturismo e fortalecimento institucional para a gestão pública (São Paulo, 2008).

O Petar foi fechado pelo Ibama à visitação pública em fevereiro de 2008, embora de abril a junho deste mesmo ano, parte de suas cavernas tenham sido reabertas ao público, na condição da elaboração do seu Plano de Manejo (até então inexistente) e no atendimento de solicitações emergenciais de seguranças ao turista para as grutas mais visitadas, como a de Santana (que teve 25 mil visitantes em 2007). O fechamento do parque afetou a economia local, trazendo prejuízos para pousadas e guias. Trinta pousadas instaladas no entorno tiveram queda de 90% nas reservas.[33]

As condições de saneamento ambiental verificadas apontam para riscos de saúde pública, como pesquisou Giatti (2004). Outros impactos ainda mais graves foram tornando-se evidentes em seu entorno, como a crescente poluição de corpos d'água por esgotos domésticos e manejo de resíduos sólidos no Bairro da Serra (principal localidade de hospedagem), comprovados por amostras coletadas, que apresentavam inconformidade com a legislação pertinente. O lixo coletado é levado para outras localidades e disposto de maneira irregular.

Diante da crescente demanda de visitantes, a preocupação com a construção de um turismo sustentável e da conclusão do Plano de Manejo do Parque é evidente, sobretudo, da parte dos monitores de ecoturismo que são moradores das localidades de entorno e que dependem economicamente desta atividade.

---

32 Prefeitura do Município de Iporanga. Disponível em http://www.iporanga.sp.gov.br. Acesso em várias datas.

33 Este parágrafo foi adaptado de Balazina, Afra. Das mais de cem grutas turísticas do país, apenas dez têm plano de manejo. Folha de São Paulo. Disponível em http://www1.folha.uol.com.br. Acesso em 17/02/2008.

> **Parque Nacional da Chapada dos Guimarães**
>
> Um dos ícones do turismo em parques no Brasil enfrenta, atualmente, diversos problemas dentro e no entorno de seus domínios: loteamentos clandestinos, garimpo de ouro, pecuária, drenagem de veredas, barramento de leitos de córregos, expansão de chácaras de lazer, caça, entre outros. Outro problema grave é o fundiário: a unidade tem 64.17% de áreas nas mãos de particulares. Estavam previstos a elaboração do seu Plano de Manejo, o levantamento fundiário e a implantação do centro de recepção de visitantes até 2003, porém, apenas este último foi concluído.[34]
>
> Era, até 2008, um dos campeões de vendas das operadoras de turismo no Brasil. Entretanto, encontra-se fechado nos seus principais setores de uso público desde abril de 2008, quando um bloco rochoso se desprendeu e caiu, matando e ferindo turistas na Cachoeira Véu da Noiva. Seu fechamento possibilitou que gradualmente a fauna retornasse a essas áreas, inclusive o lobo-guará, fato que não ocorria nos últimos anos. Muitos visitantes, no entanto, continuam acessando clandestinamente a unidade nas áreas proibidas, ignorando os riscos. Sobram críticas à fiscalização do PARNA, acusada de não coibir eficazmente os usos indevidos e os impactos causados por anos de turismo desenfreado. Apenas 20% das melhorias de infraestrutura necessárias para a reabertura foram feitos até o momento.[35]
>
> *Pelos problemas apontados, essa unidade foi inserida, junto com outros 18 PARNAS, no Plano de Concessão de Serviços em Parques Nacionais, que até 2010, objetiva a concessão de direitos de prestação de serviços e comercialização de produtos para a iniciativa privada, dentro e no entorno de algumas unidades de conservação no país, numa tentativa de reordenar de modo mais eficaz o uso público e gerar a autossustentabilidade.*

Plano de Uso Público

De acordo com Takahashi (2004), o uso público é um dos programas de manejo de uma unidade de conservação que estabelece as atividades a serem desenvolvidas com o público visitante da área, além de instituir normas e diretrizes para sua execução. Tais atividades devem estar sempre vinculadas ao componente educativo para o estímulo do aprendizado do visitante, e não simplesmente para o entretenimento. Vale ressaltar que Planos de Uso Público, em unidades de conservação que não possuem um Plano de Manejo, estão sujeitos a riscos e limitações.

O Programa de Uso Público de uma unidade de conservação visa propiciar a aproximação dos visitantes com a natureza, permitindo que estes interiorizem

---

34 Portal de Turismo de Chapada dos Guimarães. Disponível em http://www.chapadadosguimaraes.tur.br. Acesso em 12/11/2008.

35 Fanzeres, Andreia. Um tempo à Chapada dos Guimarães. Disponível em http://www.oeco.com.br. Acesso em 15/01/2009.

o significado das áreas protegidas, sua importância para preservação, manejo e aproveitamento indireto dos recursos naturais e culturais (Brasil, 1999).

O zoneamento produzido por um Plano de Manejo divide uma unidade de conservação em zonas passíveis de uso mais ou menos intensivo e em zonas onde qualquer atividade é proibida (**Figura 5.1**).

Figura 5.1 — Atividades de visitação permitidas em unidades de conservação

VINCULAÇÃO DO PROGRAMA DE USO PÚBLICO AO ZONEAMENTO DA ÁREA

Atividades de visitação permitidas

- Zona de nenhuma ou baixa intervenção
  - Zona intangível
  - Zona primitiva
  - Pequenos grupos monitorados; sem infraestrutura
- Zona de média intervenção
  - Uso extensivo
  - Histórico-cultural
  - Grupos monitorados, infraestrutura de apoio
- Zona de alto grau de intervenção
  - Uso intensivo
  - Uso especial
  - Recuperação
  - Uso conflitante
  - Ocupação temporária
  - Superposição indígena
  - Maior concentração de serviços e infraestrutura de visitação

Fonte: Brasil (2002)

Na zona de uso intensivo ficam concentradas todas as infraestruturas de apoio à visitação – centros de visitantes, hospedaria, restaurantes, lojas de suvenires, entre outras – e os serviços – o apoio de guias ou monitores. Na zona de uso extensivo é desejável que a visita se estabeleça em grupos pequenos e monitorados, por causa das características de fragilidade ambiental dessas áreas.

Nelas, a infraestrutura restringe-se apenas ao apoio, como quiosques em pontos de parada. A ênfase nas técnicas de interpretação ambiental e de avaliação de impactos deve ser reforçada para evitar problemas à natureza (Raimundo et al., op. cit.).

A visitação também é uma fonte de recursos para a unidade. Porém a própria visitação gera impactos negativos e, consequentemente, aumenta os custos operacionais do uso público da unidade. O equilíbrio entre estas duas componentes antagônicas é quase impossível de se alcançar, visto que, segundo Janér (2003):

- a maioria dos PARNAS no mundo tem pouca autonomia financeira;
- em tese, autossustentabilidade financeira é possível para parques que consigam atrair e acomodar um grande número de visitantes ou que abriguem uma atração única pela qual um pequeno número de visitantes está disposto a pagar um preço alto. No entanto, essa situação é bastante singular.

Segundo o roteiro para a elaboração de projetos de uso público (Furtado et al., 2001) um Plano de Uso Público deve apresentar:

- um diagnóstico (atividades previstas para o uso público, atividades existentes etc.);
- um levantamento do potencial das atividades de uso público; e
- uma proposta de implantação do uso público para a unidade de conservação (estimativa de custos, cronograma físico, estruturas, modelo de intervenção etc.).

São Paulo (2006) considera que, para uma boa gestão da visitação, é importante a implantação de procedimentos de manejo, num conjunto amplo de ações que demandam organização específica e formação adequada de equipes responsáveis para:

- uma boa gestão das trilhas e um controle efetivo sobre a visitação;
- registro de visitantes, controle de entrada e saída e fiscalização;
- os atrativos devem estar devidamente sinalizados;
- o grau de intervenção sobre os atrativos deverá ser proporcional ao grau de acessibilidade;
- deverá ser realizado projeto específico para cada atrativo, considerando o maior grau possível de naturalidade para o local; e
- um sistema de placas informativas, que pode ser complementado por folheteria, deve informar sobre distância, grau de dificuldade e natureza dos obstáculos, riscos envolvidos.

Um modelo recente de Plano de Manejo e de Uso Público feito para o Parque Estadual da Serra do Mar (PESM), no Estado de São Paulo (São Paulo, 2006), tenta corrigir algumas dessas deficiências. Criado em 1977, com 315.390 hectares e abrangendo parte de 23 municípios, o PESM é gerenciado por meio de oito núcleos administrativos, que configuram um mosaico de situações diversas: o domínio das terras, que se dividem em públicas e outras em diversos estágios de regularização fundiária; aventureiros que se perdem regularmente em seus domínios; quadrilhas de palmiteiros, caçadores e coletores de mudas ornamentais; 40 trilhas de ecoturismo abertas ao público; entre outros problemas.

Na elaboração deste plano, foi constatado que os núcleos administrativos do PESM apresentam nível de organização interna e infraestrutura desigual para o atendimento da atividade turística. Além disso, os gestores e os demais funcionários desses núcleos demonstram pouca capacitação para a gestão e o manejo da visitação e do ecoturismo. A demanda desse segmento é muito variada, incluindo desde alguns núcleos pouco visitados até outros extremamente acessados, como o núcleo Picinguaba e Ubatuba, que chega a receber 200 mil visitantes ao ano.

Práticas específicas de gestão e manejo da atividade turística são desenvolvidas, de modo não uniforme, apenas em três dos oito núcleos. A manutenção de trilhas é realizada apenas em um dos núcleos. Apesar da utilização antiga de boa parte das trilhas e da falta de manutenção e aparelhamento, tais núcleos apresentam apenas pontos isolados ou trechos descontínuos de degradação, demonstrando que, segundo este estudo, não é a intensidade ou o tipo de visitação o maior responsável pela degradação de trilhas, mas a ausência de programas de manutenção e monitoramento de impactos.

A forte sazonalidade é causa e consequência da intensa informalidade na criação e fechamento de agências e operadoras de prestação de serviços turísticos. Em geral, as administrações municipais também dão pouca importância ao PESM e apresentam comportamento contraditório ao longo de sucessivas gestões. Sob a ótica do uso público, é possível separar as instituições atuantes no PESM em dois grandes blocos, o das operadoras e agências turísticas, empresas de educação ambiental e condutores e guias independentes; e o das instituições governamentais e as do terceiro setor que atuam ou podem atuar como parceiras do parque.

Os principais entraves ao pleno desenvolvimento da visitação concentram-se no preconceito contra a atividade – que levou ao despreparo das instalações e do pessoal da maioria dos núcleos para a visitação turística – e no mito do impacto, que pode ser manejado e mantido em níveis aceitáveis e compatíveis com a plena preservação do ecossistema.

Trilha desafia fiscalização[36]

No extremo sul de São Paulo, em Parelheiros, chega-se ao Núcleo Curucutu do Parque Estadual da Serra do Mar. De lá, sai uma antiga rota indígena que liga São Paulo ao município de Itanhaém, no litoral sul, conhecida como trilha do Rio Branco. A visitação pública à trilha não é permitida, mas muitos grupos desafiam a proibição. O percurso de 18km é um dos mais longos do Estado de São Paulo e oferece muitos riscos aos visitantes. Os grupos vão geralmente sem acompanhamento de um guia e se perdem, passando dias na mata até serem resgatados. Além dos riscos de atropelamento quando trafegam por túneis de uma via férrea que dá acesso à trilha, situada no planalto, afogamento em cachoeiras, picadas de insetos e outros animais peçonhentos, os ecoturistas desavisados deixam-se iludir pelas belezas cênicas locais e não percebem o risco de serem surpreendidos por tempestades, raios e cheias repentinas de córregos que os arrastam encosta abaixo. Guias de ecoturismo imprudentes também levam grupos de modo clandestino. A trilha passa pelo território da Aldeia Indígena Guarani do Rio Branco, o que complica ainda mais a sua abertura oficial ao uso público, visto que as relações entre o parque e a aldeia ainda não foram totalmente estabelecidas. Entretanto, a pressão sobre seu uso é permanente e crescente.

As constatações a que este plano chegou sobre o uso público (ecoturismo) no PESM podem ser resumidas da seguinte forma:

- é desejável que os núcleos do PESM integrem e participem ativamente nos arranjos produtivos locais no que se refere ao turismo e a atividade turística, principalmente nos segmentos de ecoturismo e turismo de aventura;

---

36 Cardoso, Mônica. Trilha proibida até o mar desafia a fiscalização. Disponível em http://www.estadao.com.br. Acesso em 17/04/2009.

- a unidade de conservação pode ser foco de oportunidades para o desenvolvimento turístico local, mas não deve assumir o papel de agente de desenvolvimento turístico, pois esse papel cabe a outras instituições públicas e privadas.
- é preciso criar uma instância específica de uso público para planejar e administrar a visitação e as atividades turísticas ligadas ao PESM;
- os temas "recreação" e "lazer" devem adquirir relevância equivalente à educação ambiental e devem ser introduzidas ações de educação para a visitação;
- deve existir igualdade de oportunidades para atividades guiadas e autoguiadas;
- é preciso organizar um forte empenho na capacitação e treinamento de pessoal para a gestão e o manejo da visitação.

Como resultado do processo de planejamento, foi elaborado o programa de visitação e turismo sustentável, aprovado em 2006 e em fase de implantação nos diversos núcleos, com o intuito de dar resposta ao cenário pró-ativo de planejamento, no sentido de elaborar uma proposta que equipare a atividade turística a padrões internacionais (**Tabela 5.8**).

Tabela 5.8 — Objetivos e metas do programa de visitação e turismo sustentável do PESM

Objetivos	Subprogramas
- diretrizes para organização e regulamentação da visitação pública; - criação de oportunidades para o empreendedorismo, aumento do nível de emprego e renda ligados à atividade turística; - estabelecimento de padrões de manejo da visitação para os diferentes tipos de público e de atividades; - surgimento de novos empreendimentos e serviços turísticos de base local; - aumento do nível de proteção do parque pelo comprometimento das comunidades; - aumento de arrecadação na unidade.	- manejo e controle da visitação e cobrança de ingressos; - informação ao visitante e de comunicação com operadores de turismo e demais parceiros; - contratação de pessoal especializado; - capacitação permanente para o manejo e a gestão da visitação; - programa de visitação "Grandes Trilhas"; - atendimento e relacionamento com parceiros e empresas terceirizadas.

Fonte: São Paulo (2006).

Esse programa sofreu forte influência do documento *Diretrizes e recomendações para o planejamento e gestão da visitação em unidades de conservação,*[37] que veio acrescentar parâmetros à organização do turismo nas áreas protegidas, alinhado com um dos principais objetivos do SNUC, ou seja, a preservação da biodiversidade (Manosso, 2005).

O programa de visitação e turismo sustentável, dentro do Plano de Manejo e de Uso Público do PESM, possui, segundo analistas do setor, um zoneamento inovador, pelo qual foram definidas 11 áreas prioritárias de manejo (entre elas, o ecoturismo), e propos-

---

37 Portaria do Ministério do Meio Ambiente nº 120, de 12/04/2006. Contém normas gerais e específicas, como as que tratam da participação das comunidades locais e populações tradicionais na gestão das visitas às unidades de conservação.

tas 54 bases de apoio à fiscalização e visitação das trilhas que percorrem e atravessam o parque, e que deverão ser implantadas por meio de parcerias.[38]

Segundo os idealizadores desse programa, a maioria dos parques no Brasil foi criada sobrepondo-se às áreas ocupadas por populações tradicionais, como quilombolas, caiçaras e índios, amplificando os conflitos socioambientais. O atual desafio é implementar políticas públicas que apoiem as iniciativas de uso dos recursos naturais, de modo a funcionar como um modelo assertivo que incorpora as comunidades no processo de elaboração dos programas e abre caminho para o uso sustentável dos recursos presentes nos territórios tradicionalmente ocupados.

Projeto Trilhas de São Paulo[39]

O programa Trilhas de São Paulo, criado em 2008 pela Secretaria Estadual do Meio Ambiente do Estado de São Paulo, foi lançado para incentivar o Ecoturismo em 19 unidades de conservação. O programa elaborou "passaportes" com informações sobre os parques, mapas das trilhas e a indicação do grau de dificuldade para percorrê-las. Fazem parte do programa 40 trilhas de diversas regiões do Estado, que foram divididas de acordo com a dificuldade para percorrê-las: baixa, média e alta. Os percursos escolhidos para o programa receberam investimentos em infraestrutura, como reformas em banheiros e instalação de placas para orientar os visitantes. A sinalização é padronizada em todos os caminhos, mas as semelhanças terminam aí, pois cada trilha possui um atrativo diferente. Na maior parte das trilhas, os visitantes percorrem o caminho pela Mata Atlântica, podendo ver animais em extinção. Os visitantes recebem o auxílio de monitores em determinadas trilhas, que geralmente são moradores da região que conhecem bem os parques. Um dos principais objetivos do programa é interligar os ecossistemas. Um dos exemplos adotados na elaboração do Trilhas de São Paulo foi o Appalachian National Scenic Trail – parque-trilha interligando a costa leste dos Estados Unidos, passando por 14 estados ou mesmo ao Sendero do Chile, caminho que percorre de norte a sul este país. O projeto Trilhas de São Paulo também pretende garantir a conservação dos parques, por meio da geração de renda.

Interpretação da natureza ou interpretação ambiental

O SNUC, dentro do art. 4º, inc. XII, prevê que as unidades devem: "Favorecer condições e promover a educação e interpretação ambiental, a recreação em contato com a natureza e o Turismo ecológico" (Brasil, 2000).

A interpretação das informações ao visitante é uma técnica didática, flexível e moldável às mais diversas situações, e que busca esclarecer os fenômenos da natureza para

---

38 Instituto Socioambiental. Disponível em www.socioambiental.org.br. Acesso em 23/10/2008.

39 Machado, Renato. *Trilhas de São Paulo agora têm passaportes para aventureiros.* Disponível em http://www.estadao.com.br. Acesso em 13/10/2008.

determinado público-alvo, em linguagem adequada e acessível, utilizando os mais variados meios auxiliares para tal (Pagani et al., 1996).

A interpretação é a arte de explicar o significado de determinado recurso, nesse caso, atrativo turístico. Trata-se de proporcionar o entendimento do ambiente natural, despertar a atenção e o interesse do visitante em relação à natureza e à cultura, esclarecendo dados, fatos e correlações que normalmente não são claros ao simples olhar. As características do local são ressaltadas e explicadas em um processo de facilitação da informação, levando o turista a compreender e vivenciar experiências mais significativas, ricas e aprazíveis (Brasil, 2008).

As diretrizes para interpretação ambiental, de acordo com Brasil (2006a), são:

- fortalecer a compreensão sobre a importância da unidade de conservação e seu papel no desenvolvimento social, econômico, cultural e ambiental;
- utilizar as técnicas da interpretação ambiental como forma de estimular o visitante a desenvolver a consciência, a apreciação e o entendimento dos aspectos naturais e culturais, transformando a visita numa experiência enriquecedora e agradável;
- empregar instrumentos de interpretação ambiental como ferramenta de minimização de impactos negativos naturais e culturais;
- desenvolver instrumentos interpretativos fundamentados em pesquisas e informações consistentes sobre os aspectos naturais e culturais do local; e
- envolver a sociedade local no processo de elaboração dos instrumentos interpretativos.

Para uma interpretação ambiental bem-sucedida, recomenda-se estimular todos os órgãos dos sentidos, explicando a utilidade do conhecimento que está sendo adquirido e executando experiências diretas. Os meios para transmitir (interpretar) uma informação para o visitante podem ser um recurso audiovisual, um filme, placas ao longo de um trajeto – trilhas interpretativas –, a capacitação de um guia, mapas e folheteria, entre outras estratégias (Stigliano et al., 2007.).

A sinalização turística nesse processo é fundamental, sobretudo para as atividades autoguiadas, quando os turistas contam com uma boa estrutura de sinalização que permite a independência de guias e de excursões que possam limitar sua experiência. Infelizmente, a sinalização turística no Brasil deixa bastante a desejar.[40]

Ceddet (2005) apresenta a interpretação como um processo e, como tal, requer planejamento, denominado plano de interpretação, que deve contemplar algumas etapas principais:

- análise do recurso e de suas potencialidades;
- identificação dos destinatários ou público-alvo da interpretação;
- formulação dos objetivos da interpretação;
- determinação das mensagens a transmitir;

---

40 Ouchi, Marília Akemi. *A necessidade da sinalização de qualidade*. Disponível em http://www.estadao.com.br/suplementos. Acesso em 05/02/2008.

- seleção dos meios de interpretação;
- recomendações para a execução das tarefas e levantamento das necessidades de pessoal; e
- eleição dos critérios para efetuar a execução e avaliação.

Para Murta e Goodey (1995), como método de trabalho, a interpretação promove também a inter-relação entre monitor e turista. As técnicas utilizadas para tanto variam de acordo o objeto de interpretação e o seu entorno, visto que não se pode desassociar o ecossistema interpretado de sua dinâmica sociocultural.

> A interpretação é um excelente caminho para proporcionar novas oportunidades de trabalho e renda para a comunidade local, promovendo a interação entre turistas e comunidade por meio da prática e da vivência de coisas singulares da localidade (Murta e Goodey, op. cit.).

Segundo Brasil (2008), a interpretação serve ao propósito de sensibilizar e conscientizar a população em relação às questões ambientais, fato que a torna uma estratégia de educação ambiental e uma forma adequada de comunicação do conhecimento da natureza e da cultura. É também uma maneira de contribuir para a sustentabilidade, na medida em que as mensagens transmitidas podem mudar ou fortalecer a percepção do turista, estimulando a atenção para as questões ambientais e promovendo a valorização e proteção da natureza.

AVALIAÇÃO E GESTÃO DE IMPACTOS DO ECOTURISMO EM UNIDADES DE CONSERVAÇÃO

Diante da forte relação entre turismo e meio ambiente, surge a preocupação com os impactos negativos que essa prática pode gerar ao meio natural. Deste modo, é essencial um planejamento adequado com enfoque na Educação Ambiental (Potenciano e Silva et al., 2004).

Embora o crescimento do turismo seja desejável, um crescimento desordenado pode ruir o capital natural e sociocultural que são os fundamentos da atratividade de um destino. No Brasil, muitos destinos ecoturísticos estão com problemas básicos de ordenamento.[41]

De forma geral, deve-se atentar para alguns aspectos no desenvolvimento do turismo em ambientes naturais, como: instalações e infraestruturas adequadas e incorporadas à paisagem do local; a preocupação com a coleta de lixo e com o tratamento de esgoto; a poluição sonora e do ar; o tipo de atividade a ser desenvolvida, de acordo com as características do meio e dos recursos naturais. O grau dos efeitos gerados pelos visitantes pode variar, dependendo da sensibilização e do conhecimento do turista, do tamanho do grupo, do preparo dos guias e monitores, de estruturas adequadas para receber o turista (Stigliano et al., 2007.).

A fragilidade dos ecossistemas não comporta certas atividades, como o tráfego excessivo de veículos. Por outro lado, a infraestrutura necessária, se não forem atendidas normas preestabelecidas, pode comprometer de maneira acentuada o meio ambiente,

---

[41] Instituto Ecobrasil. *Turismo Sustentável*. EcoBrasil *Online*. Disponível em http://www.ecobrasil.org, Acesso em 15/01/2009.

com alterações na paisagem, nas águas, na vegetação, na fauna. A busca de alternativas ao turismo de massa tem levado à exploração de lugares novos, em muitos casos, com ecossistemas frágeis, que correm o risco de degradação se não forem respeitadas suas características (Stigliano et al., op. cit.).

Com relação aos riscos potenciais (**Tabela 5.9**), a degradação ambiental é o problema mais comumente associado ao turismo em unidades de conservação. Muitos dos danos são visíveis: vegetação destruída, erosão de trilhas, danos à infraestrutura e lixo espalhado (Takahashi, 2004).

Parque Nacional Marinho de Abrolhos[42]

Caravelas, no sul da Bahia, é a principal porta de acesso ao Parque Nacional Marinho de Abrolhos, distante 70km da costa, que atualmente encontra-se ameaçado pela pesca, crescimento do turismo desordenado, depósito de sedimentos causado pelo desmatamento, carcinocultura e avanço da exploração de petróleo e gás natural em seu entorno. O Ibama criou em 2003 uma zona de amortecimento para a unidade, mas a medida foi suspensa pela Justiça em 2007 por pressões dos municípios vizinhos, que têm interesse em empreendimentos econômicos em seu entorno. Para que o turismo volte a se desenvolver de modo sustentável, o Parque foi inserido, em 2008, no Programa Turismo nos Parques do Governo Federal. Abrolhos vem perdendo turistas, devido também à precariedade da infraestrutura receptiva. A unidade já teve 14 mil turistas ao ano, mas atualmente recebe, em média, 8.000 visitantes. Outros impactos referem-se ao seu banco de corais, o maior do Brasil, ameaçado de destruição por um projeto de criação de camarão nas imediações da unidade. O receio é que o empreendimento também destrua manguezais, além de deixar marisqueiros e pescadores sem trabalho.[43] *Em 05/06/2009, o Presidente da República, Luiz Inácio Lula da Silva assinou o documento que cria a Reserva Extrativista do Cassurubá ou Resex Cassurubá, como é denominada. Estima-se que, com a sua criação, cerca de 250 marisqueiros, 750 pescadores artesanais e mais de 20 mil pessoas que vivem da pesca no Extremo Sul da Bahia sejam diretamente beneficiados, abrangendo uma área de 100.661 hectares de extensão, sendo 31.996 de estuário e 68.665 de área marinha. No Cassurubá vivem grupos diferenciados, com formas próprias de organização social, que usam os serviços ambientais para sua reprodução cultural e econômica; suas práticas e saberes são transmitidos pela tradição, em uma relação equilibrada com a natureza. Estes grupos constituem povos tradicionais, nos termos do Decreto nº 6.040/2007, que prevê o reconhecimento dos direitos e a criação de políticas de proteção para eles. Os objetivos da Resex são a inclusão social, uma vez que a cultura local e a autoestima da população serão valorizadas; o incremento da economia com a atração de investimentos sustentáveis para a região; e a proteção da vida, pois a conservação da biodiversidade da região depende do manejo adequado da zona costeira, uma vez que os ecossistemas aquáticos (como manguezais, estuários, restingas recifes de corais) são independentes.*

---

42 CUNHA, Márcia Athayde de Britto. *Presidente cria a Reserva Extrativista do Cassurubá*. Núcleo Mata Atlântica do Ministério Público do Estado da Bahia. Disponível em http://mpnuma.ba.gov.br. Acesso em 22/09/2010.

43 Abrolhos perde turistas e é ameaçado por camarões. Disponível em http://www.noticias.ambientebrasil.com.br. Acesso em 18/06/2006.

Tabela 5.9 — Relação dos possíveis impactos negativos do ecoturismo

Efeitos econômicos negativos	Efeitos ambientais negativos	Efeitos socioculturais negativos
Especulação imobiliária. Perda da propriedade de terras, habitações e meios de produção por parte das populações locais. Instalação de segundas residências. Envio dos lucros gerados na localidade para fora dela. Aumento do custo de vida para a comunidade local – inflação.	Incremento do consumo de recursos naturais. Consumo de suvenires produzidos a partir de elementos naturais escassos. Poluições sonoras, visuais e auditivas. Desmatamento. Introdução de espécies exóticas. Prejuízos a espécies em seus hábitos alimentares, migratórios etc. Aumento na geração de lixo, esgoto e problemas com saneamento básico. Consumo do solo e transformação negativa da paisagem pela implantação de infraestrutura.	Perda de valores tradicionais, homogeneização das culturas, perda de autenticidade. Descaracterização da vida social local, sazonalidade do emprego. Relacionamento precário entre turistas e moradores. Aumento de problemas sociais, como o uso de drogas, prostituição e violência. Degradação do patrimônio histórico e cultural. Geração de fluxos migratórios para áreas de concentração turística. Adensamentos urbanos não planejados e favelização.

Fonte: Stigliano et al. (2004) & Bernaldèz (1994).

O método pioneiro para o controle de impactos da recreação em ambientes naturais foi o da capacidade de carga turística (Cifuentes, 1992). Segundo Stigliano et al. (op. cit.), este método geralmente incorpora dois aspectos centrais: o componente da natureza, que se refere à integridade dos recursos; e os aspectos comportamentais, que refletem a qualidade da experiência turística. É possível dizer que os níveis de capacidade são influenciados pelas características dos visitantes (quantidade de visitantes, atividades praticadas etc.) e pelas características da área de destinação e da população local (nível de dificuldade de acesso, características naturais, grau de isolamento dos habitantes etc.). No final dos estudos, se estabelece o número máximo de pessoas que um local pode suportar.

Revendo os trabalhos que determinaram a capacidade de carga em algumas unidades de conservação brasileiras, Takahashi (2004) observou que o método da capacidade de carga sempre foi mal interpretado, dando ênfase ao estabelecimento de um limite numérico para a visitação de áreas naturais e deixando em segundo plano o aspecto comportamental do visitante – o que aconteceu desde a sua origem, não só no Brasil como no mundo todo. Deste modo, como os números não representavam a realidade desejada, houve desilusão e impotência no momento da implantação dos limites necessários que o método exige.

Irving (2000) observa que o conceito de capacidade de carga turística é apenas perifericamente utilizado no Brasil e pode ser ilustrado por poucos exemplos, como o dos PARNAS marinhos de Abrolhos e Fernando de Noronha, para os quais são estabelecidos alguns limites de visitação e aplicados mecanismos de controle. Ainda assim, estas tentativas nem sempre são bem-sucedidas porque representam medidas isoladas, frequentemente em conflito com as políticas de desenvolvimento delineadas para a região e as pressões das atividades turísticas.

Outros sistemas de planejamento, especialmente úteis para minimizar impactos pelo uso recreativo em unidades de conservação, como aponta Takahashi (2006), são o Limites Aceitáveis de Câmbio (*Limits of Acceptable Change* – LAC), o Experiência do Visitante e Proteção dos Recursos (*Visitor Experience and Resource Protection* – VERP) e o Gerenciamento do Impacto do Visitante (*Visitor Impact Management* – VIM). Essas metodologias, e outras, serão tratadas mais detalhadamente adiante.

A autora também observa que o LAC, o VIM e o VERP utilizam uma sequência de etapas e terminologias muito similares. A principal crítica de diversos autores sobre todos eles é que esses métodos pregam uma rigidez na aplicação da sequência de etapas a serem seguidas pelos planejadores e gerenciadores de áreas naturais, quando, na verdade, deveriam enfatizar que a aplicação de tais etapas nem sempre pode ser sequencial e linear, e sim interativa e constantemente circular.

Não obstante a escolha do método, praticamente os mesmos indicadores de impactos negativos a serem monitorados são iguais para a maioria deles e podem ser traduzidos pela listagem de Graefe et al. (1990):

Indicadores de impactos físicos a serem monitorados

- Compactação do solo
- Área sem vegetação
- Número de trilhas
- Drenagem do solo
- Quantidade de serrapilheira e camada orgânica superficial
- Área do solo nu
- Erosão visível

Indicadores de impactos biológicos a serem monitorados

- Fauna do solo e microflora
- % perda de cobertura vegetal
- Diversidade de espécies
- Sucesso na reprodução da fauna silvestre
- Densidade de cobertura do solo
- Extensão dos danos às árvores
- Exposição das raízes das árvores
- Diversidade de fauna silvestre

Indicadores de impactos sociais a serem monitorados

- Percepção do visitante sobre o impacto no ambiente
- Satisfação do visitante
- Relatos de visitantes sobre comportamentos indesejáveis de outros visitantes
- Percepção do visitante sobre lotação
- Número de reclamações dos visitantes
- Quantidade de lixo na área

O LAC, por exemplo, fundamenta-se em onze princípios sequenciais que necessitam de monitoramento e aperfeiçoamento constantes, com variáveis denominadas "indicadores", que se referem ao impacto ou condição de uma área. Já o limite define o quanto de impacto é aceitável para cada indicador. A metodologia VERP, além de ser um sistema derivado do LAC, inclui seus conceitos juntamente com os do VIM e foi desenvolvido para auxiliar administradores e gerentes de parques nacionais a tratar a capacidade de carga de visitantes por meio de decisões mais seguras (Takahashi, 2006).

O VIM não objetiva o estabelecimento de um número máximo de pessoas na atividade turística, mas, sim, das causas potenciais dos problemas que afetam uma área visitada e da seleção de estratégias (nem sempre quantitativas) para a solução dos problemas. Esse método faz parte de um pensamento mais recente dos administradores de unidades de conservação, focados principalmente no manejo do visitante. Leva em consideração informações como o comportamento do visitante, o tipo de infraestrutura construída para o atendimento, o tipo de ambiente visitado e as comunidades residentes. Dessa forma, para minimizar os impactos negativos do turismo, é necessário utilizar instrumentos de controle. Uma vez identificado um problema, esse método tenta buscar soluções que não sejam necessariamente a redução do número de pessoas, mas intervenções ou mudanças de atitudes ou comportamentos que garantam a continuidade da visita e protejam o recurso natural ou cultural (Stigliano et al., op. cit.).

Entretanto, como enfatiza Salvati (2002), a discussão sobre os impactos do turismo no ambiente e nas culturas locais é complexa e ainda se inicia o desenvolvimento de metodologias e experimentos que analisem todos os seus aspectos.

A atividade do ecoturismo deve também ser avaliada pelos resultados positivos (**Tabela 5.10**), que são possíveis e esperados, após um processo concreto de planejamento do uso público em uma unidade de conservação.

> Se houver um planejamento das ações de manejo de modo a garantir uma visita de alta qualidade, os benefícios provenientes da visitação não cessarão (Takahashi, 2004).

Spinola (2006) lembra que se pode trabalhar com dois aspectos mais genéricos de benefícios, que são: a) os visitantes ajudam no processo de sensibilização política e social para a criação de leis e atração de investimentos que protejam esses espaços; b) o ecoturismo praticado dentro dos seus imperativos éticos contribui para a melhoria da consciência ambiental de visitantes e moradores. Parte-se do pressuposto de que só se valoriza aquilo que se conhece e, nesse caso, o ecoturismo pode passar da posição de ameaça para a de instrumento de conservação.

Tabela 5.10 — Relação dos possíveis impactos positivos do ecoturismo

Efeitos econômicos positivos	Efeitos ambientais positivos	Efeitos socioculturais positivos
Geração de emprego, renda e estímulo ao desenvolvimento econômico local, regional, estadual, nacional.	Aumentam os investimentos voltados à conservação de áreas naturais.	Valorização da herança cultural material e imaterial.
Diversificação da economia regional, com a criação de micro e pequenos negócios.	Diminuição do impacto sobre o patrimônio natural.	Orgulho étnico.
	Arrecadação para as unidades de conservação.	Intercâmbio cultural.
		Conservação de locais históricos.
Fixação da população no local.	Aumento da consciência da população local e dos turistas sobre a necessidade de proteção ambiental.	Resgate e perpetuação de atividades típicas da comunidade.
Desenvolvimento da infraestrutura de transportes, comunicações, saneamento, iluminação etc.	Criação de novas áreas protegidas.	Fortalecimento dos vínculos familiares e comunitários.
Fomento a atividades econômicas potencialmente sustentáveis, como o manejo de plantas medicinais e ornamentais.	Conservação da biodiversidade.	Sensibilização de turistas e populações locais para a proteção de valores culturais.
	Melhoria da infraestrutura nas áreas naturais.	Melhoria do nível sociocultural das populações locais.
Estímulo à comercialização de produtos locais de qualidade.	Maior fiscalização por parte dos moradores, turistas e órgãos competentes.	Intercâmbio de ideias, costumes e estilos de vida.

Fonte: Stigliano et al. (2007); Bernaldéz (1994).

No que se refere aos moradores locais, deve-se buscar seu envolvimento, com participação ativa, seja no planejamento e organização do turismo, seja acompanhando a interação com os turistas, para que as populações locais também possam usufruir dos benefícios do turismo (Stigliano et al., op. cit.).

POLÍTICAS PÚBLICAS VIABILIZANDO O ECOTURISMO

O forte vínculo do Brasil com a atividade do turismo traz consequências na modificação do espaço. Nesse contexto, surge o ecoturismo como segmento importante para um país com grande diversidade de ambientes naturais e em busca de um modelo sustentável de conservação ambiental. (Brasil, 1994).

Entretanto, poucos países possuem, segundo Salvati (2002), planejamento adequado para o ecoturismo. No Brasil, como alerta o autor, os fluxos do turismo interno vêm causando uma preocupante degradação, principalmente nas precárias áreas protegidas e seu entorno.

---

44 Adaptado de http://www.exame.abril.com.br/economia/meio-ambiente-e-energia/noticias/ecoturismo. Acesso em 10/12/2010.

> ### Ecoturismo é foco estratégico do governo de SP[44]
>
> *Frequentemente apontado como um dos setores da economia que mais pode contribuir para o desenvolvimento sustentável, o turismo está no centro das atenções do governo paulista. Maior emissor e receptor de turistas do Brasil, São Paulo quer incentivar a prática do turismo ecológico dentro de seus próprios limites. Segundo a Fundação Florestal de SP, 80% dos visitantes que circulam na metrópole são do próprio Estado, a maioria vem a negócio. O desafio agora é expandir o tempo de permanência dos turistas nos destinos escolhidos e estimular os passeios que girem em torno da contemplação da natureza. Com três milhões de hectares de áreas protegidas, São Paulo possui verdadeiros paraísos naturais pouco conhecidos pelo público turístico tradicional. De acordo com dados da Fundação Florestal, em 2008, as 92 Unidades de Conservação administradas pelo Estado receberam 1,5 milhão de turistas. Por meio de um contrato de empréstimo firmado com o Banco Interamericano de Desenvolvimento (BID) a Secretaria de Meio Ambiente (SMA) está investindo US$ 15 milhões em seis parques estaduais na região da Mata Atlântica: Carlos Botelho, Intervales, Caverna do Diabo, Ilha do Cardoso, Ilhabela e o Parque Estadual Turístico do Alto Ribeira (Petar). Os investimentos são vertidos na criação de novas trilhas e atrativos, centros de visitantes, exposições temáticas, estruturação de restaurantes, lanchonetes e meios de hospedagem, bem como na estruturação das principais estradas de acesso aos Parques. Para a qualificação de mão de obra local, o Estado investe em programas de educação ambiental, que já conta com mais de 2,5 mil pessoas capacitadas. A SMA também está trabalhando na criação de uma marca única para todos os parques estaduais, através da padronização de lojas e produtos nas unidades de conservação, o visitante vai reconhecer mais facilmente que se trata de uma reserva paulista. Para oferecer experiências ecológicas nos quatro cantos do Estado, a Secretaria também mantém a todo vapor o Programa Trilhas de São Paulo. Lançado em meados de 2009, esse guia reúne 40 destinos naturais para serem percorridos a pé em 19 unidades de conservação, que, juntas, somam 731 mil hectares de Mata Atlântica remanescente e cerrado.*

Em termos de estratégias de políticas públicas no país, para a efetivação de um turismo verdadeiramente sustentável, segundo a autora, deve-se:

- estabelecer uma Política Nacional de Turismo Sustentável, considerando a descentralização dos órgãos de licenciamento;
- planejar integradamente, por meio de articulação política intersetorial entre os atores da atividade, com a participação das comunidades nas tomadas de decisão;
- normatização e regulamentação da atividade, principalmente com relação ao uso e ocupação do solo, códigos ambientais e planos de desenvolvimento responsável do turismo;
- pesquisas de base para diagnóstico socioambiental sobre as aptidões econômicas locais;

- capacitação profissional das empresas e das comunidades e facilidade no acesso a tecnologias limpas; e
- uso de instrumentos sociais de controle da atividade, tal como a proposta de Certificação para o Turismo Sustentável, por meio da criação de um Conselho Brasileiro de Turismo Sustentável.

O Brasil aproveita pouco o potencial do ecoturismo e mesmo de empreendimentos que se autodenominam sustentáveis, que, em grande parte dos casos, apenas operam ações sociais esporádicas ou reciclagem de lixo. Diferente de países como a Costa Rica ou a Nova Zelândia, que têm programas intensivos de turismo sustentável, o Brasil ainda tem muito a avançar, apesar de se apresentar ao exterior como um destino ecológico. Segundo o Ministério do Turismo, 500 mil turistas estrangeiros vieram ao Brasil em 2008 em busca de turismo ecológico ou de aventura. Enquanto um turista de lazer gasta em média US$ 76 ao dia, ecoturistas chegam a gastar US$ 104.[45]

É possível observar, pelas críticas negativas expostas na **Tabela 5.11**, que a atividade do ecoturismo no Brasil não tem evoluído nos padrões de planejamento e desenvolvimento esperados. Essas críticas são reforçadas pelos seguintes autores:

Tabela 5.11 — Críticas negativas referentes às atividades de ecoturismo no Brasil

Brasil (1994)	Uma atividade em grande parte desordenada, impulsionada pela oportunidade mercadológica, deixando, a rigor, de gerar os benefícios socioeconômicos e ambientais esperados e comprometendo, não raro, o conceito de imagem do produto ecoturístico brasileiro nos mercados interno e externo.
Brasil (1994)	Política de desenvolvimento incoerente sem consenso sobre a conceituação do segmento e sobre os critérios, regulamentações e incentivos que orientem empresários, investidores e o próprio governo no estímulo e na exploração do potencial das belezas naturais e valores culturais, ao mesmo tempo em que promova a sua conservação.
UAM (2002)	Não só de infraestrutura básica o Brasil é carente, como também de infraestrutura turística (centros de informações e apoio ao turista, falta de sinalização urbana voltada ao turismo, transporte turístico precário, falta de profissionais capacitados para a prestação de serviços turísticos), problemas evidentes em grande parte dos destinos turísticos brasileiros.
Manosso (2005)	Desenvolvido de maneira aleatória e pouco estruturada no Brasil, salvo algumas exceções, quase sempre utilizando as unidades de conservação como espaço turístico.

As unidades de conservação – e seu uso como espaços turísticos – são apontadas como áreas de fundamental importância, tanto para a conservação da biodiversidade que resta no Brasil, como servindo de matriz para o usufruto destas áreas pelas operadoras de ecoturismo. Nesse sentido, Manosso (2005) apresentou dados de uma pesquisa realizada com gestores de unidades de conservação referente ao seu uso ecoturístico (**Tabela 5.12**).

---

45 VIALLI, Andrea e Lacerda, Ana Paula. *Potencial do Ecoturismo ainda é pouco explorado no Brasil*. Disponível em 5http://www.estadao.com.br. Acesso em 04/02/2009.

Tabela 5.12 — Análises resultantes de questionário enviado às coordenações de Parques Nacionais e Estaduais do Brasil

Para os parques nacionais	Para os parques estaduais
	● 75% estão abertos para visitação e 25% encontram-se fechados.
	● As principais atividades desenvolvidas são caminhadas de um dia, banho, ciclismo, caminhada com pernoite e escalada.
● 27% não possuem visitação; 44% recebem visitação e 29% não responderam ao questionário.	● 36% dos visitantes possuem acompanhamento de guias do parque, 34% sem acompanhamento de guias e 30% têm acompanhamento de guias do entorno do parque.
● O PARNA da Tijuca é o segundo mais visitado no Brasil, seguido do PARNA do Iguaçu.	
● As principais atividades desenvolvidas são as caminhadas de um dia (22,4%), banho (18,9%), ciclismo e caminhada (7,7%) e escalada (5,1%).	● Os indicadores de impactos mais comuns são o desmatamento, destruição de bens públicos, presença de gado, extração ilegal da flora e distúrbio da avifauna.
● Os maiores indicadores de impactos são o excesso de visitantes, o fogo, a pecuária e agricultura, a presença de animais domésticos, alimentação da fauna, erosão de trilhas, veículos indevidos e o lixo.	● As principais dificuldades das coordenações são a carência de recursos humanos em geral, a ausência de infraestrutura para visitação e a falta de informação e orientação para o visitante.

Fonte: Ministério do Meio Ambiente. Secretaria de Biodiversidade e Florestas. Programa Nacional de Áreas Protegidas (2003).

Em 1999, de acordo com Takahashi (1994), outro exemplo dos desajustes provocados por políticas e *marketing* mal elaborados para o ecoturismo foi registrado, quando o Ibama lançou na mídia uma proposta de abertura de vários PARNAS ao ecoturismo na Amazônia Legal, sem a realização de estudos preliminares, resultando em impactos e desorganização dos processos de desenvolvimento desta atividade.

Em função desta experiência negativa, uma iniciativa acertada do MMA/Ibama foi a criação de uma nova metodologia que orientava o planejamento das atividades recreativas em unidades de conservação por meio de um roteiro para a elaboração de projetos de uso público em áreas protegidas (Furtado et al., 2001).

Entretanto, os desafios continuaram devido ao limitado número de profissionais com experiência nesta área no mercado de trabalho e, sobretudo nos quadros das unidades de conservação. Outras dificuldades eram as tentativas de manter a fidelidade aos objetivos traçados nos Planos de Manejo das unidades e de dar uma abordagem conservacionista às atividades de recreação (Takahashi, op. cit.).

As principais políticas públicas relativas ao ecoturismo e à gestão de unidades de conservação, de acordo com a **Tabela 5.13**, concentram críticas ainda não superadas, as quais aguardam políticas públicas mais assertivas de gestão territorial e desenvolvimento ecoturístico.

Tabela 5.13 — Principais políticas públicas relativas ao ecoturismo e à gestão de unidades de conservação no Brasil, ainda não superadas, segundo três programas e políticas de turismo e meio ambiente

PROECOTUR	A superposição territorial entre o PROECOTUR e o Programa Nacional de Municipalização do Turismo (PNMT) gera articulações e desarticulações, porém, são as molas governamentais propulsoras do processo de criação de uma hospitalidade turística nos territórios amazônicos ao qual se somam, ainda, as iniciativas privadas. Diante de um quadro não muito claro de superposição destes projetos, faz-se necessário moderar o crescimento de impactos sociais e ambientais negativos e assegurar a obtenção dos resultados esperados (UAM, 2002).
	O PROECOTUR tem pouca participação da Embratur, o que é uma perda para o programa, pois a desarticulação entre políticas e projetos é acentuada quando não se articulam também com o setor privado. Isso tem forte impacto negativo no desenvolvimento da atividade turística, visto que o produto turístico é normalmente constituído por atrativos e por infraestruturas que são de responsabilidade pública e por serviços turísticos que são de responsabilidade privada (UAM, op. cit.).
POLOS DE DESENVOLVIMENTO DO ECOTURISMO	Pesquisas revelaram que, na grande maioria dos locais mapeados, a natureza é deslumbrante. Entretanto, as infraestruturas turísticas, incluindo o acesso, serviços e hospedagem, são incipientes (Daemon e Saab, 2000).
	Os polos de ecoturismo têm pouca participação do Ministério do Meio Ambiente. Eles poderiam ter maximizado seus resultados se tivesse ocorrido ampla revisão da legislação específica e geral do turismo, no sentido de eliminar barreiras e estimular a participação dos atores econômicos e sociais que determinam a produção, distribuição e consumo do produto turístico (UAM, op. cit.).
SNUC	Possibilitou um terreno fértil para o desenvolvimento do ecoturismo em unidades de conservação, embora inúmeros desafios permaneçam para o futuro, ainda que sejam reconhecidos pelo próprio governo, pois a utilização destas áreas para o ecoturismo é uma questão muito mais complexa do que se tende a indicar, envolvendo não apenas os aspectos ligados ao planejamento e à gestão de unidades de conservação, mas, principalmente, aos conflitos socioambientais gerados por esse processo (Irving, 2000).

Uma política nacional de turismo deve orientar a criação de mecanismos de estímulo a essa articulação entre o setor público e a iniciativa privada, dentro do conceito de que o objetivo primeiro do turismo é melhorar a qualidade de vida das populações dos núcleos receptores. Esse conceito não deve se restringir à prosperidade econômica (geração de renda e empregos), mas também incluir a sensação de bem-estar (segurança, confiança no futuro, preservação de suas identidades etc.) (Raimundo et al., 2007).

Duas vertentes que devem orientar as políticas de desenvolvimento do turismo e ecoturismo no Brasil, de acordo com Universidade Anhembi Morumbi (2002):

- não se pode pensar numa política de turismo e ecoturismo que não se comunique com as políticas setoriais de proteção aos ambientes natural e cultural. Por isso, Governo Federal, Estados e Municípios devem promover a articulação intragovernamental, praticamente inexistente no país;
- o desenvolvimento do ecoturismo deve ocorrer também em uma escala regional, além das escalas nacionais e locais, como estratégia de política e de planejamento,

potencializando o esforço público e propiciando uma melhor distribuição espacial dos ganhos provenientes desta atividade.

Segundo Araújo (2007), o Estado deve rever o seu posicionamento quanto à gestão e ao incentivo à utilização turística de espaços com valor patrimonial elevado: para cada área é necessário dispor de critérios de decisão objetivos aplicáveis ao licenciamento de atividades turísticas, e que deverão ter um fundamento técnico claro. Os incentivos aos projetos deverão ser diretamente proporcionais à importância que cada projeto turístico tem na conservação da natureza e no desenvolvimento local.

> A atividade do turismo, despejando capitais em regiões emergentes e de alta fragilidade socioambiental, precisa aceitar a responsabilidade por seus impactos nos ambientes naturais e nas populações e ativamente lidar com sua redução. A adoção de procedimentos responsáveis de planejamento e gerenciamento dos negócios do turismo será uma importante ferramenta para um mercado cada vez mais crescente (Salvati, 2002).

De maneira geral, como aponta Irving (2003), o ecoturismo tenderá a ocupar um papel crescente nas economias dos países de elevada biodiversidade e o Brasil, certamente, se beneficiará com as tendências mundiais de valorização da natureza e da evolução na criação de políticas públicas mais inclusivas e assertivas. Ainda assim, os próximos anos serão críticos para a definição de modelos de ecoturismo e ordenamento do setor no país.

Nesse sentido, os programas mais recentes de introdução da atividade de turismo em áreas protegidas no Brasil mostram um avanço no reconhecimento da importância de estabelecer parcerias na busca de modelos sustentáveis. O intuito delas é criar as condições para atrair negócios terceirizados em algumas áreas de uso público em unidades de conservação brasileiras, promovendo também a interação entre diversas esferas de órgãos e secretarias federais e estaduais, numa tentativa clara de alavancar um processo que ao mesmo tempo promova mecanismos de autofinanciamento para estas áreas e contribua para a sua conservação.

ATIVIDADES PROPOSTAS

Com base na leitura do capítulo e utilizando os *sites* citados como referência ao longo do texto – além de outros –, selecione uma unidade de conservação de proteção integral no Brasil sobre a qual haja informações e/ou estudos divulgados na *web* e, com essas informações, descreva e analise, quando possível, as seguintes questões:

1. nome, localização e características físico-bióticas da área ocupada pela unidade de *conservação* e os principais impactos negativos sobre a área;

2. categoria de proteção da unidade de conservação, a existência de Plano de Manejo, Planos de Gestão e Planos de Uso Público para esta área;

3. programas governamentais (federais, estaduais e municipais) e políticas públicas aplicadas à área (por exemplo, na Amazônia é desenvolvido o PROECOTUR, que apoia e incentiva o desenvolvimento do turismo em áreas protegidas amazônicas);

4. se há programas de terceirização de serviços nesta unidade de conservação e como tem se desenvolvido e afetado a atividade;

5. atuação de ONGs, empreendedores privados, parceiros, moradores locais, gestores, entre outros, que atuem na defesa e no desenvolvimento desta unidade de conservação;

6. a estrutura receptiva existente tanto no entorno quanto dentro da unidade de conservação para atendimento ao visitante e o perfil do visitante que costuma frequentar a área.

CAPÍTULO 6
Gestão participativa em unidades de conservação: desenvolvimento de um método de avaliação de conselhos gestores

Reinaldo Miranda de Sá Teles e Thalita Lima

CONCEITOS APRESENTADOS NESTE CAPÍTULO

Tendo em vista que os conselhos gestores são os principais instrumentos para que a gestão de unidades de conservação ocorra de forma efetivamente participativa, este capítulo visa a desenvolver um método de avaliação sobre o funcionamento e a composição desses conselhos, a fim de contribuir com a melhora do processo de gestão de unidades de conservação (UC) e, consequentemente, com os seus resultados.

INTRODUÇÃO

No Brasil, a Lei do Sistema Nacional de Unidades de Conservação da Natureza (SNUC), aprovada em 2000, introduziu modificações importantes na política de criação e gestão de Unidades de Conservação (UCs), no sentido de assegurar uma maior e efetiva participação da sociedade civil. Dentre as inovações da Lei do SNUC, duas merecem destaque:

> – os conselhos gestores das unidades criadas: espaço de discussão e negociação dos problemas e conflitos socioambientais, representado pelos diversos segmentos da sociedade; e
>
> – a consulta pública para a criação de UCs: o Poder Público deve consultar previamente a sociedade na criação da unidade de conservação.

O conselho gestor de UC, entendido como espaço de discussão e negociação dos problemas e conflitos socioambientais, permite a expressão dos interesses dos diversos atores sociais envolvidos na gerência da unidade, sendo, assim, o principal instrumento para o estabelecimento de uma gestão efetivamente participativa.

O Instituto Brasileiro do Meio Ambiente e Recursos Naturais Renováveis (Ibama) define a gestão participativa como:

> (...) a administração na qual cada representante pode manifestar e negociar seus interesses de forma igualitária, com sentimento de responsabilidade e pertencimento a um grupo, participando efetivamente na construção em conjunto das decisões a serem tomadas para a definição de um destino coletivo (2007, p. 9).

Os conselhos gestores, inscritos na Constituição Federal de 1988, foram os principais instrumentos que possibilitaram a participação dos segmentos sociais na formulação de políticas públicas através de leis específicas. A instituição dos conselhos gestores foi fruto das conquistas dos movimentos sociais na década de 1980, que lutaram pela democratização dos órgãos e aparelhos estatais, e é parte da reforma do Estado na década de 1990. Segundo Gohn (2006, p. 7), "os conselhos gestores são novos instrumentos de expressão, representação e participação e desempenham um papel mediador na relação sociedade/Estado".

Porém, sendo algo novo e inovador, ainda não são todas as UCs que possuem conselhos gestores formados, ou, se possuem, muitos conselhos não cumprem seu papel de verdadeiros espaços públicos de discussão, apresentação de propostas e tomada de decisões por representantes de órgãos públicos e da sociedade civil.

A questão que se coloca atualmente, e que é de interesse dos profissionais de turismo, é a seguinte: **os conselhos gestores de UCs estão cumprindo com o seu papel de espaços públicos onde a sociedade civil pode participar efetivamente das ações ambientais?**

Para investigar essa questão, é necessário que se busque instrumentos de avaliação adequados aos diversos aspectos e significados da participação popular na gestão de UCs.

De posse dos instrumentos adequados para análise, os profissionais poderão contribuir com um método de avaliação sobre a composição e funcionamento de conselhos gestores de UCs. Para a análise de conselhos gestores, os autores, com base na literatura específica que norteou os princípios metodológicos deste capítulo, criaram critérios e indicadores a partir de princípios que estabelecem a chamada "boa governança" de organizações públicas e privadas. Apesar de esse método ter se desenvolvido com vistas a conselhos gestores consultivos de parques, é adaptável às demais UCs que tenham conselhos gestores tanto consultivos quanto deliberativos.

IMPORTÂNCIA DA GESTÃO PARTICIPATIVA EM UNIDADES DE CONSERVAÇÃO

O conselho gestor de uma UC possibilita a expressão das perspectivas, dos interesses, das preocupações e dos valores de uma variedade de grupos e pessoas que são afetados e afetam a UC em questão. Através dele, o Poder Público tem como obter a aprovação, a confiança e a cooperação da população local. A comunidade local pode contribuir com conhecimentos, habilidades e recursos para a gestão da área. O envolvimento da comunidade local também pode ajudar no melhor entendimento sobre os problemas que os gestores enfrentam, possibilitando um maior apoio às decisões administrativas. Em qualquer circunstância, as ações tornam-se mais válidas quando um maior número de pessoas teve participação no processo decisório, evitando, dessa forma, conflitos futuros e contribuindo para o alcance dos resultados desejados.

A evolução do processo participativo também pode contribuir para o desenvolvimento da consciência pública e consequente agregação dos esforços para a conservação dos recursos naturais. É importante considerar que, se a sociedade não estiver integrada à gestão de UC e percebê-la apenas como restrição ao uso, sua percepção será negativa e ela não será parceira da UC para a proteção da natureza.

CONSULTAS PÚBLICAS PARA A CRIAÇÃO DE UNIDADES DE CONSERVAÇÃO

Sobre consultas públicas para a criação de UCs, a Lei do SNUC, em seu capítulo IV, art. 22, dispõe que:

(...)

§ 2º A criação de uma unidade de conservação deve ser precedida de estudos técnicos e de consulta pública que permitam identificar a localização, a dimensão e os limites mais adequados para a unidade, conforme se dispuser em regulamento.

§ 3º No processo de consulta de que trata o § 2º, o Poder Público é obrigado a fornecer informações adequadas e inteligíveis à população local e a outras partes interessadas.

§ 4º Na criação de estação ecológica ou reserva biológica não é obrigatória a consulta de que trata o § 2º deste artigo.

(...).

Com a leitura dos artigos acima, verifica-se que a lei obriga o Poder Público a consultar previamente a sociedade, com atenção especial à população local, sobre toda proposta de criação de UC (exceto no caso de estação ecológica ou reserva biológica). Porém, as informações a serem discutidas com a sociedade remetem apenas à localização, dimensão e limites da UC, sem fazer referência à discussão de outros assuntos relevantes, como a apresentação detalhada das causas para criação da unidade, as suas consequências para a região e as categorias de unidades de conservação mais adequadas à realidade local.

CONSELHOS GESTORES DE UNIDADES DE CONSERVAÇÃO

Segundo a Lei do SNUC, toda UC deve dispor de um conselho de gestão (com caráter consultivo ou deliberativo, conforme a categoria da unidade), composto por representantes governamentais e da sociedade. Segundo o Ibama,

> o Conselho é um espaço público usado como canal de participação formal da sociedade. É o instrumento mediador nas relações entre o governo e a sociedade civil, possibilitando o exercício da cidadania e da democracia (2007, p. 13).

De acordo com o Decreto nº 4.340/2002, que regulamenta a Lei do SNUC, as categorias de UC poderão ter conselho consultivo ou deliberativo, que será presidido pelo chefe da UC, o qual designará os demais conselheiros indicados pelos setores a serem representados.

A composição de um conselho de gestão de UC deve ser paritária sempre que possível, ou seja, deve ter o mesmo número de representantes dos órgãos públicos e da sociedade civil. Os representantes dos órgãos públicos poderão contemplar órgãos ambientais dos níveis federal, estadual e municipal, e órgãos de áreas afins tais como: pesquisa científica, educação, cultura, defesa nacional, turismo, paisagem, arquitetura, arqueologia, povos indígenas e assentamentos agrícolas. Os representantes da sociedade civil poderão contemplar organizações não governamentais ambientais e comunidade científica com atuação comprovada na região da Unidade; população residente e do entorno da UC; população tradicional; proprietários de imóveis no interior da UC; trabalhadores da região; setor privado atuante na região e representantes de comitês de bacia hidrográfica.

Para fazer parte de um conselho de UC, a sociedade precisa estar organizada em grupos de interesse comum. Isto pode ser feito por meio de associações, cooperativas, sindicatos, colônias, federações, congregações religiosas ou qualquer outro tipo de organização não governamental legalizada.

As UCs de Proteção Integral devem possuir um conselho de gestão de caráter consultivo. Nas UCs de Uso Sustentável, o conselho de gestão é consultivo para as categorias Área de Proteção Ambiental, Área de Relevante Interesse Ecológico, Floresta Nacional e Reserva de Fauna. Conselho consultivo é aquele destinado a discutir e coletar a opinião dos conselheiros sobre os assuntos a serem resolvidos pela administração da Unidade. Já um conselho de gestão de caráter deliberativo é destinado a discutir os assuntos da Unidade para decidir coletivamente a solução a ser tomada.

O conselho deliberativo está presente nas Reservas Extrativistas e nas Reservas de Desenvolvimento Sustentável, que são categorias de UC de Uso Sustentável. Segundo a Instrução Normativa ICMBio nº 02, de 18/09/2007, para composição do conselho deliberativo deve-se garantir maioria de representantes das populações tradicionais existentes na UC. Portanto, este tipo de conselho não tem representação paritária, como os conselhos de caráter consultivo.

Sobre o funcionamento do conselho de gestão de UC, conforme a Lei do SNUC:

- o presidente do conselho é sempre o administrador da Unidade, que também é o responsável pela convocação das reuniões;
- o documento que faz a convocação deve ter a pauta da reunião estabelecida;
- a reunião do conselho de gestão de UC é pública e deve ser realizada em local de fácil acesso;
- qualquer pessoa pode assistir a reunião, porém, somente os membros do conselho têm direito ao voto;
- o mandato do conselheiro (representante da instituição) é de dois anos e pode ser renovado pelo mesmo período. A atividade não é remunerada e é considerada de relevante interesse público;
- o que acontece na reunião do conselho deve ser registrado numa ata, que deve ser aprovada e assinada por todos os conselheiros presentes, com a respectiva identificação da instituição que representa;
- todo conselho de gestão de UC tem de elaborar um regimento interno, que é o documento que contém as normas e procedimentos para o seu bom funcionamento e que deve ser feito pelos conselheiros;
- além da reunião do conselho, também podem ser realizadas reuniões públicas para tratar de um tema específico. Para isto, são criadas as câmaras técnicas, que são órgãos auxiliares do conselho para a discussão de temas que precisam ser aprofundados com apoio técnico.

Os arts. 19 e 20 do Decreto nº 4.340, de 22/08/2002, dispõem sobre as competências do órgão executor e do conselho da UC:

Art. 19. Compete ao órgão executor:

I. convocar o conselho com antecedência mínima de sete dias;

II. prestar apoio à participação dos conselheiros nas reuniões, sempre que solicitado e devidamente justificado.

Parágrafo único. O apoio do órgão executor indicado no inc. II não restringe aquele que possa ser prestado por outras organizações.

Art. 20. Compete ao conselho de unidade de conservação:

I. elaborar o seu regimento interno, no prazo de noventa dias, contados da sua instalação;

II. acompanhar a elaboração, implementação e revisão do Plano de Manejo da unidade de conservação, quando couber, garantindo o seu caráter participativo;

III. buscar a integração da unidade de conservação com as demais unidades e espaços territoriais especialmente protegidos e com o seu entorno;

IV. esforçar-se para compatibilizar os interesses dos diversos Conselhos deliberativos e consultivos.

O SNUC prevê conselhos deliberativos apenas para reservas extrativistas e em reservas de desenvolvimento sustentável. Sobre essa posição, Loureiro (2008, p. 29) afirma que "(...) reflete muito mais uma visão tecnocrática e de baixa tradição participativa dos órgãos de meio ambiente do que um cuidado justificável".

Mesmo reconhecendo os limites que a lei impõe, é possível desenvolver estratégias participativas que legitimem as atividades dos conselhos, de modo a garantir a efetiva participação da sociedade na tomada de decisões. O fato de o conselho gestor ser deliberativo não garante a execução das decisões, "pois não há estruturas jurídicas que deem amparo legal e obriguem o Executivo a acatar as decisões dos conselhos" (GOHN, 2006, p. 9). Dessa forma, o fator determinante para o cumprimento da real função de um conselho gestor não é a designação de seu caráter (consultivo ou deliberativo), mas a forma como este está constituído e como desenvolve suas atividades. O que determina a real execução das decisões pelo órgão público é a capacidade dos conselhos gestores em serem espaços onde é efetiva a participação da sociedade civil, onde há a representação dos interesses de todos os envolvidos com a gestão da UC, onde os assuntos são plenamente discutidos e chega-se a um consenso entre os membros, onde os membros possuem capacidade e habilidade de lidar com conflitos internos e externos e de manter uma relação positiva entre todos. Conselhos considerados legítimos pelos seus membros e gestores possuem força para que as propostas sejam valorizadas e implementadas pelo Poder Público.

Segundo Loureiro:

> A experiência demonstra que o principal para o bom funcionamento dos conselhos não é tanto a sua classificação em consultivo ou deliberativo, mas o *status* de legitimidade e representatividade que alcança em função de seu processo de constituição e atuação ser realmente mobilizador, sério e democrático, resultando em efetivo poder de intervenção em políticas e ações sociais (2008, p. 29).

Nesse quesito, um dos maiores problemas que envolve o bom funcionamento dos conselhos gestores em UCs é o fato de o papel e as atribuições dos conselhos ainda não estarem devidamente entendidos e assimilados pelos conselheiros e gestores das Unidades.

Apesar de a Lei nº 9.985/2000, que criou o SNUC, e o Decreto nº 4.340/2002, que o regulamenta, terem apresentado avanço na incorporação da participação da sociedade na execução das políticas ambientais e, em especial, na gestão de UCs, é importante observar que as normas e diretrizes contidas nas referidas lei e decreto apresentam limitações quanto à melhor forma de funcionamento dos conselhos gestores e a efetiva participação da sociedade civil no planejamento e gestão das UCs. Isso faz com que gestores e membros dos conselhos das UCs tenham diferenciados entendimentos e práticas referentes à criação e ao funcionamento dos conselhos. A falta de entendimento dos membros dos conselhos gestores sobre as suas atribuições implica na falta de entendimento sobre a autonomia e poder de influência do conselho gestor na tomada de decisões.

Esses assuntos não estão bem esclarecidos e definidos na Lei do SNUC, sendo necessários aprimoramentos que determinem de forma clara o papel dos conselhos gestores consultivos e deliberativos, seus direitos, suas responsabilidades, seu grau de autonomia e liberdade institucional.

GOVERNANÇA E BOA GOVERNANÇA

Recentemente, o conceito de "governança" tem sido aplicado para orientar e avaliar a gestão de áreas protegidas. Segundo Graham et. al. (2003, p. ii), o conceito de governança pode ser definido como:

> (...) as interações entre instituições, processos e tradições que determinam como o poder é exercido, como as decisões são levadas ao interesse público e, frequentemente, ao interesse privado, como os cidadãos e outras pessoas envolvidas se pronunciam. Fundamentalmente, refere-se ao poder, às relações e à responsabilização: quem possui influência, quem decide e como os responsáveis pelas decisões são responsabilizados.

A governança diz respeito às estruturas e aos processos usados por uma variedade de atores sociais para influenciar e decidir sobre assuntos de interesse público. A governança representa a maneira como as pessoas interagem e criam políticas e regras para guiar seu comportamento.

No contexto ambiental, a governança está relacionada ao alcance dos objetivos da área protegida, determina a distribuição igualitária de custos e benefícios e é a chave para prevenir ou resolver conflitos sociais. Abrams et. al., (2003, p. 19) definem a "boa governança" como uma maneira justa e eficaz de exercer os poderes gestores (meios) para alcançar os objetivos (fins) da área protegida. A "boa governança" tem seu fundamento na capacidade e habilidade de instituições governamentais responderem efetivamente aos problemas e atingirem uma unidade social por meio de várias formas de consulta, negociação e acordos multilaterais.

No Brasil, o conceito de governança surgiu na década de 1990, em um cenário de lutas e conquistas de setores organizados da sociedade pela democratização de espaços antes restritos à esfera pública estatal e pelo acesso às informações e à igualdade nas condições de participação. Seu enfoque inicial era na cidadania e nos direitos sociais, juntamente com reformas no papel do Estado contrárias às antigas políticas neoliberais (Gohn, 2002, p. 14).

PRINCÍPIOS DA BOA GOVERNANÇA

Os autores Graham, Amos e Plumptre propuseram cinco princípios que servem para orientar e avaliar a execução da "boa governança" em áreas protegidas. Esses princípios foram construídos, em grande parte, sobre consensos internacionais, expressos nas declarações e princípios acordados nas Nações Unidas e em diversos documentos do Programa das Nações Unidas para o Desenvolvimento.

1. Legitimidade e Voz (*Legitimacy and Voice*)
2. Direcionamento (*Direction*)
3. Desempenho (*Performance*)
4. Compromisso e Responsabilidade (*Accountability*)
5. Justiça e Equidade (*Fairness*)

Os princípios acima foram usados para a formulação de critérios e indicadores para análise dos conselhos gestores de unidades de conservação.

Critérios e indicadores

Princípio 1: Legitimidade e Voz

Critério 1: participação e representatividade

Este critério visa avaliar o grau de participação e representatividade no conselho de membros que tenham delegação formal para expressar as posições e defender os interesses dos segmentos da sociedade que afetam e por sua vez são afetados pela existência da UC.

Indicadores:

a. frequência de realização de reuniões;
b. frequência de comparecimento nas reuniões por entidade;
c. diversidade de interesses abordados;
d. grau de contribuição de cada entidade com as atividades do conselho;
e. nível de satisfação dos membros em relação ao que é discutido e no alcance de um consenso;
f. documentos elaborados coletivamente (regimento interno, estatuto, plano de gestão, plano de manejo etc.);
g. assuntos e pautas das reuniões definidos coletivamente;
h. variedade e quantidade de atores sociais que possuem influência na UC com representatividade no conselho; e
i. distribuição do número de cadeiras no conselho por entidades.

Critério 2: paridade

A paridade, além de dizer respeito à composição numérica do conselho, também se refere às condições de igualdade de participação.

Indicadores:

a) número paritário de órgãos públicos e de entidades da sociedade civil;

b) nível de entendimento e compreensão dos membros sobre os assuntos discutidos nas reuniões do conselho, principalmente assuntos que utilizem linguagens técnicas;

c) grau de capacidade dos membros para expressar suas opiniões e interesses com clareza e coesão;

d) condições de acessibilidade dos membros aos locais de reunião; e

e) datas e horários das reuniões determinados de acordo com a disponibilidade da maioria dos membros.

Princípio 2: Compromisso e Responsabilidade

Critério 1: distribuição de papéis e responsabilidades

É imprescindível a clara identificação e designação de papéis, autoridade, responsabilidades, direitos e regras em todos os aspectos da gestão, assim como a existência de documentos que os estabeleça.

Indicadores:

a. existência de regras e regulamentos que definam as responsabilidades e os papéis dos membros;

b. nível de entendimento e satisfação dos membros sobre seus papéis e responsabilidades; e

c. nível de satisfação dos membros em relação à distribuição de poder.

Critério 2: compromisso governamental

Para que os membros do conselho vejam seu papel como cogestores legítimos da UC, é importante que o órgão público gestor respeite e acate as proposições do conselho sobre determinado assunto, levando em conta as opiniões e os interesses dos conselheiros na tomada de decisões.

Indicadores:

a. ações instituídas por parte do órgão gestor a partir de assuntos propostos pelo conselho;

b. existência de esforços por parte do órgão gestor para explicar o porquê de alguns compromissos não haverem sido ainda, honrados; e

c. nível de satisfação dos conselheiros em relação às proposições que são introduzidas pela gestão.

Critério 3: transparência e comunicação

Este critério diz respeito à comunicação e ao compartilhamento de informações. A transparência é construída na livre-circulação de informações. Elas devem ser completamente acessíveis para que todos possam entender e monitorar as decisões e atividades da administração da UC.

Indicadores:

a. comunicação entre os membros do conselho;

b. comunicação entre os membros do conselho e órgãos públicos; e

c. comunicação entre os membros do conselho e comunidade.

Princípio 3: Desempenho

Critério 1: efetividade e eficiência

A eficiência diz respeito ao cumprimento de prazos estabelecidos, e a efetividade, aos resultados, à capacidade da gestão de prever impactos positivos e negativos e de lidar com problemas internos e ameaças externas para alcançar os resultados desejados.

Indicadores:

a. relação entre os membros e o gestor;
b. relação dos conselheiros entre si;
c. capacidade de todos os membros em chegar a um consenso;
d. capacidade do conselho em lidar com problemas e conflitos internos;
e. capacidade do conselho em lidar com problemas e conflitos externos; e
f. existência de instrumentos de gestão, como plano de manejo, regimento interno do conselho gestor etc.

Critério 2: estruturação

Este critério diz respeito às instâncias existentes no conselho gestor, a exemplo de câmaras técnicas, grupos de trabalho, secretaria executiva etc.

Indicadores:

a. forma como o conselho está estruturado; e
b. nível de satisfação dos membros em relação à estruturação do conselho.

Princípio 4: Justiça e Equidade

Critério 1: equidade no processo da gestão da UC em relação ao entorno

Este critério relaciona a UC com o seu entorno e diz respeito aos direitos e às práticas de populações tradicionais ou de residentes e ao reconhecimento de injustiças e danos sociais resultantes da criação e gestão da UC.

Indicadores:

a. realização de consultas, acordos e parcerias com a comunidade;
b. apoio às iniciativas locais;
c. processos de reconhecer e lidar com as injustiças passadas resultantes da criação da UC;
d. distribuição de custos e benefícios; e
e. políticas e decisões realizadas pela UC contrárias à vontade da comunidade.

Critério 2: imparcialidade na aplicação de normas

As regras e normas aplicadas a todos os envolvidos devem ser claras, acessíveis, justas, transparentes e reforçar a imparcialidade. O contexto de aplicação dessas regras deve ser não discriminatório e consistente.

Indicadores:

a. aplicação de normas e regras com consistência.

Princípio 5: Direcionamento

Critério 1: visão estratégica

Diz respeito à existência de projetos e planos de longo prazo que atendam aos objetivos da UC e beneficiem a comunidade.

Indicadores:

a. visão estratégica;

b. existência e uso de planos estratégicos para atingir os objetivos da UC e enfrentar ameaças;

c. extensão de inovações iniciadas e apoiadas pela gestão da UC; e

d. demonstração de flexibilidade: capacidade de experimentar e adotar soluções novas.

Critério 2: valores

A UC deve dispor de valores construídos coletivamente que guiem suas atividades e seus processos.

Indicadores:

a. existência de valores que guiem a gestão da UC;

b. nível de entendimento e satisfação dos membros sobre os valores; e

c. consistência entre valores e prática: objetivos e planos são claros, viáveis e respeitam os valores construídos coletivamente sobre eles.

Avaliação dos critérios e indicadores

Sobre a forma de avaliação dos critérios e indicadores acima, cada indicador pode ser avaliado entre "muito bom", "bom", "ruim" e "muito ruim", atribuindo-se um valor numérico para cada avaliador da seguinte forma:

Muito bom = 4

Bom = 3

Ruim = 2

Muito ruim =1

A média aritmética dos indicadores estabelece o valor e o avaliador correspondente para cada critério. Da mesma forma, a média aritmética dos critérios estabelece o valor e o avaliador correspondente para cada princípio. No caso de arredondamento para a primeira casa após a vírgula, realiza-se da seguinte forma: para valores que apresentem a primeira casa depois da vírgula superior a cinco, o arredondamento se dá para o maior valor inteiro próximo ao resultado da média; para os valores com a primeira casa após a vírgula iguais ou inferiores a cinco, o arredondamento se dá para o menor valor inteiro próximo do resultado da média.

CONSIDERAÇÕES FINAIS

Por serem fenômenos recentes, existem poucos estudos sobre a natureza da realidade operacional dos conselhos gestores. No estágio atual, a tendência é tratá-los com argumentos voltados às suas qualidades, virtualidades e potencialidades, havendo a necessidade de se desenvolver uma visão mais crítica em relação aos seus problemas. Este capítulo teve o intuito de contribuir com o desenvolvimento de um método de avaliação de conselhos gestores de UCs. Por meio da análise deles, há como verificar se a participação da sociedade civil ocorre de maneira efetiva, além de identificar problemas e propor soluções para o aprimoramento do processo de gestão participativa.

Finalmente, espera-se que este capítulo, ao propiciar um método para avaliar o processo de gestão participativa em UCs, possa também contribuir com os resultados dessa gestão, ou seja, com ações que propiciem o manejo sustentável dos recursos naturais, o apoio e o engajamento da comunidade local nas ações do PEG, o desenvolvimento da consciência pública para a conservação dos recursos naturais e a melhor organização de práticas de lazer e turismo em unidades de conservação.

ATIVIDADES PROPOSTAS

1. O capítulo trata de um assunto inovador em relação à gestão de UCs: a instituição de conselhos gestores. Como discutido, os conselhos gestores possibilitam maior participação da sociedade civil nas políticas ambientais, permitindo que seus membros atuem como cogestores nas UCs. O contexto de descentralização da administração de áreas protegidas pertence a uma mudança de paradigma a respeito da relação do homem com a natureza. Para entender melhor sobre este assunto, os autores deste artigo recomendam a leitura do livro de Antônio Carlos Diegues, *O mito moderno da natureza intocada* (São Paulo: Hucitec, 1996). Os debates atuais sobre as formas mais adequadas de se proteger as áreas naturais são importantes para entender determinadas posturas ainda centralizadoras e desconexas do foco social; em detrimento da atuação de UCs que possuem conselhos gestores ativos e operantes, que cumprem com o seu papel de espaços criados para a conservação da natureza e, igualmente, para a promoção da sustentabilidade, cumprindo determinadas funções sociais.

2. Relacionado diretamente com a instituição dos diferentes tipos de conselhos gestores no Brasil e a reforma do Estado nos anos 90 está o aparecimento de novas figuras jurídicas: as Organizações Sociais (OSs) e as Organizações da Sociedade Civil de Interesse Público (OSCIPs). O SNUC, no capítulo VI de seu Decreto nº 4.340, de 22/08/2002, estabelece a gestão compartilhada de unidade de conservação por OSCIP. É relevante que o leitor compreenda a atuação dessas organizações na sociedade atual e a forma como se inserem no contexto das políticas ambientais. Além da leitura do capítulo da Lei do SNUC que trata especificamente sobre isso, o leitor poderá ler o artigo de Maria da Glória Gohn, intitulado "Conselhos gestores e participação popular" (*Serviço social e sociedade*. São Paulo, v. 9, nº 26, p. 25-47, 1990).

3. Uma das principais fontes bibliográficas para a elaboração deste artigo foi o *site* da União Internacional da Conservação da Natureza (International Union for Conservation of Nature – IUCN). A IUCN é a maior e mais antiga organização mundial ambiental. Fundada em 1948, possui mais de mil membros, entre organizações governamentais e não governamentais, e mais de 11 mil cientistas voluntários em mais de 160 países. A IUCN disponibiliza em seu *site* (http://iucn.org/) arquivos relacionados a estudos de planejamento, estabelecimento, monitoramento e avaliação da conservação de áreas naturais em diversos países, permitindo que o leitor fique atualizado sobre as pesquisas e os programas de conservação da natureza que estão sendo desenvolvidos mundialmente.

4. Para explorar e se aprofundar no estudo da temática abordada neste capítulo, sugere-se que cada grupo escolha um parque que atue com conselho gestor e acompanhe as reuniões por um determinado período. A fim de provocar discussões e consolidar o conhecimento, sugerimos que o grupo faça uma discussão em sala analisando a atuação do conselho gestor e o resultado das ações debatidas no conselho.

CAPÍTULO 7
Manejo de visitantes em áreas naturais

Fabricio Scarpeta Matheus

Reinaldo Miranda de Sá Teles

CONCEITOS APRESENTADOS NESTE CAPÍTULO

Este capítulo trata da relação da evolução da atividade turística em áreas protegidas e a busca por instrumentos que indiquem caminhos para a minimização dos impactos. O capítulo aborda diferentes métodos de capacidade de carga aplicáveis no turismo destacando as principais características e etapas de aplicação. Além disso, traça uma comparação entre os diferentes métodos apresentados.

TURISMO E DESENVOLVIMENTO SUSTENTÁVEL

Introdução

Discussões relacionadas ao meio ambiente têm evoluído a cada década. Em especial, a década de 1990 marcou um período de pesquisas importantes e de destaque em todo o mundo sobre o uso público em unidades de conservação (UCs). Frequentemente, essas pesquisas desencadeiam procedimentos técnicos e normas que servem de base para as políticas públicas de implementação de projetos em diferentes áreas protegidas do mundo. Resultado disso é a marcante evolução nas ações de uso público em unidades de conservação, nas quais, em alguns casos, verificam-se práticas responsáveis e que primam pela qualidade das questões relacionadas ao meio ambiente, no sentido mais amplo do termo.

A questão ambiental no campo do turismo promove discussões polêmicas quando a natureza é tratada apenas como recurso isolado. Embora essa questão não seja mais tão comum nos dias de hoje, nota-se, que em muitos destinos turísticos do mundo ainda há pouca ou nenhuma preocupação em investimentos relacionados à implantação de projetos e à gestão ambiental voltada à atividade turística. Por outro lado, alguns países, como Austrália, Canadá e Costa Rica já são referência nesse quesito.

O crescimento da atividade turística em ambientes naturais vivenciado nos últimos anos implica efeitos positivos e negativos; na maioria dos casos, os negativos podem gerar consequências irreversíveis. Ações voltadas ao planejamento turístico objetivam maximizar os efeitos positivos do turismo e minimizar, ou até mesmo eliminar, os efeitos negativos. Muitas dessas ações contam com aplicação de metodologias que foram desenvolvidas em diferentes países e adequadas à realidade de cada local.[1]

De acordo com estatísticas da Organização Mundial do Turismo (OMT), o ecoturismo é o segmento turístico que mais cresce no mundo. Devido a esse crescimento, surgiram diversas destinações ao redor do globo focadas neste segmento. O termo "ecoturismo" se tornou uma forma usual para promover os destinos, embora em muitos deles os princípios básicos das atividades não sejam aplicados. São eles: conservação do meio ambiente, educação ambiental e desenvolvimento das comunidades locais.

Conforme já foi mencionado, a década de 1990 foi um marco nas discussões relacionadas ao uso público em unidades de conservação. No Brasil, e em muitos outros países, embora pouco se tenham praticado ações voltadas ao planejamento em UCs, o período em questão proporcionou a evolução de discussões relacionadas às metodologias de manejo de visitantes. Essas discussões tiveram início com Cifuentes na década de 1980 e passaram por muitos desdobramentos no que se refere ao método, que começou focado apenas no controle do número de visitantes, isto é, a capacidade de carga do local, e evoluíram, incorporando variáveis relacionadas ao comportamento do visitante e as atividades desenvolvidas dentro da UC, em métodos como LAC e VIM. Tais estudos contribuíram sobremaneira para as ações de planejamento do ecoturismo, sobretudo quando se refere ao uso público em unidades de conservação e a necessária simbiose entre as unidades e a sociedade.

As atividades de uso público em unidades de conservação, quando bem planejadas, podem servir como importante estratégia de conservação do meio ambiente, funcionando como uma ferramenta de educação ambiental para os visitantes e como alternativa para o desenvolvimento das comunidades do entorno, frente a outras atividades potencialmente mais impactantes. Desta forma, elas contribuem para a diminuição das pressões da sociedade sobre os ambientes conservados e para o alcance da sustentabilidade nessas localidades.

---

1 Destaca-se que as metodologias aqui apresentadas foram investigadas em diferentes fontes, com tradução livre, para a realização do trabalho de pesquisa de graduação, no ano de 2002, na Escola de Comunicação e Artes da Universidade de São Paulo, sob responsabilidade dos autores do artigo.

Desenvolvimento Sustentável

A Comissão Mundial sobre Meio Ambiente e Desenvolvimento (CMMAD) definiu, no relatório *Nosso Futuro Comum*, o desenvolvimento sustentável como:

> (...) um processo de transformação, no qual a exploração dos recursos, a direção dos investimentos, a orientação da evolução tecnológica e a mudança institucional se harmonizam e reforçam o potencial presente e futuro, a fim de atender às necessidades e aspirações humanas.

Para facilitar o entendimento deste conceito e torná-lo operacional, Molina (2001) traçou "nove princípios diretivos vinculados entre si, que são, em ordem hierárquica":

1. "respeitar e cuidar da comunidade dos seres vivos";
2. "melhorar a qualidade da vida humana";
3. "conservar a vitalidade e a diversidade da Terra";
4. "reduzir ao mínimo o esgotamento dos recursos não renováveis";
5. "manter-se dentro da capacidade de sustentação da Terra";
6. "modificar as atitudes e as práticas pessoais";
7. "facultar às comunidades o cuidado do seu próprio meio ambiente";
8. "proporcionar um quadro nacional para a integração do desenvolvimento e da conservação";
9. "forjar uma aliança mundial".

A CMMAD também definiu desenvolvimento sustentável do Turismo como "aquele que atende às necessidades dos turistas atuais, sem comprometer a possibilidade do usufruto dos recursos pelas gerações futuras". Swarbrooke (2000) vai além, incluindo o *trade* turístico e a comunidade local em sua definição quando cita que se trata de "formas de turismo que satisfaçam hoje às necessidades dos turistas, da indústria do turismo e das comunidades locais, sem comprometer a capacidade das futuras gerações de satisfazerem suas próprias necessidades".

O autor destaca ainda que turismo sustentável "significa turismo que é economicamente viável, mas não destrói os recursos dos quais o turismo no futuro dependerá, principalmente o meio ambiente físico, e o tecido social da comunidade local".

Um dos problemas que ameaçam a sustentabilidade do ambiente natural e consequentemente da atividade turística, como aponta Beni (2001) é "a manutenção de certos interesses econômicos em detrimento dos ecológicos, esquecendo-se que ambos trazem o prefixo *eco*, e que cuidar do econômico não implica necessariamente em proteger o ecológico; no entanto, cuidar deste significa beneficiar aquele a médio e longo prazo".

Planejamento Turístico

Para que se possa alcançar o desenvolvimento sustentável do turismo, para que os impactos negativos sejam minimizados e para maximizar os impactos positivos, como se comentou anteriormente, é necessário que se faça um planejamento da atividade turística.

A Embratur define planejamento turístico como:

> o processo pelo qual se analisa a atividade turística de um país ou região, diagnosticando seu desenvolvimento e fixando um modelo de atuação, mediante estabelecimento de objetivos, metas e instrumentos, com os quais se pretende impulsioná-la, coordená-la e integrá-la ao conjunto macroeconômico em que se encontra inserida.

Vários exemplos no mundo mostram que a falta de planejamento pode causar danos irreversíveis nos ambientes econômico, ecológico, cultural e social. Revertê-los demanda um alto custo em investimentos, consequência, em grande parte, de uma ação predatória de exploração do turismo a curto prazo, sem uma preocupação com a manutenção e o desenvolvimento do destino. Por outro lado, quando bem planejada, a atividade turística pode trazer frutos para a localidade e contribuir para a sua sustentabilidade. Eagles et al. (2002) apontam o turismo como um elemento chave na conservação do patrimônio natural e cultural, gerando renda e incentivando o governo a criar políticas de conservação. Portanto, a relação entre turismo e ambiente é mediada pelo planejamento e pelo gerenciamento (Archer e Cooper, 2002).

Existem diversas metodologias de planejamento turístico que utilizam diferentes ferramentas durante o processo, por exemplo, o zoneamento, a segmentação, a avaliação da atratividade etc. Entre as ferramentas de maior importância para o planejamento e para o alcance da sustentabilidade, principalmente em ambientes naturais, citada por muitos autores, como Beni (2001), Ruschmann (1997), Boullón (2002), está o manejo de visitantes, que será detalhado a seguir.

CAPACIDADE DE CARGA E MANEJO DOS VISITANTES

Cooper et al. (2001) definem capacidade de carga como "a capacidade de um local, *resort* ou mesmo uma região, de absorver o uso pelo turismo sem deteriorar-se".

Já Milano (*apud* Kinker 2002) destaca a satisfação dos visitantes e a infraestrutura local, além do reflexo dessas na experiência de visitação. Assim, o autor define capacidade de carga como "o nível ótimo (máximo aceitável) de uso pelo visitante, bem como pelas infraestruturas relacionadas que uma área pode receber, com alto nível de satisfação para os usuários e mínimos efeitos negativos nos recursos".

A capacidade de carga turística, de acordo com Cooper et al. (2001), pode ser dividida em quatro componentes básicos:

- Física: relaciona-se com a quantidade de terrenos sustentáveis que estão disponíveis para as instalações, e também inclui a capacidade finita destas instalações (tais como vagas para estacionamento, lugares em restaurantes ou leitos em hospedagens). É a mais direta de todas as medidas de capacidade de carga, e pode ser utilizada para planejamento e controle de gerenciamento (por exemplo, limitando vagas para estacionamento em locais sensíveis);

- Psicológica: a capacidade de carga psicológica (ou perceptiva) de um local é ultrapassada quando a experiência de um visitante é significativamente prejudicada. É claro que algumas pessoas toleram as multidões e gostam de lugares cheios, enquanto outras os rejeitam. A capacidade de carga psicológica é, portanto, um conceito muito individual e difícil de influenciar através do planejamento e gerenciamento, ainda que paisagismo possa ser usado para diminuir a impressão de superlotação;

- Biológica: a capacidade biológica de um local é excedida quando um dano ou a perturbação ambiental é inaceitável. Isto pode estar relacionado com a fauna e a flora, por exemplo, em locais de piqueniques, em trilhas, ou em ecossistemas de dunas. Existe mais pesquisa examinando os limites de capacidade da vegetação do que a tolerância de animais ou pássaros ao turismo (por exemplo, em locais de observação de baleias). Também é importante levar em consideração o ecossistema total, ao invés de elementos individuais.

- Social: o conceito de capacidade de carga social é derivado das ideias de planejamento e sustentabilidade de turismo com base em comunidades. Tentam-se definir os níveis de desenvolvimento que seriam aceitáveis para os residentes e as empresas da comunidade anfitriã e podem-se utilizar técnicas que tentam medir os limites máximos dos residentes para aceitar mudanças.

Estes primeiros conceitos de capacidade de carga, que pretendem limitar o número de visitantes em determinado ambiente, minimizando os impactos negativos causados pela atividade turística, derivam de metodologias de capacidade de suporte de pastagens, utilizados nos EUA na década de 1950. O objetivo destas metodologias era verificar o número máximo de animais que podiam pastar em determinado local, levando em consideração a quantidade de alimento necessário por indivíduo e a área total de pasto.

Ao adaptar esta metodologia para o planejamento turístico, verificou-se a necessidade de incluir novas variáveis à fórmula. Conforme aponta Seabra (2000), "o fato de determinar o número de visitantes não era suficiente para garantir uma visita responsável e impedir impactos indesejáveis ao meio visitado. Variáveis relativas ao comportamento do turista deveriam ser incorporadas aos estudos de capacidade de suporte". Kinker (2002) também destaca que uma solução numérica é insuficiente para atender às necessidades de manejo das áreas naturais. Os problemas muitas vezes não são causados pelo grande número de visitantes, mas pelas atividades realizadas por eles.

Assim, os estudos mais recentes não se referem apenas a um número específico de capacidade de carga, mas principalmente ao manejo dos visitantes. São considerados, então, aspectos como o comportamento do visitante, as suas expectativas quanto à área visitada, o tipo de infraestrutura construída, o tipo de ambiente visitado e as comunidades residentes.

As metodologias de gestão da visitação apontam a limitação do número de visitantes, baseada num estudo de capacidade de carga, como apenas uma das soluções de manejo para o controle dos impactos negativos da visitação. Na maior parte das vezes, simples ações de conscientização dos visitantes ou implantação de infraestrutura podem ser mais eficientes e menos autoritárias do que a restrição do uso.

Independentemente do conceito discutido por cada autor, é ponto comum, na literatura, a importância desta ferramenta para diminuir os impactos negativos, citados nos itens anteriores, causados pelo grande número de visitantes em ambientes naturais. Esse número vem crescendo nas últimas décadas e crescerá ainda mais, pois, como já mencionamos, de acordo com a OMT, o ecoturismo é o segmento turístico que mais cresce no mundo.

Muitas metodologias foram criadas para o controle da capacidade de carga turística e o manejo de visitantes, e foram aplicadas em unidade de conservação por todo o mundo, principalmente nos Estados Unidos, Canadá, Austrália e Costa Rica. Os principais métodos como o estudo de Capacidade de Carga, de Miguel Cifuentes, Visitor Impact Management (VIM), Limits of Acceptable Change (LAC), Visitor Experience and Resources Protection (VERP), Visitor Activity Management Process (VAMP), Tourism Optimization Model (TOMM) e Recreation Opportunity Spectrum (ROS) serão detalhados a seguir.

Capacidade de Carga

A primeira metodologia a ser apresentada é a desenvolvida por Miguel Cifuentes, cujo método de simples aplicação atenua os complexos cálculos matemáticos e estatísticos existentes em outras metodologias (Seabra, 2000).

Cifuentes (1996) aponta que a determinação da capacidade de carga não deve ser tomada como um fim para a solução dos problemas de visitação de uma área, mas sim como uma ferramenta de planejamento que sustenta e requer decisões de manejo.

Para o autor, a capacidade de carga é relativa e dinâmica, pois depende de variáveis que podem mudar de acordo com as circunstâncias. Isso faz com que sejam necessárias revisões periódicas.

Ele ainda diz que, como a capacidade de carga de uma área depende de suas características particulares, ela deve ser calculada para cada uma separadamente e que a simples somatória das capacidades de todas as áreas de uso público não pode ser considerada a capacidade de carga da área protegida. Em certas ocasiões, a existência de uma "limitação crítica" será determinante na capacidade de carga de uma área protegida. Por exemplo, se várias áreas de uso público têm apenas um acesso, é provável que a capacidade de carga do complexo seja determinada pelo local de menor capacidade.

Metodologia

O objetivo desta metodologia é estabelecer um número máximo de visitas que uma área pode receber com base em suas condições físicas, biológicas e de manejo.

O processo conta com seis passos básicos:

1. análise das políticas sobre turismo e manejo de áreas protegidas;

2. análise dos objetivos da área protegida;
3. análise da situação das áreas de uso público;
4. identificação e medição de fatores/características que influem em cada área de uso público;
5. determinação da capacidade de carga;
6. definição de indicadores de impacto para cada área.

Os três primeiros passos podem ser realizados por meio da revisão do plano de manejo da área protegida. O estudo da capacidade de carga inclui os passos de quatro a seis.

A capacidade de carga engloba três níveis:

1. capacidade de Carga Física (CCF);
2. capacidade de Carga Real (CCR);
3. capacidade de Carga Efetiva (CCE).

A relação entre os três níveis pode ser representada como:

$$CCF > CCR \geq CCE$$

Capacidade de Carga Física (CCF)

É o limite máximo de visitas que podem acontecer em uma área por dia. Leva em consideração fatores como horário de funcionamento, tempo de duração da visita, espaço disponível e necessidade de espaço do visitante. Pode ser calculado a partir da seguinte fórmula:

$$CCF = S/sp.NV$$

Onde:

S = superfície disponível, em distância da trilha (m), ou em espaços abertos, a área (m^2);

sp: superfície ocupada por pessoa; para trilhas, é igual a 1m por pessoa e para espaços abertos, $4m^2$;

NV: número de vezes que uma área pode ser visitada por uma mesma pessoa em um dia. Pode ser calculado dividindo o horário de funcionamento pelo tempo necessário para se visitar o atrativo.

Capacidade de Carga Real (CCR)

É o limite máximo de visitas. Determinado a partir da CCF, após a aplicação de alguns fatores de correção, definidos em função das características particulares de cada área. Estes fatores são obtidos considerando as variáveis físicas, ambientais, ecológicas e de manejo.

Os fatores de correção podem ser calculados a partir de uma fórmula geral:

$$FC = Ml/Mt$$

Onde:

FC = fator de correção;

Ml = magnitude limitante da variável;

Mt = magnitude total da variável.

Como exemplos de fatores de correção, podem-se citar:

- fator social: referente à qualidade da visita, visa manter os grupos distantes uns dos outros, para evitar interferência entre eles;
- fator de erodibilidade: visa evitar o processo de erosão em trilhas;
- fator de calor solar: em alguns locais, o calor do sol atrapalha as visitas, principalmente por volta do meio-dia.

Como exemplo de cálculo de um fator de correção, pode-se citar o fator de erodibilidade da trilha Natural no Monumento Nacional Guayabo, na Costa Rica, onde:

FC = 1 − mpe/mt;

mpe = metros da trilha com problemas de erodibilidade = 66,9m;

mt = comprimento total da trilha = 1.470m.

Então:

FC = 1 − 66,9/1.470;

FC = 0,954.

Depois de calcular todos os fatores de correção, pode-se chegar à CCR por meio da seguinte fórmula geral:

$$CCR = CCF.(FC1.FC2.FC3...FCn)$$

Capacidade de Carga Efetiva (CCE)

É o limite máximo de visitas que se pode permitir, dada a capacidade de manejo da área protegida. Pode ser calculada a partir da seguinte fórmula:

$$CCE = CCR.CM$$

Onde:

CM = capacidade de manejo.

A capacidade de manejo leva em consideração as condições de que a administração de uma área protegida necessita para cumprir as suas funções e objetivos. Por exemplo, suas políticas, equipamentos, recursos humanos, recursos financeiros, respaldo jurídico, infraestrutura e facilidades disponíveis.

A CM é uma porcentagem, calculada pela comparação da capacidade existente com a capacidade de manejo ótima, ou seja, as melhores condições de administração de uma área protegida. A capacidade de manejo ótima pode estar definida no plano de manejo da área protegida, caso contrário, será necessário estimá-la.

Conforme ocorra um aumento da CM, a CCE também aumenta, sendo flexíveis e ajustáveis as circunstâncias de manejo da área protegida. Calculada a CM, ela pode indicar as mudanças necessárias à administração, aumentando a CCE. Caso a CM atinja 100%, a CCE será igual à CCR.

Depois de determinada a CCE, é necessário que se liste os indicadores de impacto que devem ser considerados na elaboração de um programa de monitoramento. Vários fatores de correção podem ser tomados como indicadores (**Tabela 7.1**), que são imprescindíveis, principalmente em áreas onde o controle dos visitantes é difícil.

Tabela 7.1 — Capacidade de carga e variáveis

Níveis de capacidade de carga	Variáveis
Física – CCF	• Horário de funcionamento; • Duração da visita; • Espaço disponível; • Necessidade de espaço do visitante; • Tamanho do grupo.
Real – CCR	Variáveis ambientais: • precipitação; • inundação; • brilho solar; • influência das marés. Variáveis físicas: • erodibilidade dos solos; • acessibilidade. Variáveis ecológicas: • perturbação da fauna; • perturbação da flora Variáveis de manejo: • fechamento da área por tempo determinado para manutenção.
Efetiva – CCE	Capacidade de manejo: • políticas; • equipamento; • recursos humanos; • recursos financeiros; • respaldo jurídico; • infraestrutura; • facilidades disponíveis.

Fonte: Seabra (2000) com adaptações.

Visitor Impact Management (VIM)

Este método foi desenvolvido por pesquisadores para o *United States National Park Service* (USNPS), e foca principalmente a capacidade de carga e o impacto da visitação (Magro., 2000).

A metodologia VIM é dividida em três questões básicas relacionadas ao impacto (Eagles et al., 2002):

- identificação dos problemas e seu estado de condição;
- determinação das causas potenciais;
- seleção das estratégias de manejo potenciais.

Graefe (*apud* Freixêdas-Vieira, 2000) defende que a identificação dos problemas e o seu estado de conservação é considerada a fase mais importante do método, abrangendo cinco de suas oito etapas.

Os autores partem do princípio de que todo e qualquer tipo de visitação causa impacto. Assim, a metodologia busca manter os impactos em níveis aceitáveis, a partir da determinação de critérios que vão de encontro com os objetivos da área protegida. Para tanto, são estabelecidos indicadores para o monitoramento dos impactos (Seabra, 2000).

Outro princípio da metodologia postula que as decisões de manejo para reduzir os impactos requerem o conhecimento das prováveis fontes e de sua relação com os impactos, devendo levar em conta que as mudanças observadas podem resultar de inúmeras características de uso, ou podem estar desvinculadas de qualquer padrão de visitação. Desta forma, o principal papel da pesquisa no VIM é identificar claramente as relações entre os impactos e os padrões de visitação. Assim, capacidade de carga e limite de uso representam uma estratégia potencial de manejo, mas não necessariamente a mais efetiva. Deve-se basear a escolha por uma estratégia que pondere diversos critérios como, dificuldades e custo de implementação, efeitos na liberdade do visitante entre outros (Magro, 2000).

Metodologia

O VIM tem como objetivo fornecer um veículo de identificação sistemática de problemas, suas causas e soluções potenciais (Freixêdas-Vieira, 2000)

Como dito anteriormente, o método é dividido em oito etapas, conforme demonstrado a seguir:

1. pré-avaliação e revisão de informações;
2. revisão dos objetivos de manejo;
3. seleção dos indicadores de impacto;
4. seleção dos padrões para os indicadores de impacto;
5. comparação de padrões e condições existentes;
6. identificação das causas prováveis dos impactos;

7. identificação das estratégias de manejo;
8. implementação.

Etapa 1: pré-avaliação e revisão de informações

A primeira parte da metodologia é a compilação e a revisão de todas as informações disponíveis sobre a área. Inclui documentos como: planos de manejo, planos emergenciais, planos de uso público, registros de acidentes e extração de recursos, dados sobre a demanda etc.

O objetivo desta etapa é identificar e resumir o que já é conhecido sobre a situação (Magro, 2000).

Etapa 2: revisão dos objetivos de manejo

Nesta fase os objetivos gerais e específicos de manejo, levantados na primeira etapa, são revisados e posteriormente utilizados para definir as condições desejáveis dos indicadores de impacto selecionados para o monitoramento.

Etapa 3: seleção dos indicadores de impacto

A terceira etapa envolve a identificação de indicadores sociais e ecológicos mensuráveis, pertinentes aos objetivos de manejo da área. Indicadores são variáveis que podem representar o que se deseja avaliar ou medir. No caso, condições ambientais e a experiência de visitação.

Os indicadores mais úteis são aqueles que podem ser observados diretamente, sejam fáceis de medir, estejam relacionados aos objetivos da área, sejam sensíveis à visitação e passíveis de manejo. Como exemplo de indicadores, podemos citar:

- número de raízes expostas nas trilhas;
- número de árvores com bromélias;
- área de solo nu;
- número de trilhas não oficiais;
- problema de drenagem em trilhas;
- vandalismo em estruturas;
- inscrições em rochas e árvores;
- lixo;
- número de encontros entre grupos por dia.

Depois de definir os indicadores, deve-se realizar uma pesquisa de campo para fazer o levantamento da situação atual da área.

Etapa 4: seleção dos padrões para os indicadores de impacto

Uma vez selecionados os indicadores, o próximo passo é a definição de padrões para eles. Devem estar de acordo com os objetivos de manejo da área, e vão especificar os limites aceitáveis de mudança para os indicadores escolhidos.

A função desta etapa é estabelecer as condições ecológicas e sociais, de acordo com os objetivos de manejo e compatíveis com a situação atual da área.

Etapa 5: comparação de padrões e condições existentes

Nesta etapa, os padrões para os indicadores definidos na fase anterior são comparados com a situação atual da área. Caso não haja diferença entre eles, parte-se apenas para o monitoramento da área, pois as condições ambientais e a experiência de visitação estão de acordo com os objetivos propostos. Se os dados levantados em campo excederem os padrões estabelecidos, terá se configurado um impacto. Parte-se, então, para a etapa seis.

Etapa 6: identificação das causas prováveis dos impactos

Depois de localizado o impacto, é preciso diagnosticar as possíveis causas. Para tanto, é necessário que se examine a relação entre os padrões de visitação e os indicadores de impacto que excederam os padrões, ou seja, como a quantidade de visitantes, o seu comportamento, o tipo de atividade realizada, e a sua distribuição pela área afetam tais indicadores.

Etapa 7: identificação das estratégias de manejo

Com os resultados da etapa anterior, é possível estabelecer estratégias de manejo para as situações encontradas. Podem ser estratégias diretas, que regulam e restringem o uso, ou indiretas, que buscam alcançar o resultado esperado influenciando o comportamento do visitante.

A **Tabela 7.2** a seguir dá exemplos de indicadores fora do padrão, causas e estratégias de manejo:

Tabela 7.2 — VIM – Estratégias de manejo

Indicador	Causa provável	Estratégia de manejo potencial
Alto número de raízes expostas	Falta de manutenção	Manutenção após chuvas fortes
Baixo número de árvores com bromélias	Histórico de intervenção	Indução da regeneração natural
Grande área com solo nu	Falta de conservação, pisoteio	Orientação aos visitantes
Problemas de drenagem	Traçado das trilhas, falta de planejamento	Melhorar traçado, seguindo curva de nível
Vandalismo em estruturas	Tamanho dos grupos, falta de monitores	Diminuir tamanho do grupo por monitor
Grande quantidade de lixo	Visitantes	Orientação sobre coleta de lixo

Fonte: Freixêdas-Vieira (2000) com adaptações.

Etapa 8: implementação

A última etapa diz respeito à implementação das estratégias identificadas na etapa sete. Depois da implementação, deve-se proceder ao monitoramento periódico dos indicadores, para determinar se as ações de manejo estão produzindo os resultados esperados, e identificar outros indicadores que possam vir a exceder os padrões.

A **Figura 7.1**, a seguir, resume as oito etapas que compõem o método VIM.

Figura 7.1 — Gerenciamento do Impacto do Visitante – Visitor Impact Management (VIM)

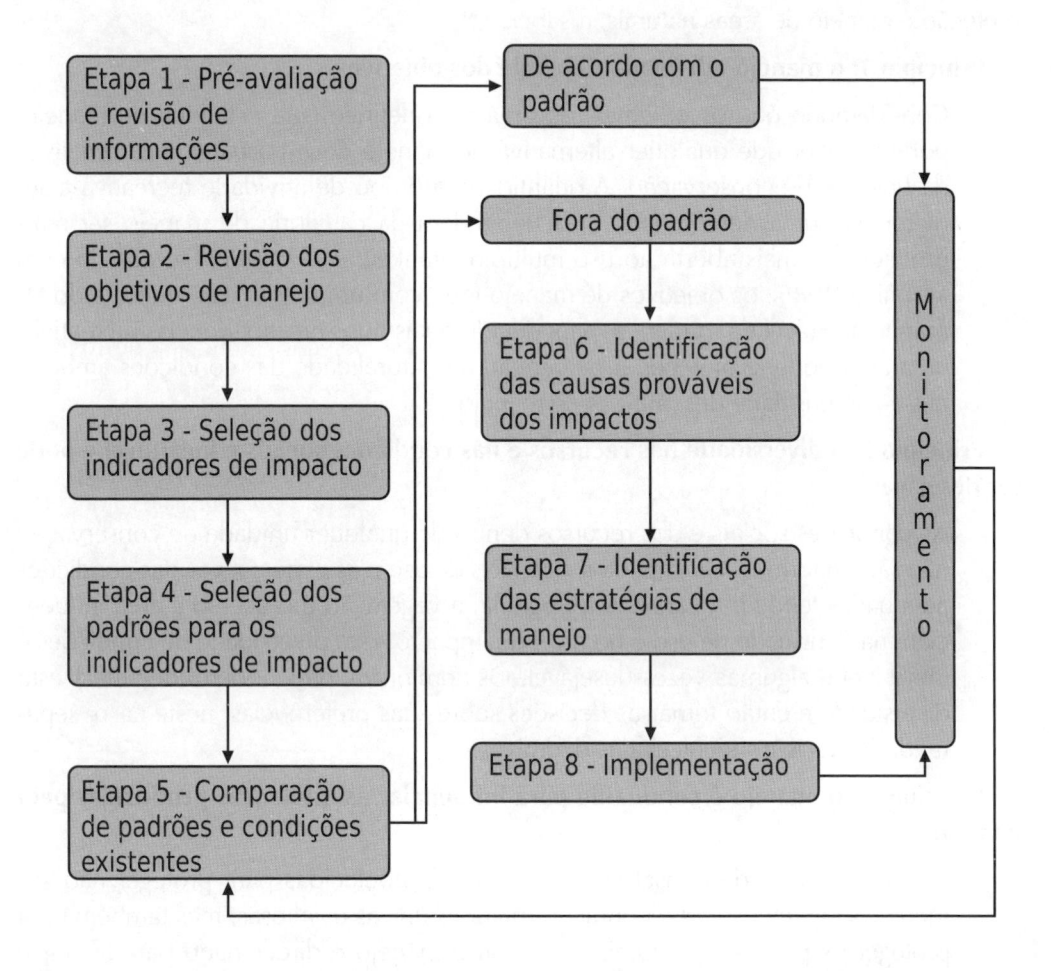

```
Etapa 1 - Pré-avaliação e revisão de informações
   ↓                              → De acordo com o padrão ──────────┐
Etapa 2 - Revisão dos                                                 │
objetivos de manejo              → Fora do padrão                     M
   ↓                                  ↓                               o
Etapa 3 - Seleção dos             Etapa 6 - Identificação             n
indicadores de impacto            das causas prováveis                i
   ↓                              dos impactos                        t
Etapa 4 - Seleção dos                 ↓                               o
padrões para os                   Etapa 7 - Identificação             r
indicadores de impacto            das estratégias de manejo           a
   ↓                                  ↓                               m
Etapa 5 - Comparação              Etapa 8 - Implementação ────────────e
de padrões e condições                                                n
existentes                                                            t
                                                                      o
```

Fonte: Magro (2000) com adaptações.

Limits of Acceptable Change (LAC)

Criado por um grupo de pesquisadores do Serviço Florestal Americano, o LAC é uma reformulação do conceito de capacidade de carga (McCool *apud* Takahashi, 1997). Enquanto este último busca determinar quantas pessoas poderiam usar uma área sem causar danos, o LAC se preocupa com as condições desejadas e o quanto a mudança pode ser tolerada em diferentes partes (Takahashi, 1997). Como o próprio nome da metodologia diz, o enfoque está nos limites aceitáveis de mudança, pois, como discutido anteriormente, o comportamento dos visitantes e as atividades que realizam estão muito mais ligados aos impactos do que simplesmente ao número de pessoas.

Segundo McCool (1996), em vez de pesquisar qual o número de visitantes que não vão causar impacto no ambiente, a pergunta que o LAC coloca para os administradores é: "Que condições sociais e ambientais são apropriadas (ou aceitáveis), e como alcançá-las?"

De acordo com o mesmo autor, o LAC foi construído a partir de 11 princípios, reconhecidos como componentes fundamentais de qualquer sistema de planejamento para proteção e manejo de áreas naturais, a saber:

Princípio 1: o manejo adequado depende dos objetivos

Considerando que os objetivos de uma área definem sua categoria de manejo, pode-se dizer que qualquer alternativa de manejo deve basear-se nos objetivos da unidade de conservação. A quantidade e o tipo de atividade recreativa a ser oferecida numa determinada área dependem da categoria de manejo ser mais protetora ou mais aberta ao uso múltiplo (Stankey et al., 1985). De acordo com Manning (1986), os objetivos de manejo fornecem uma resposta à questão do tamanho aceitável da mudança, para decidir quais tipos de experiências recreativas uma área poderia oferecer, a percepção de naturalidade das condições ambientais e a intensidade das práticas de manejo.

Princípio 2: a diversidade nos recursos e nas condições sociais é inevitável e pode ser desejável

As condições sociais e dos recursos dentro de qualquer unidade de conservação não são uniformes. Os impactos, os níveis de uso e as expectativas das condições adequadas tendem a variar. A topografia, a vegetação e o acesso à área influenciam na densidade de uso e no nível de impacto. Esta diversidade de condições é inevitável e algumas vezes desejável. Os administradores podem identificar esta diversidade e então tomar as decisões sobre suas preferências, neste caso, separando as decisões técnicas das dedutivas.

Princípio 3: o manejo é conduzido para influenciar as mudanças produzidas pelo homem

Muitas unidades de conservação têm sido estabelecidas para proteger não somente as características e condições naturais únicas e valiosas, mas também para proteger os processos naturais. Em geral o manejo é direcionado para limitar e administrar as mudanças produzidas pelo homem nessas áreas, pois elas podem levar a condições que os visitantes ou diretores achem inaceitáveis ou inadequadas. Desta forma, o manejo se preocupa em determinar quais ações serão efetivas para influenciar a quantidade, o tipo e a localização destas mudanças, além de determinar o quanto elas são aceitáveis.

Princípio 4: os impactos sobre os recursos e as condições sociais são consequências inevitáveis da utilização humana

Muitas pesquisas mostram que não existe uma simples proporção entre a quantidade de uso recreativo e a quantidade de impactos, portanto, permitir qualquer nível de uso em uma área implica a ocorrência de algum nível de impacto. Os impactos sociais ocorrem, muitas vezes, com pequena quantidade de uso. Por exemplo, poucas pessoas se comportando de maneira desordeira podem impactar muito mais a experiência de outros visitantes do que se permanecessem quietas. A principal questão é "Qual é o tamanho do impacto aceitável nessa área?". Uma vez resolvida esta questão, os diretores devem tratar da adequabilidade de várias técnicas ou ações para manejar este tipo de impacto.

Princípio 5: os impactos podem ser descontínuos temporariamente ou em relação ao espaço

Os impactos dos visitantes ou de atividades de manejo podem ocorrer fora da área e ser visíveis somente mais tarde. Por exemplo, uma estratégia de manejo que elimine as áreas de acampamento ao redor de um lago pode simplesmente transferir os impactos para outras áreas potencialmente mais sensíveis. A morte da vegetação pode ser um impacto visível somente um longo tempo após a saída dos recreacionistas da área. Esta tendência dificulta muito a compreensão e o manejo dos impactos, demanda grande conhecimento sobre a relação uso/impacto em diferentes escalas e requer estratégias adequadas de monitoramento, cuidadosamente planejadas.

Princípio 6: muitas variáveis influenciam a relação uso/impacto

Embora o nível de uso recreativo seja uma importante consideração no manejo de unidades de conservação, inúmeras outras variáveis afetam a relação uso/impacto. Sabe-se, por exemplo, que o comportamento do recreacionista influencia a quantidade de impacto que ele causa. Este princípio destaca que o erro padrão em torno de limites descreve que as relações uso/impacto serão extremamente grandes por causa de outros fatores, e não é suficiente tentar controlar os impactos produzidos pelo homem somente por meio da limitação do uso. Os problemas e regulamentos de educação e informação que visam mudar o comportamento dos visitantes podem ser muito mais efetivos.

Princípio 7: muitos problemas de manejo não dependem da densidade de uso

A falta de uma relação linear precisa entre o impacto biofísico e o uso faz com que os problemas de manejo não dependam da densidade. Em geral, os problemas de manejo relacionados ao número de pessoas usando uma área tendem a ser aqueles de solução tecnológicas simples, tais como esgoto, abastecimento de água e estacionamento. Stankey & McCool (1984) afirmam que para muitos visitantes de unidades de conservação a solidão não é uma motivação significativa ou evidente, consequentemente, o controle dos níveis de uso para otimizar oportunidades para solidão seria inadequado.

Princípio 8: limitar o uso é apenas uma das várias opções de manejo

Conforme Stankey & McCool (1991), um dos problemas com a introdução da capacidade de carga é a sua ênfase em controlar ou limitar o número de visitantes como uma chave para limitar os impactos. A política de limitar o uso é apenas uma das ações potenciais de manejo para tratar o impacto dos visitantes e é, até o momento, uma das maiores interferências que os diretores poderiam adotar.

Princípio 9: o monitoramento é fundamental para o manejo profissional

Embora o monitoramento venha sendo conduzido informalmente, com pouco planejamento e implementação sistemática, ele representa as duas principais funções do processo LAC. Primeiro, ele permite aos diretores manter um cadastro formal dos recursos e condições sociais por mais tempo. Segundo, ele ajuda a avaliar a eficiência das ações de manejo. Assim sendo, o monitoramento ajuda os diretores a compreender, de modo relativamente objetivo, se a ação solucionou o problema.

Princípio 10: o processo de tomada de decisão deve separar decisões técnicas de julgamento de valores

Muitas das decisões que os administradores das unidades de conservação enfrentam são simplesmente técnicas. Entretanto, muitas outras, incluindo decisões para limitar o uso, refletem julgamentos sobre valores (como o espaço entre as áreas de *camping*, os tipos de facilidades ou tipos de oportunidades recreativas a serem oferecidas). Quando se decide, é importante não confundir as decisões técnicas daquelas de julgamento de valores. Os processos de decisão devem separar os questionamentos sobre 'o que é' e 'o que deve ser'. Por exemplo, identificar a extensão da diversidade nos recursos ou condições sociais que existe dentro de uma unidade é diferente de determinar a extensão de diversidade preferida. As condições existentes podem influenciar as condições preferidas, mas deve se pensar em cada uma delas separadamente.

Princípio 11: o consenso das ações propostas entre os grupos afetados é necessário para o sucesso das estratégias de manejo

O manejo do impacto de visitantes em unidades de conservação dentro do Estados Unidos ocorre em um contexto de elevado interesse sobre a qualidade ambiental e a participação pública na tomada de decisões do governo. Embora o sistema LAC não necessite especificamente da participação pública, em sua primeira aplicação numa unidade de conservação do Estado de Montana, ela foi usada como um componente fundamental do esforço de planejamento. As lições dessa experiência sugerem que o poder legal para planejar e implementar é diferente do poder para implementar.

Metodologia

O LAC contém quatro componentes principais, listados a seguir:

1. especificação das condições aceitáveis e realizáveis para os recursos e aspectos sociais;
2. análise das relações entre as condições existentes e as julgadas aceitáveis;
3. identificação das ações de manejo necessárias para alcançar tais condições;
4. estabelecimento de um programa de monitoramento e avaliação da efetividade de manejo.

Estes quatro componentes foram expandidos em nove etapas, com a finalidade de melhorar a eficiência de sua implementação (**Figura 7.2**).

Figura 7.2 — Limites Aceitáveis de Mudança – Limits of Acceptable Change (LAC)

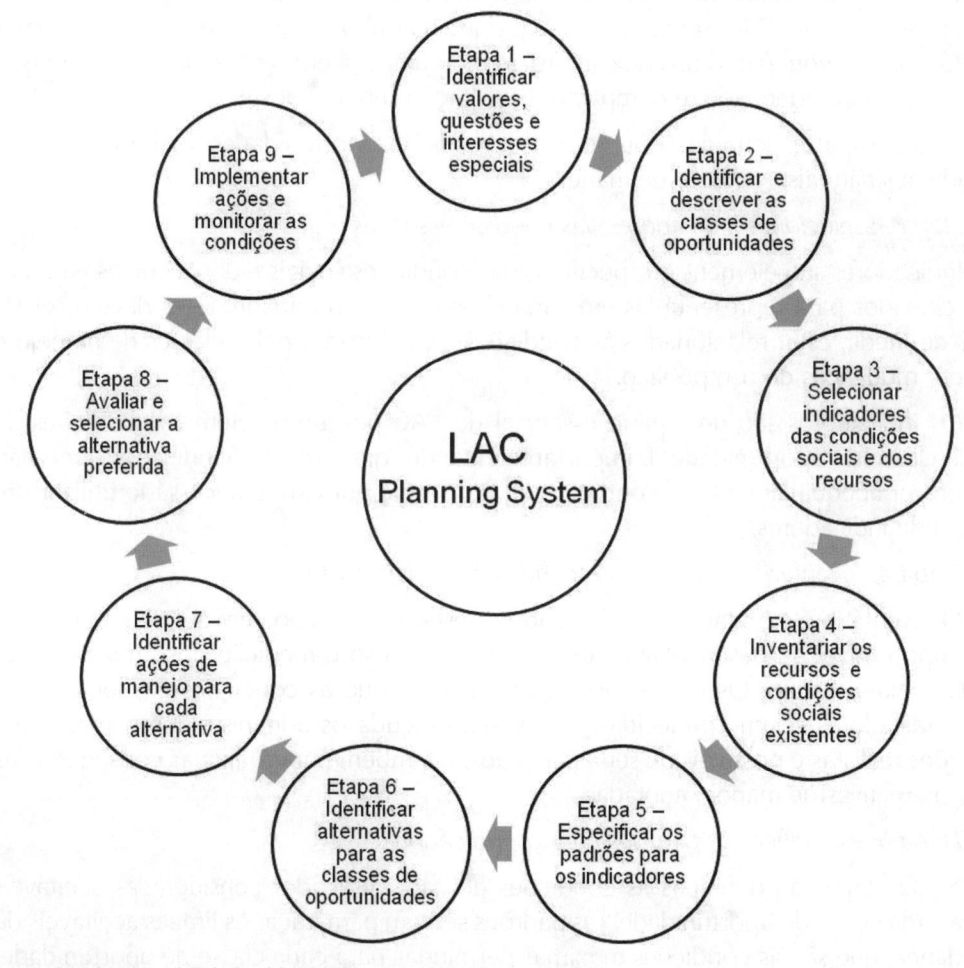

- Etapa 1 – Identificar valores, questões e interesses especiais
- Etapa 2 – Identificar e descrever as classes de oportunidades
- Etapa 3 – Selecionar indicadores das condições sociais e dos recursos
- Etapa 4 – Inventariar os recursos e condições sociais existentes
- Etapa 5 – Especificar os padrões para os indicadores
- Etapa 6 – Identificar alternativas para as classes de oportunidades
- Etapa 7 – Identificar ações de manejo para cada alternativa
- Etapa 8 – Avaliar e selecionar a alternativa preferida
- Etapa 9 – Implementar ações e monitorar as condições

LAC Planning System

Fonte: Stankey *apud* Takahashi (1997) com adaptações.

Etapa 1: identificar valores, questões e interesses especiais

A primeira fase trata de identificar quais características e qualidades da área necessitam de mais atenção, quais problemas de manejo devem ser revistos, quais questões o público considera importante e qual o papel da área no contexto regional e nacional. Os pesquisadores também devem estar envolvidos, uma vez que detêm informações que não estão disponíveis para a população em geral. O diálogo entre pesquisadores, administradores e o público ajuda a chegar a um acordo sobre quais questões são importantes.

Esta etapa possibilita um melhor conhecimento dos recursos naturais, dando um conceito geral de como devem ser geridos e focando quais são as principais questões de manejo.

Etapa 2: identificar e descrever classes de oportunidades

Unidades de Conservação possuem uma diversidade de recursos naturais e de como diferentes condições sociais, como tipo e nível de uso. As classes de oportunidades descrevem subdivisões ou zonas da área com diferentes recursos naturais, condições sociais e de gestão. Por exemplo, em um parque marinho, as áreas de corais com maior profundidade requerem o uso de cilindro ao mergulhar, já em áreas mais rasas o mergulho livre é mais adequado, e o impacto de visitação será maior.

Nesta etapa, é definido o número de classes de oportunidades, assim como suas condições naturais, sociais e de manejo.

Etapa 3: selecionar indicadores das condições sociais e de recursos

Indicadores são elementos específicos das condições sociais e dos recursos naturais, selecionados para representá-las em cada classe de oportunidade. Estes devem ser fáceis de medir, estar relacionados às condições especificadas pelas classes de manejo e refletir mudanças do uso público.

Os indicadores são uma parte essencial do LAC porque refletem as condições de cada classe de oportunidade. É importante entender que um único indicador pode não descrever adequadamente as condições de uma área, por isso, é necessário utilizar um grupo de indicadores.

Etapa 4: inventariar os recursos e condições sociais existentes

O inventário é orientado pelos indicadores estabelecidos no item anterior. Por exemplo, tipo e nível de desenvolvimento, densidade de uso e medição dos impactos causados pela visitação. Os dados são mapeados para que as condições e a localização dos indicadores sejam conhecidas. O inventário ajuda os administradores a traçarem padrões realistas e possíveis de ser alcançados, e também para avaliar as consequências das alternativas de manejo adotadas.

Etapa 5: especificar os padrões para os indicadores

Nesta etapa são definidas as condições de cada indicador consideradas aceitáveis para cada classe de oportunidade. Os padrões servem para traçar os limites aceitáveis de mudança, que são as condições máximas permitidas para cada classe de oportunidade. O inventário tem um papel fundamental neste passo, pois os padrões devem ser realistas e capazes de ser atendidos.

Etapa 6: identificar alternativas para as classes de oportunidade

As classes de oportunidades podem ser administradas de diferentes modos. Nesta etapa, serão traçadas alternativas de manejo, levando em consideração que condições dos recursos naturais e da experiência de visitação devem ser mantidas em cada uma das classes. Os administradores e a sociedade envolvida devem estabelecer como as diferentes classes de oportunidades vão tratar os diversos interesses e valores, usando as informações das etapas 1 e 4.

Etapa 7: identificar ações de manejo para cada alternativa

As alternativas propostas na etapa anterior são o primeiro passo para a escolha da alternativa preferida. Os administradores e a população envolvida devem saber quais são as ações necessárias para atingir as condições desejadas. Para tanto, deve ser feita uma análise de custo de cada alternativa para saber a sua viabilidade. Por exemplo, a alternativa de preservar uma área de qualquer desenvolvimento e restaurar todos os impactos que possam existir pode parecer atrativa, porém inviável financeiramente.

Etapa 8: avaliação e seleção da alternativa preferida

Com todos os custos e benefícios disponíveis, os administradores e cidadãos envolvidos podem avaliar qual é a alternativa preferida. A avaliação deve levar em consideração diversos fatores, por exemplo, a relação das alternativas com as questões identificadas na etapa 1, as ações administrativas da etapa 7 e também as preferências do público.

Etapa 9: implementar ações e monitorar as condições

Após a alternativa ter sido selecionada, as ações de manejo são postas em prática e um programa de monitoramento é instalado. Este programa compara os indicadores selecionados na etapa 3 com os padrões definidos na etapa 5, para avaliar a eficácia das ações de manejo. Caso as condições não estejam melhorando, devem-se intensificar os esforços administrativos ou implementar novas ações.

Visitor Experience and Resources Protection (VERP)

É uma metodologia criada pelo United States National Park (USNPS) para ser parte do plano de manejo geral – Plano Geral de Gerenciamento (GMP – *General Management Plan*) – dos parques norte-americanos, uma vez que a questão de capacidade de carga é neles obrigatória desde 1978.

Para estes parques, a capacidade de carga é definida como "o tipo e nível de visitação que podem ser suportados, mantendo os recursos e a experiência de visitação em condições aceitáveis" (National Park Service). Ou seja, o conceito se foca nas condições dos recursos e da experiência de visitação, e não na delimitação de um número de visitantes.

O processo VERP foi desenvolvido a partir do LAC. Ele trata a capacidade de carga em termos de qualidade dos recursos e da experiência de visitação, e contém uma receita do futuro desejado para estes recursos e experiências, definindo que níveis de uso são apropriados, onde, quando e por quê (Eagles et al., 2002).

A metodologia VERP foi definida como "um método de planejamento e manejo que foca os impactos da visitação, na experiência de visitação e nos recursos do parque. Estes impactos são atribuídos em primeiro lugar ao comportamento do visitante, ao nível de uso, tipo de uso, tempo de uso e local de uso" (National Park Service).

Metodologia

O método é dividido em nove elementos dentro de quatro classes como demonstrado abaixo:

- fundamentação

1. formar uma equipe de trabalho interdisciplinar;
2. desenvolver uma estratégia para o envolvimento público;
3. desenvolver enunciados sobre os propósitos do parque, sua importância e seus temas interpretativos; identificar restrições de planejamento.

- análise

1. analisar os recursos do parque e os visitantes existentes;
2. receita
3. descrever as condições potenciais da experiência de visitação e das condições dos recursos (zonas potenciais);
4. alocar as zonas potenciais a locais específicos do parque (zonas de manejo);
5. selecionar indicadores e especificar padrões para cada zona; desenvolver um plano de monitoramento;
6. monitoramento e ações de manejo
7. monitorar os indicadores;
8. realizar ações de manejo.

Elemento 1: formar uma equipe de trabalho interdisciplinar

O planejamento é uma tarefa complexa e deve ser realizado por uma equipe interdisciplinar. A equipe principal deve ser formada por: um líder; um tomador de decisões; e dois ou três funcionários-chave do parque. A presença de funcionários do parque no planejamento é de grande importância, dado que eles é que vão implementar o plano.

Além da equipe principal, consultores de diversas áreas deverão participar do planejamento, para fornecer conhecimentos e habilidades essenciais. Por exemplo:

- biólogos;
- arquitetos;
- engenheiros florestais;
- administradores;
- geógrafos;

- sociólogos;
- turismólogos.

Elemento 2: desenvolver uma estratégia para o envolvimento público

O envolvimento do público ajuda a equipe de planejamento a entender o que eles esperam dos parques e da experiência de visitação, informações fundamentais para criar um plano que possa ser implementado com sucesso. Além disso, serve também para educar o público sobre o processo de planejamento, coletar dados e conseguir apoio da comunidade local e dos visitantes para a implementação do plano.

É importante a participação de todos os grupos, pessoas ou empresas que possam ser afetados pelo plano e sua implementação. Alguns fatores devem ser considerados na identificação deste público:

- proximidade: pessoas que moram próximas à área do parque;
- perdas ou ganhos econômicos: pessoas ou empresas que dependem economicamente do parque de forma direta ou indireta;
- uso: visitantes;
- valores: grupos que podem achar que algumas medidas de manejo são contra os seus valores.

Elemento 3: desenvolver enunciados sobre os propósitos do parque, sua importância e seus temas interpretativos; identificar restrições de planejamento

O propósito do parque é definido a partir razão, ou razões, pela qual a área foi transformada em um parque. Como um exemplo de propósito de parque tem-se:

"Perpetuar, para as gerações futuras, uma amostra representativa dos recursos naturais e culturais do *Big Dry Desert*".

Já a importância do parque é um sumário de enunciados que captura a essência da importância do parque para o legado natural e cultural. O que é tão importante a respeito de determinada área para ela se tornar um parque? Como modelo de importância de um parque, podemos citar um parque arqueológico canadense:

"O parque contém recursos históricos e arqueológicos significativos".

Os temas interpretativos são aquelas ideias sobre o uso do parque, que são tão importantes, que todo visitante deve entender, a fim de conhecer a importância do parque. Como exemplo, temos os temas interpretativos do John Day Fossil Beds National Monument:

No John Fossil Beds National Monument:

- existem muitos fósseis;
- existe uma grande diversidade de fósseis;
- os fósseis são bem preservados;
- os fósseis são datados.

Portanto, é um ótimo lugar para estudar a mudança evolucionária (National Park Service).

O último passo do elemento 3 é identificar as restrições de planejamento, que são as regras ou decisões colocadas por órgãos superiores, ou contidas em planos recém-aprovados, ou as condições do contrato de concessão, ou acordos feitos entre o parque e outros órgãos. As restrições de planejamento não são reavaliadas nem mudadas durante o processo de planejamento. Como exemplo prático de restrições de planejamento, temos uma regra colocada para os parques canadenses pelo National Park Service: "Pesca dentro do parque será manejada em cooperação com o Estado".

Os itens levantados neste elemento (propósito do parque, importância, temas interpretativos e restrições de planejamento) dão a base para a equipe pensar em como o parque deve ser administrado. Caso não tenham sido identificados, o planejamento não deverá continuar até que os seus enunciados sejam articulados e entendidos pela administração do parque e pelo público. Caso eles já existam, devem ser revistos e validados, ou melhorados.

Elemento 4: analisar os recursos do parque e os visitantes existentes

O objetivo desta fase é fazer com que a equipe de planejamento conheça os recursos do parque e a experiência de visitação existente. Como recursos entendem-se os biológicos, geológicos, hidrográficos, etnográficos, históricos, arqueológicos e paisagísticos.

Para a análise dos recursos naturais, o parque é dividido em unidades, que são identificadas e mapeadas. Elas são divididas levando-se em consideração as características da topografia, hidrografia e de vegetação do parque.

Depois de definir as unidades, a qualidade de experiência de cada uma delas pode ser descrita. Algumas áreas podem ter estas qualidades de experiência similares, mas estão separadas pela topografia. Assim, pode existir um número diferente entre unidades, definidas pelas características geográficas, e classes de oportunidades, definidas pela qualidade de experiência.

Já a análise dos visitantes existentes é feita por meio da documentação do que as pessoas fazem, em quais parques e quantas pessoas estão frequentando esses locais. A análise pode ajudar a identificar quais são os atrativos-chave e os pontos de maior visitação de um determinado parque.

Por fim, é feita uma análise para se identificar quais são os principais problemas dos recursos e quais destes são mais sensíveis à visitação. Isto ajuda a equipe de planejamento a definir as zonas potenciais e aplicar o zoneamento no parque de modo a minimizar os impactos.

Elemento 5: descrever as condições potenciais da experiência de visitação e das condições dos recursos (zonas potenciais)

Nesta fase, a equipe começa a formular e descrever as condições futuras para o parque. Que condições dos recursos e oportunidades de visitação devem existir no parque?

Oferecer diferentes tipos de experiência de visitação é uma parte importante do planejamento, uma vez que os visitantes vão aos parques por diferentes razões. O que pode causar conflitos entre as pessoas que buscam diferentes experiências?

O VERP tem uma posição pró-ativa em relação aos tipos de experiência de visitação que são oferecidos pelo parque, aos elementos essenciais dessa experiência, ao tamanho do espaço que deve ser reservado para cada tipo de experiência e onde elas serão oferecidas.

O objetivo desta fase é determinar quais são as experiências de visitação e condições de recursos potenciais, que podem ser acomodadas no parque. Isto é feito por meio da criação de uma série de zonas potenciais que são definidas por:

- condições dos recursos;
- condições sociais;
- tipo e nível de visitação;
- tipo e nível de desenvolvimento do parque;
- tipo e nível de ações de manejo.

Exemplos de zonas potenciais e o tipo de experiência de visitação estão na **Tabela 7.3**:

Tabela 7.3 — Zonas Potenciais - Visitor Experience and Resources Protection (VERP)

Fatores	Zonas Potenciais		
	Pedestres	Trilhas	Primitiva
Desafio e aventura da experiência	Baixo	Moderado	Alto
Expectativa de encontros entre visitantes	Muito Alta	Moderada	Muito Baixa
Tolerância com degradação dos recursos	Baixa	Baixa	Muito Baixa
Nível de barulho	Moderado	Baixo	Muito Baixo

Fonte: National Park Service (com adaptações).

Elemento 6: alocar as zonas potenciais a locais específicos do parque (zonas de manejo)

Depois de definidas as zonas potenciais no elemento 5, elas são alocadas em pontos específicos do parque. O zoneamento é a chave do planejamento para decidir o que é apropriado ou não, e o que pode acontecer ou não nas diferentes áreas do parque.

Nesta fase, a equipe de planejamento precisa consultar todas os outros elementos que já foram realizados, sintetizar as informações e alocar as zonas em unidades geográficas.

Cada área deve ser alocada em apenas uma zona, porém, se a equipe decidir que uma área deve ser administrada de diferentes modos durante as diferentes estações do ano, esta área pode ser alocada em diferentes zonas.

Elemento 7: selecionar indicadores e especificar padrões para cada zona; desenvolver um plano de monitoramento

As condições dos recursos e as experiências de visitação prescritas nas fases anteriores são agora convertidas em variáveis que podem ser medidas e monitoradas.

Os indicadores traduzem as descrições qualitativas em variáveis quantitativas, que podem ser medidas. Os indicadores e padrões do VERP foram baseados no LAC.

Depois de definir os indicadores e seus padrões, é necessário desenvolver um programa de monitoramento, que deve medir os indicadores de forma sistemática e periódica.

Esse monitoramento tem três funções principais dentro do VERP. Primeiro, serve para conhecer as condições dos recursos e da experiência de visitação, se estas condições estão mudando ou ultrapassando os padrões. Segundo, para verificar a eficiência das ações de manejo. E, por último, fornecer bases para as ações de manejo. Com o monitoramento, os administradores podem mostrar como as condições mudaram ou por que ações de correção devem ser tomadas.

Um ponto importante em relação ao monitoramento diz respeito aos locais onde o monitoramento deve acontecer. Não é necessário monitorar todos os lugares do parque, e sim os pontos onde geralmente ocorrem problemas e onde o público indicou preocupação.

Elemento 8: monitorar os indicadores

Um programa de monitoramento efetivo fornece dados para a implementação de ações de manejo. O monitoramento e a análise dos dados podem identificar uma de duas situações que deve acarretar em uma ação de manejo:

- deterioração: os dados mostram que algum recurso ou a experiência de visitação está se deteriorando. As condições ainda estão melhores do que o padrão, porém, ações de manejo podem ser tomadas para diminuir ou reverter o processo;
- fora do padrão: quando um indicador está fora do padrão. Nesse caso, ações de manejo devem ser tomadas, restringindo o uso ou mudando as atividades de recreação para um grau onde possam ser restauradas as condições aceitáveis.

Elemento 9: realizar ações de manejo

Antes de se tomar qualquer ação de manejo, é importante identificar quais são as causas da deterioração dos recursos. Tais causas podem ser várias, por exemplo, o tipo e nível de visitação, o tempo de uso, administração do parque e infraestrutura.

Após décadas de pesquisa, experiências e discussão, o National Park Service (NPS) desenvolveu um manual para auxiliar os administradores a tomar decisões relacionadas ao uso público. O manual identifica cinco estratégias de manejo gerais:

- aumentar o número de classes de oportunidades de visitação e as facilidades para acomodar a crescente demanda;
- reduzir o uso público em locais específicos;

- modificar o caráter da visitação, controlando onde ela ocorre, quando ocorre, qual o tipo de uso e qual o comportamento do visitante;
- alterar as atitudes e expectativas dos visitantes;
- modificar a base do recurso, aumentando a sua durabilidade.

Reduzir o número de visitantes pode parecer uma solução óbvia, mas os administradores devem lembrar que uma estratégia menos restritiva pode funcionar tão bem quanto e causar menos repercussões para os visitantes.

Dentro destas cinco estratégias existem muitas ações de manejo específicas ou táticas que podem ser usadas. Estas táticas se encaixam em cinco categorias:

- manejo local: por exemplo, o uso de barreiras vegetais;
- racionamento e alocação: por exemplo, sistema de reservas, filas, requerimentos e preço;
- regulamentação: por exemplo, número de pessoas, atividades e comportamento do visitante.
- obrigatoriedade: por exemplo, sanções, funcionários;
- educação do visitante: por exemplo, promover comportamento apropriado, encorajar ou desencorajar certos tipos de uso e disponibilizar informações.

O administrador deve selecionar as ações de manejo que melhor sirvam para aquela determinada situação e que ele acredite que vão minimizar os impactos causados pela visitação. O funcionamento do VERP se encontra resumido na **Figura 7.3**.

Figura 7.3 — Experiência do Visitante e Proteção dos Recursos (VERP)

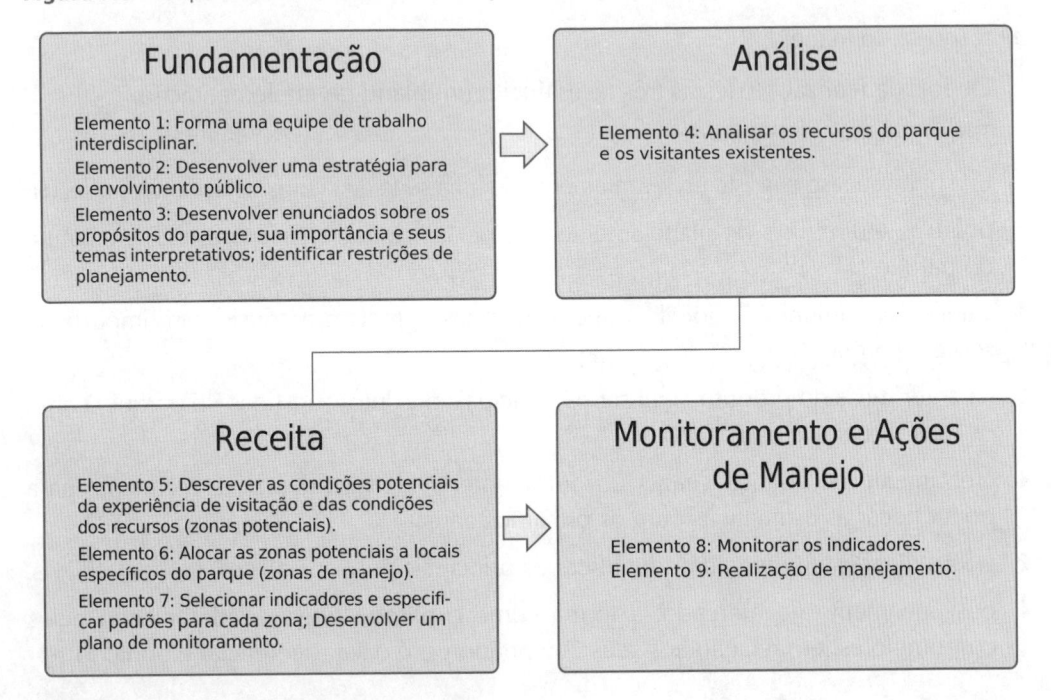

Fundamentação

Elemento 1: Forma uma equipe de trabalho interdisciplinar.
Elemento 2: Desenvolver uma estratégia para o envolvimento público.
Elemento 3: Desenvolver enunciados sobre os propósitos do parque, sua importância e seus temas interpretativos; identificar restrições de planejamento.

Análise

Elemento 4: Analisar os recursos do parque e os visitantes existentes.

Receita

Elemento 5: Descrever as condições potenciais da experiência de visitação e das condições dos recursos (zonas potenciais).
Elemento 6: Alocar as zonas potenciais a locais específicos do parque (zonas de manejo).
Elemento 7: Selecionar indicadores e especificar padrões para cada zona; Desenvolver um plano de monitoramento.

Monitoramento e Ações de Manejo

Elemento 8: Monitorar os indicadores.
Elemento 9: Realização de manejamento.

Tourism Optimization Management Model (TOMM)

A metodologia TOMM foi criada por uma empresa de consultoria australiana, a Manidis Roberts Consultants, para ser aplicada na Kangaroo Island, no sul da Austrália.

Este sistema monitora a atividade turística e os seus impactos para ajudar os administradores a tomar decisões sobre o turismo. O TOMM não se concentra nos impactos, na imposição de limites, nem em um número máximo de capacidade de carga. Ele foi desenvolvido para ajudar o *trade* turístico a identificar oportunidades e alcançar a sustentabilidade (Manidis Roberts Consultants, 1996).

A maior parte deste mecanismo foi desenvolvida baseada na metodologia LAC, porém com um enfoque maior no contexto regional e no programa de monitoramento (Wearing et al., 2001).

Metodologia

O TOMM (**Tabela 7.4**) é um modelo de monitoramento e manejo da atividade turística em áreas naturais. Seus objetivos são:

- monitorar e quantificar os impactos negativos e positivos do turismo na economia, meio ambiente, cultura e sociedade;
- auxiliar na avaliação de questões emergenciais e alternativas de opções de manejo futuras para o desenvolvimento sustentável e gestão da atividade turística.

O modelo é dividido em três partes:

1. análise do contexto;
2. programa de monitoramento;
3. resposta de manejo.

Depois da realização destas três fases é feito um plano de implementação.

Fase 1: análise do contexto

Esta primeira fase consiste no levantamento de uma série de fatores, relacionados a seguir:

- políticas e diretrizes de planejamento que podem influenciar o presente e o futuro do parque;
- valores da comunidade local: o que as pessoas apreciam e consideram importante sobre o parque;
- características do produto: analisar os principais produtos turísticos do parque, como os seus recursos e atividades;
- crescimento de visitação: fazer um levantamento do histórico de crescimento para poder traçar as estimativas para os próximos anos;
- oportunidades de mercado: identificar os principais públicos-alvo;
- posicionamento de mercado: a forma como o parque quer ser identificado pelos consumidores, em relação aos seus competidores, é o seu diferencial e ponto forte;

◄ cenários alternativos: diferentes cenários potenciais em relação ao turismo são examinados, levantando-se os custos e benefícios de cada um. Depois o futuro desejável do parque é comparado com essas possíveis realidades. Exemplos de cenários utilizados no Plano da Kangaroo Island estão dispostos na **Tabela 7.4**:

Tabela 7.4 — TOMM – Cenários alternativos

Cenários alternativos	Benefícios potenciais	Custos potenciais
Aumento significante na demanda turística (15%).	Aumento da receita; Aumento dos empregos; Investimentos em infraestrutura.	Aumento dos impactos; Diminuição da qualidade da experiência do visitante.
Diminuição significante na demanda turística (15%).	Menor custo de manutenção; Menor impacto.	Diminuição da receita; Aumento dos preços dos serviços.
Catástrofe não relacionada com o turismo (derramamento de óleo).	Aumento do conhecimento da localidade; Investimentos emergenciais para estimular o crescimento.	Perda de vida animal; Diminuição da atividade econômica.

Fonte: Manidis Roberts Consultants (1996), com adaptações.

Fase 2: programa de monitoramento

O primeiro passo do programa de monitoramento é identificar as condições ótimas, que são definidas como "uma condição desejável, porém realista, para um futuro sustentável". Elas devem ser fáceis de medir e ser reconhecidas, e indicam os ambientes ideais (econômico, social, cultural e natural) para o turismo trabalhar.

Depois de definir as condições ótimas, é preciso desenvolver indicadores para saber o quão perto a atividade turística está destas condições. Junto com os indicadores também são desenvolvidas variações aceitáveis para cada um deles, que são medidas ideais e realistas dos indicadores, baseadas nas condições ótimas.

A **Tabela 7.5,** abaixo, fornece exemplos de condições ótimas, indicadores e variações aceitáveis, usados no plano da *Kangaroo Island*:

Tabela 7.5 — TOMM – Condições ótimas, indicadores e variações aceitáveis

Condições ótimas	Indicadores	Variações aceitáveis
A maioria dos visitantes fica no local por mais de duas noites.	Média anual de permanência no local.	2 a 7 noites.
Baixa sazonalidade.	Variação anual entre permanência durante a alta e a baixa temporada.	30% a 45% de variação.
A maioria dos visitantes sai do local satisfeito.	Proporção de visitantes deixando o local satisfeito.	80% a 100% dos entrevistados.
População de animais é mantida ou cresce nos locais onde ocorre o turismo.	Número de focas em determinado local.	0% a 5% de aumento anual da população.

Fonte: Manidis Roberts Consultants (1996), com adaptações.

Tendo em vista os itens anteriores, um programa de monitoramento é desenvolvido para coletar informações sobre a relação entre os indicadores e as variações aceitáveis. Para se realizar o monitoramento, são traçados pontos de referência (*bechmarks*) para os indicadores. Pontos de referência servem de comparação com os indicadores nos primeiros monitoramentos, e são traçados a partir de pesquisas e experiências das condições locais. Eles também são mais confiáveis do que os pontos coletados no primeiro ano de monitoramento, justamente por se referirem a apenas um ano, não a uma sequência histórica capaz de determinar um padrão.

Com os dados do monitoramento, é possível traçar a *performance* anual do parque e compará-la com as variações aceitáveis, para estipular a proximidade entre a atividade turística atual e as condições ótimas. Também se podem prever as *performances* futuras, baseadas em um padrão histórico.

Fase 3: resposta de manejo

Nesta fase, uma resposta de manejo será desenvolvida para os indicadores que, de acordo com o programa de monitoramento, se apresentaram fora das variações aceitáveis. Deverá ser identificado também o quanto o indicador está fora destas variações.

Feito isso, deve-se explorar quais são as causas do problema, levando-se em consideração que muitos indicadores estão sujeitos também a outros impactos, além da atividade turística.

O terceiro passo desta fase é apenas discutir se é necessária uma resposta de manejo – turístico ou de algum outro setor –, ou se a situação está além do controle de qualquer setor.

De acordo com a resposta acima, pode-se escolher uma entre três opções:

- quando é necessária uma resposta de manejo de outro setor, deve-se identificar o órgão responsável e passar-lhe os dados coletados e as sugestões de manejo;
- quando a situação está além do controle de qualquer setor, devem-se tomar medidas de controle dos danos;
- quando se requer uma resposta de manejo turístico, diferentes ações de manejo podem ser desenvolvidas dependendo da causa do problema, por exemplo, a mudança das práticas atuais, aumento da infraestrutura, campanhas de *marketing*, entre outras.

Figura 7.4 — Modelo de Otimização do Turismo (TOMM)

Análise do Contexto
- Políticas e diretrizes de planejamento;
- Valores da comunidade local;
- Características do produto;
- Crescimento de visitação;
- Oportunidades de mercado;
- Posicionamento de mercado;
- Cenários alternativos.

Programa de Monitoramento
- Condições Ótimas;
- Indicadores;
- Variações Aceitáveis;
- Programa de Monitoramento.

Resposta de Manejo
- Identificação dos indicadores fora da variação aceitável;
- Causas do problema;
- Necessidade de resposta de manejo;
- Tipo de resposta de manejo.

Recreation Opportunity Spectrum (ROS)

Esta metodologia foi desenvolvida por pesquisadores a serviço do U.S. Forest Service and Bureau Land Management (Eagles et al., 2002). Ela é uma expansão do conceito de nível de experiência proposto por G. Sanford (Graefe et al. *Apud* Hauff, 2000).

Ainda segundo Graefe *et al.* (*apud* Hauff, 2000), o ROS "é basicamente um conceito de zoneamento para inventariar e classificar locais de recreação e indicar algumas orientações de seu manejo".

Metodologia

O objetivo do método ROS é, de acordo com o Ministry of Forests (1998):

- identificar, delinear e classificar as áreas em classes de oportunidade de recreação, baseadas no seu estado de natureza, grau de isolamento e experiência de visitação esperada;
- prover informações sobre as oportunidades de recreação existentes para os administradores, de modo a auxiliá-los nas tomadas de decisão referentes ao uso da terra, desenvolvimento dos recursos e ações de manejo.

O ROS caracteriza as oportunidades de recreação como a combinação de ambientes e experiências prováveis, que são alocadas em um conjunto de seis classes, que vão desde o meio urbanizado até o mais primitivo. Essas classes são definidas por critérios, como nível de segurança, nível de habilidade, oportunidades de interação social, acesso, grau de modificação do meio e forma de controle. Detalhes de cada uma podem ser vistos na **Tabela 7.6**:

(1) primitivo;

(2) semiprimitivo não motorizado;

(3) semiprimitivo motorizado;

(4) natural com estradas;

(5) rural;

(6) urbano.

Tabela 7.6 — ROS – Características para a definição das classes de oportunidade

1	2	3	4	5	6
Características do ambiente					
Ambiente essencialmente natural. Tamanho grande. Baixa interação social e mínima evidência de usuários. Manejo livre de restrições e controles diretos. Uso motorizado proibido.	Ambiente natural ou de aparência natural. Tamanho moderado, baixa interação social, mas com evidência de usuários. Manejo livre de restrições e controles diretos. Uso motorizado proibido.	Ambiente natural ou de aparência natural. Tamanho moderado, baixa interação social, mas com frequentes evidências de usuários. Manejo com restrições e controles mínimos. Uso motorizado permitido.	Ambiente com aparência natural e moderada evidência de presença visual e sonora humana. Baixa e moderada interação social. Alterações dos recursos e práticas de utilização evidentes, mas harmonizadas com a natureza. Uso motorizado permitido.	Ambiente natural modificado. Alterações dos recursos e uso de práticas para salientar atividades de recreação específicas para preservar o solo e a cobertura vegetal. Presença visual e sonora humana evidente e alta interação com usuários. Facilidades para uso de grande número de pessoas. Facilidades para intensificar uso motorizado.	Ambiente urbanizado com elementos de aparência natural. Alterações dos recursos renováveis e uso de práticas para salientar atividades de recreação específicas. Predomínio de presença visual e sonora humana. Grande número de usuários na área e proximidades. Facilidades para uso intensivo de motores e transporte de massa.
Critérios de naturalidade					
Distância mínima de 5km de estradas e trilhas com uso motorizado.	Distância mínima de 800m de estradas e trilhas com uso motorizado. Pode incluir caminhos sem uso motorizado.	Distância mínima de 800m de estradas e trilhas com uso motorizado, mas não mais próximas que 800m de estradas primitivas.	Distância mínima de 800m de estradas primitivas.	Sem critério de distância.	Sem critério de distância.
Evidências humanas					
Âmbito essencialmente natural.	Âmbito natural, podendo apresentar mudanças sutis.	Âmbito natural com alterações.	Âmbito natural com alterações evidentes.	Âmbito natural com alterações culturais.	Âmbito urbano.

(*continua*)

Características das experiências						
Isolamento, tranquilidade e alto grau de desafios e riscos.	Isolamento, tranquilidade. Oferece desafios e riscos.	Isolamento tranquilidade. Oferece desafios e riscos. Uso de equipamento motorizado.	Prática de atividades ao ar livre sem riscos e desafios.	Não é importante a prática de atividades ao ar livre.	Não é importante a prática de atividades ao ar livre.
Critérios do âmbito social						
Menos de seis encontros por dia em trilha.	De seis a quinze encontros por dia em trilha.	Encontros com baixa frequência.	Encontros com frequência moderada.	Contato social alto.	Grande número de usuários.
Critérios do âmbito administrativo						
Baixo controle de regras.	Regras e controles sutis.	Regras e controles sutis.	Notificação de regras e controle, mas com harmonia com o meio natural.	Regras e controles óbvios e numerosos.	Regras e controles óbvios e numerosos.

Fonte: Graefe et al. *apud* Hauff (2000).

Como foi dito anteriormente, o ROS é um conceito de zoneamento, que após a realização do inventário e a classificação dos locais, de acordo com a tabela acima, indica algumas ações de manejo. Nessa metodologia, o manejo é focado no ambiente onde ocorre a atividade turística ou recreação, e não na experiência dos visitantes.

Visitor Activity Management Process (VAMP)

Esta metodologia foi criada pela Parks Canada, órgão responsável pelas unidades de conservação canadenses, para ser associado ao Processo de Manejo dos Recursos Naturais (*Natural Resources Management Process*), ambos dentro do Sistema de Planejamento e Manejo de Parques do Canadá (Eagles et al., 2002).

Ao contrário de outras metodologias que enfocam a administração dos recursos, a ênfase do VAMP recai sobre o usuário do recurso. A experiência e o prazer do visitante são tratados de forma sistemática e com o mesmo cuidado com que a proteção dos recursos naturais é tratada pelo Processo de Manejo dos Recursos Naturais (Wearing et al., 2001).

O processo usa um modelo baseado em uma hierarquia de decisões dentro do plano de manejo. As decisões de manejo são relacionadas à seleção e à criação de oportunidades para o visitante vivenciar o legado natural e cultural do parque a partir de atividades recreacionais e educacionais apropriadas (Eagles et al., 2002).

Metodologia

O processo é dividido em sete etapas, que estão relacionadas a seguir:

1. produzir um projeto de termos de referência;

2. confirmar o propósito do parque e os objetivos existentes;
3. organizar um banco de dados descrevendo os ecossistemas do parque, as oportunidades recreacionais e educacionais de visitação potenciais, os serviços e atividades dos visitantes atuais e o contexto regional;
4. analisar a situação atual para identificar a capacidade e adequabilidade dos recursos, as atividades apropriadas para os visitantes, o papel do parque na região e o papel do setor privado;
5. produzir alternativas de conceitos de atividades para os visitantes, de experiências de visitação, de segmentos de mercado de visitação e do papel da região e do setor privado;
6. criar um plano de manejo do parque, incluindo o seu propósito e papel, objetivos do manejo, relações regionais e o papel do setor privado;
7. implementação.

Para o desenvolvimento da metodologia VAMP, os seguintes fatores são levados em consideração:

- perfil da atividade dos visitantes;
- tipo;
- qualidade, diversidade e local;
- experiências procuradas;
- serviços e facilidades necessárias em todos os estágios do passeio;
- perfil dos *stakeholders* (públicos interno e externo);
- apresentação do tema de interpretação;
- valores, restrições e sensibilidades dos recursos;
- legislação, políticas, direções administrativas e planos existentes;
- serviços e facilidades oferecidos;
- oferta de serviços regionais;
- satisfação com os serviços oferecidos.

Outros

As metodologias apresentadas neste capítulo foram selecionadas por terem um grande número de aplicações práticas e uma maior disponibilidade de bibliografia, permitindo assim a descrição detalhada de cada uma delas e a sua avaliação. Porém, existem outros métodos que tiveram uma menor divulgação e consequentemente foram menos aplicados, e que não foram abordados. Dentre eles, cabe destacar:

- Monitoramento Participativo do Turismo desejável: desenvolvido por Lilia Seabra, doutoranda do Departamento de Geografia da Universidade Federal do Rio de Janeiro (UFRJ). Esta metodologia busca a sustentabilidade integral (dos quatro ambientes: social, econômico, ecológico e cultural), levando em consideração a realidade brasileira e colocando as comunidades receptoras como protagonistas.

- PAVIM – Protected Area Visitor Impact Management: criado por Jeffrey L. Marion e Tracy A. Farrel do USGS Patuxtent Wildlife Research Center nos E.U.A. O PAVIM é uma alternativa aos métodos de capacidade de carga e manejo de visitantes existentes, sendo mais simples, flexível, barato e incorporando os moradores locais (Farrel, Marion. 2002);

- SVMS – Sustainable Visitor Management System: desenvolvido por David Masters, Peter Scott e Graham Barrow para o Scottish Natural Heritage na Escócia, para ser dinâmico, simples e fácil de ser aplicado em diferentes áreas (Maters, Scoot e Barrow, 2002).

Comparação entre as metodologias

Todas as metodologias, com exceção da capacidade de carga, de Miguel Cifuentes, colocam que, conforme mencionado anteriormente, a limitação do número de visitantes não é a única saída para minimizar os impactos decorrentes da visitação, e que a melhor ação de manejo é definir uma experiência de visitação menos impactante. Além de ser tão efetiva quanto a primeira, ela causa menos conflito e repercussão entre os visitantes.

Todos esses métodos geram ações ou respostas de manejo para minimizar os impactos negativos causados pela visitação. A principal diferença entre elas é o foco destas ações de manejo: algumas se concentram nos recursos da área, por exemplo, o método ROS; enquanto outras se voltam para o manejo dos visitantes, como o VAMP.

Elas também utilizam basicamente os mesmos princípios, como o levantamento de informações sobre a área, a identificação de indicadores e padrões aceitáveis, seguidos de um programa de monitoramento, que em todos os casos assume um papel fundamental para a eficácia da metodologia. As diferenças entre elas, nesse caso, dizem respeito a que tipo de informação será levantada, confirmando o foco de cada metodologia, como foi mostrado no parágrafo acima. No caso do VAMP, serão levantadas mais informações a respeito dos visitantes e de seu comportamento; já a metodologia TOMM apresenta uma preocupação mercadológica que não aparece nas outras, evidenciada pela necessidade de levantar dados a respeito das oportunidades de mercado e de posicionamento de mercado.

Além disso, algumas metodologias apresentam diferenças quanto à ordem de realização dos elementos: por exemplo, no LAC, os indicadores são selecionados antes de se inventariarem os recursos e as condições sociais existentes, enquanto no método VERP eles são selecionados depois da análise dos recursos.

Para facilitar a comparação entre todos os métodos descritos neste trabalho, foi feita uma adaptação do quadro desenvolvido por Eagles et al. (2002), que analisa fatores como as principais áreas de aplicação de cada metodologia, a sua eficiência e a necessidade de investimentos (**Tabela 7.7**).

Tabela 7.7 — Comparação entre as metodologias de capacidade de carga e manejo de visitantes

Característica	Capacidade de carga	VIM	LAC	VERP	TOMM	ROS	VAMP
Áreas de aplicação	Áreas protegidas	Locais dentro de áreas protegidas	Áreas protegidas	Parques nacionais americanos	Áreas protegidas australianas, mas aplicável em locais com turismo de natureza	Qualquer área protegida ou de múltiplo uso	Parques nacionais canadenses, mas aplicável em qualquer lugar
Capaz de minimizar impactos dos visitantes	+	+	+	+	+	+	+
Considera múltiplas causas de impacto	---	+	+	+	+	+	+
Facilita a seleção de uma variedade de ações de manejo	---	+	+	+	+	+	+
Gera decisões defensivas	+	+	+	+	+	+	+
Separa informações técnicas de avaliações pessoais	+	+	+	+	+	+	+
Encoraja o envolvimento do público	---	---	---	---	---	---	---
Necessidade de investimento	+	---	---	---	---	---	---
Eficácia baseada em experiências	-	-	---	-	-	---	-

Legenda: + Ponto Positivo, - Ponto Negativo em escala de - a ---

Fonte: Eagles et al. (2002) com adaptações.

ATIVIDADES PROPOSTAS

1. Esteja atento(a) às experiências realizadas em diferentes países e a evolução das pesquisas acadêmicas que contemplaram esse tema. Países como Costa Rica, Estados Unidos, Reino Unido, Canadá, Austrália e Nova Zelândia têm investido na implantação e no monitoramento de áreas protegidas. Pesquise na internet estudos completos de manejo de visitantes e analise algumas variáveis para refletir acerca dos seguintes pontos:

- a questão ambiental e a qualidade da experiência do visitante;
- possibilidade de aplicação do método escolhido;
- viabilidade econômica;
- manejo de visitantes e aspectos temporais: índice pluviométrico, insolação, estações do ano, comportamento da fauna, sazonalidade do turismo e outros aspectos característico da região que você habita;
- ecossistemas, zoneamento e planejamento

2. Determinar a capacidade de carga física (CCF), real (CCR) e efetiva (CCE) da trilha do Baepi no Parque Estadual de Ilhabela, de acordo com as informações a seguir, e avaliar a aplicabilidade da metodologia proposta por Miguel Cifuentes.

    - Extensão: 3,7km (linear)
    - Tempo de percurso: 6 horas (ida e volta)
    - Horário de Funcionamento: das 8h às 17h
    - Tamanho máximo do grupo: 15 pessoas
    - Quantidade de monitores disponíveis: 4
    - Extensão de trilha com problemas de drenagem: 200m
    - Dias de chuva intensa por ano: 65 (média de 2010)
    - Infraestrutura disponível: 2 banheiros e estacionamento para 20 carros
    - Valor do ingresso ao Parque: R$ 5,00
    - Capacidade de Manejo do Parque: 74%

ATIVIDADE DE CAMPO RECOMENDADA

Realizar o monitoramento dos impactos de visitação de uma trilha ou atrativo, utilizando os indicadores, procedimentos, instrumentos e a ficha de campo apresentada no *Manual de Monitoramento e Gestão dos Impactos da Visitação em Unidades de Conservação*, citado.

Parte 3

CAPÍTULO 8
Planejamento de roteiros de ecoturismo

Regina Ferraz Perussi

CONCEITOS APRESENTADOS NESTE CAPÍTULO

Este capítulo apresenta o conceito e a classificação de roteiros turísticos de um modo geral, uma breve evolução histórica dos roteiros de ecoturismo no Brasil (espaço geográfico selecionado para a análise neste item), identificando as principais operadoras de ecoturismo do país na atualidade e a interação do Plano Nacional de Turismo e do Programa Roteiros do Brasil. Posteriormente, são apontadas as etapas e os respectivos componentes dos pacotes e itinerários de natureza ecológica, desde a montagem até a divulgação do itinerário.

INTRODUÇÃO

Antes de se adentrar nas questões específicas que envolvem os roteiros especializados em ecoturismo, é fundamental entender o conceito de roteiro de turismo e as suas diversas formas de classificação. Posteriormente, alguns fatos que marcaram a realização de roteiros de ecoturismo no Brasil serão apresentados para que se entenda a evolução deste segmento no país e sua atual diferenciação frente aos roteiros tradicionais oferecidos pelas operadoras do turismo de massa. A seguir, será demonstrada a apresentação das etapas e dos respectivos componentes de cada fase que compõe o planejamento e a organização de um roteiro turístico. Serão também abordadas as principais preocupações relacionadas com a divulgação dos roteiros até a reserva e a concretização do itinerário.

CONCEITO DE ROTEIRO TURÍSTICO

A priori é preciso que se estabeleça a definição de roteiro turístico a fim de se perceber sua relevância para o conhecimento de um destino, por meio de suas principais vantagens para os participantes do programa de viagens turísticas. Além disso, este tópico irá destacar a definição de produto turístico neste cenário e as diferenças entre roteiro, pacote e excursão.

Pode-se afirmar que, para realizar uma viagem e conhecer de fato uma localidade, o visitante deve estabelecer a ordem de sua rota de forma espontânea ou por meio de uma empresa organizadora. O processo de planejamento de roteiros turísticos está inserido no contexto da elaboração de pacotes de viagem, cuja tarefa cabe às operadoras de turismo, que são empresas responsáveis pelo contato direto com a oferta das destinações e podem comercializar os programas estruturados diretamente ao público ou por intermédio de agências.

Como o enfoque deste livro é a área de ecoturismo, não se pode deixar de esclarecer as diversas terminologias que recebem os roteiros específicos desse setor do turismo. Marincek (2008, p. 216) explica que no início dos estudos sobre este segmento do turismo era mais comum a utilização do termo "turismo ecológico", que foi sendo gradativamente substituído por "ecoturismo" e, com a introdução de atividades como *rafting*, rapel, tirolesa, *cascading* e canionismo, uma nova denominação passou a ser usada: turismo de aventura (ver **Tabela 8.1**). Atualmente, de modo geral, a expressão "turismo de natureza" pode ser considerada a mais abrangente, por abarcar as diversas modalidades e se diferenciar dos demais segmentos existentes no mercado. Machado (2005), por sua vez, acredita ainda que o termo ecoturismo é o mais complexo e completo, diferenciando-o do próprio turismo e natureza ecocientífico, ambiental, de aventura e rural.

Tabela 8.1 — Diferenças entre o ecoturismo e o turismo de natureza

	Ecoturismo	**Turismo de aventura**
Palavra-chave	Conservação	Lazer ao ar livre
Ocorrência	Áreas naturais preservadas	Áreas naturais
Operação	Relação com a manutenção do ambiente	Despreocupação quanto a processos diretos de manutenção do ambiente
Cuidados	Extremos	Simples
Conhecimento do local	Profundo	Superficial
Objetivos	Conhecimento amplo do ambiente natural e cultural	Relaxamento e prazer
Grupos	Reduzidos	Médios e grandes
Envolvimento local	Sempre	Não necessariamente
Agentes de turismo	Envolvimento direto com os projetos ambientais	Sem envolvimento com os projetos ambientais

(continua)

Envolvimento cultural	Diretamente identificado	Sem projetos culturais obrigatórios
Público	Preocupado com as questões ambientais	Desejoso de contato com a natureza
Programas	Dentro dos conceitos de mínimo impacto	Possíveis de realizar no espaço natural

Fonte: Machado (2005, p. 30).

No *Dicionário Houaiss da Língua Portuguesa* (2001, pp. 1.660 e 2.477), a palavra "roteiro" significa "itinerário ou descrição minuciosa de viagem", e o itinerário engloba um aspecto mais amplo e ligado à atividade turística, pois "é relativo às estradas, aos caminhos; indicativo de distância de um lugar a outro; descrição de viagem (... peregrinação); caminho a seguir, ou seguido, para ir de um lugar a outro".

Segundo Perussi e Teles (2007, p. 129), um roteiro turístico pode ser definido como "o itinerário planejado de uma atividade turística, que engloba a descrição pormenorizada dos atrativos e atividades dos destinos visitados, bem como o período de duração e a especificação dos horários e serviços inclusos". Deste modo, os termos "roteiros", "rotas", "itinerários" e "pacotes" são encontrados como sinônimos em muitos contextos, tanto nos estudos acadêmicos quanto na prática do mercado.

Assim, vale destacar que há uma diferença entre roteiro e pacote, também comumente denominados excursão. O *roteiro* constitui a viagem e a estada com uma sequência de atividades realizadas em um destino ou várias localidades, ao passo que o *pacote* designa a forma de estruturação dos itinerários, envolvendo também os serviços inclusos no roteiro. Todavia, a *excursão* está vinculada ao conceito de turismo na sua acepção teórica, significando uma viagem sem local para estada ou alojamento, ou seja, a realização de um *roteiro* apenas com deslocamento sem a utilização de meio de hospedagem para pernoite. Portanto, não se pode dizer que um *roteiro* é sinônimo exato de pacote turístico e menos ainda de *excursão*, pois costuma durar mais de um dia.

Invariavelmente, os turistas necessitam de vários serviços em um roteiro, e a ideia de um pacote turístico é reuni-los em um único produto a um preço fechado, com vistas a facilitar a experiência dos viajantes. Para Mckercher (2002, p. 234), os principais benefícios que os pacotes turísticos proporcionam aos consumidores referem-se à facilidade da compra de um novo e padronizado produto, voltado para segmentos específicos, com o objetivo de garantir uma experiência de qualidade consistente. Atrelado a essas vantagens, os pacotes diminuem os custos financeiros e o tempo dos turistas na montagem de todos os itens que compõem os itinerários.

No caso do ecoturismo, que exige um conhecimento peculiar dos destinos, os roteiros propiciam, acima de tudo, a sensação de segurança esperada por uma parcela significativa da demanda neste tipo de viagem, pois envolve situações e ambientes diferenciados do cotidiano dos turistas, em função da "estranheza ameaçadora", como se refere Mckercher (2002). "Os pacotes permitem que a experiência turística seja organizada, previsível e controlável tanto quanto possível, ainda assim mantendo sua autenticidade" (Mckercher, 2002, p. 237).

Para a elaboração de um roteiro turístico, é preciso entender o conceito de "produto turístico" que, na realidade, constitui-se da oferta de um destino, que é composto de atrativos turísticos e infraestrutura (básica e turística). As atrações ou pontos turísticos podem ser classificados segundo o Manual do Modelo do Inventário da Oferta Turística do Instituto Brasileiro de Turismo (Embratur) (1984) nos seguintes tipos: naturais, histórico-culturais, manifestações e usos tradicionais e populares, realizações técnicas e científicas contemporâneas e acontecimentos programados. A infraestrutura, por sua vez, pode ser identificada como básica ou turística. No modelo supracitado, a primeira engloba os sistemas de transporte, saneamento, sistema de educação, segurança, médico-hospitalar e comunicação, enquanto a outra abrange os meios de hospedagem, alimentação, entretenimento e outros serviços.

No que tange aos atrativos turísticos, é esclarecedor mencionar que é evidente que um roteiro de ecoturismo enfoca prioritariamente as características locais de uma destinação, seja pelo conjunto paisagístico ou pela exuberância da sua flora e/ou fauna. É fato comprovado que o chamariz principal para os itinerários de natureza são os cenários raros e as particularidades de vivências oferecidas por um destino. Entretanto, os aspectos culturais da localidade estão inseridos neste contexto, pois as experiências e as atividades a serem desenvolvidas seguramente farão o visitante mergulhar nos usos e costumes da região. Logo, "o sucesso do produto no mercado depende da capacidade da operadora de reunir uma variedade de experiências em um só produto" (Mckercher, 2002, p. 239).

No caso específico do ecoturismo, é preciso identificar se existem áreas de conservação (ou uso sustentável) e preservação (proteção integral) para saber se há ou não possibilidade para visitação.

Para um detalhamento da abrangência dos roteiros turísticos, torna-se necessário reconhecer como eles podem ser divididos ou classificados.

TIPOLOGIA DE ROTEIROS

Neste tópico serão verificadas as diversas maneiras pelas quais é possível visualizar um roteiro turístico: forma de realização, tipo de organização, distância entre origem e destino, características dos destinos e local de elaboração.

De acordo com a *forma de realização*, os roteiros podem ser executados de três formas básicas:

a. pelo próprio viajante – quando organiza seu itinerário de forma independente, efetivando as reservas de meios de hospedagem e transporte por telefone, pela internet ou, ainda, de maneira aleatória, direto na localidade sem agendamento prévio dos serviços;

b. *package tour* – que implica em um pacote turístico tradicional para grupos, elaborado pelas operadoras de turismo, no qual o trajeto e os serviços já estão arranjados pelo organizador e dificilmente podem ser alterados;

c. *forfait* – que se refere aos pacotes turísticos personalizados, nos quais os passageiros (individuais ou pequenos grupos) solicitam o planejamento do roteiro a um consultor de viagens (*personal travel*) que irá estruturar o roteiro conforme suas necessidades e anseios específicos.

Embora os roteiros possam ser realizados por conta própria, nem sempre os viajantes conseguem conhecer de forma apropriada os destinos, pelo fato de não possuírem todo o conhecimento das especificidades locais, conforme acreditam Perussi e Teles. Isto se torna mais evidente no caso dos roteiros ecoturísticos, principalmente devido às dificuldades intrínsecas destes trajetos e suas atividades, exigindo a presença de um profissional experiente, como um guia, monitor ou instrutor, para assegurar o suporte necessário para uma bem-sucedida viagem.

> Os roteiros turísticos são considerados instrumentos que possibilitam ao visitante um conhecimento mais amplo, organizado ou temático dos pontos de interesse turístico do destino, com o acompanhamento de guias de turismo, que são os profissionais capacitados para transmitir informações minuciosas sobre as atrações e serviços da localidade. (2007, p.129).

Segundo o *tipo de organização*, os roteiros turísticos podem ser elaborados e montados por *órgãos públicos* ou pela *iniciativa privada*, notadamente pelas operadoras de turismo, e revendidos por elas ou por agências de viagens afiliadas ou que recebem um comissionamento por esta comercialização, conforme abordado no início deste capítulo.

Para o planejamento de um roteiro, é imprescindível que se detecte os pontos de origem e destino(s) – principal ou secundários – do viajante, sendo que o primeiro se refere ao local de partida do itinerário, e os outros estão relacionados às localidades de visitação, podendo ser um local de estada ou apenas de passagem (conceito de excursionismo, que não gera um pernoite na destinação). Se um roteiro incluir mais de um destino, é necessário que se localize em um mapa a distância entre as localidades e uma sequência mais lógica ou apropriada para o seu devido conhecimento. Neste sentido, de acordo com a *distância da localidade de origem*, é possível classificar os roteiros em: internacionais (quando envolvem continentes, países ou até uma volta ao mundo) ou nacionais (se englobam circuitos regionais, estaduais ou municipais).

De acordo com Tavares (2002, pp. 26-27) a classificação dos roteiros turísticos pode ocorrer em função das características dos destinos nos seguintes modelos:

- *clássicos* – locais que já possuem imagem e estrutura consolidadas no mercado e são visitados pelos turistas de massa;
- *inovadores* – referem-se aos destinos tradicionais com alguma atração agregada;
- *alternativos* – são as localidades direcionadas para um público mais exigente que possui motivações específicas, conhecidos como turistas de minorias.

Sob este prisma, os roteiros de ecoturismo se encaixam melhor nos roteiros *alternativos* denominados *turismo de minorias*, que são destinados a pequenos grupos, ao contrário da maioria dos roteiros, sobretudo os *clássicos*, que abarcam o *turismo de massa*, vendidos para grande quantidade de pessoas.

Tavares (2002, pp. 26-27) informa que, conforme o *local de elaboração,* os roteiros podem ser subdivididos em: *emissivos,* elaborados por operadoras turísticas ou organizações do *trade* turístico com foco nas expectativas dos clientes dos centros emissores, ou *receptivos,* quando são organizados pelas empresas do núcleo receptor para adaptar os anseios dos viajantes na localidade visitada.

Para complementar o quesito da classificação dos roteiros, é interessante saber que é comum que um itinerário envolva a realização de um *city tour*, que pode ser do tipo básico, onde se visitam os principais pontos turísticos de uma região em veículo motorizado para um grupo de visitantes com algumas breves paradas nos atrativos: *panorâmico,* que é o *city tour* sem paradas; o *by night*, que é um passeio realizado à noite pelos principais pontos de atração que normalmente só funcionam no período noturno, e *motivacional,* direcionado a um público com foco singular ou um roteiro customizado (Tavares, 2002, p.28).

Agora que já sabemos do que se trata um roteiro turístico geral, o próximo tópico contemplará um breve histórico dos roteiros de ecoturismo no Brasil com o intuito de ilustrar a sua diferença com os roteiros convencionais.

PERFIL DOS ROTEIROS DE ECOTURISMO NO BRASIL

A história da organização de viagens no Brasil é muito recente, e a de roteiros especializados em ecoturismo é ainda mais incipiente. É relevante que se perceba como tais roteiros foram se diferenciando dos itinerários de outros segmentos pertencentes ao turismo de massa.

Segundo Marincek (2008, pp. 215-216), no Brasil os primeiros roteiros organizados de ecoturismo tinham como principal demanda os alunos de escolas particulares que realizavam viagens de estudo do meio ambiente sempre por via terrestre, para visitar destinos próximos à capital paulistana (com destaque para o Parque Estadual e Turístico do Alto Ribeira, o Parque Estadual da Ilha do Cardoso, o Parque Nacional de Itatiaia, o Parque Nacional da Serra dos Órgãos, as trilhas de um dia na Serra do Mar e alguns destinos na Serra da Mantiqueira, como Monte Verde e Visconde de Mauá).

Este início dos itinerários estruturados de ecoturismo no país foi caracterizado pelo amadorismo dos empreendedores, tanto do ponto de vista empresarial quanto comercial, e pelas dificuldades administrativas nos procedimentos de planejamento das viagens.

Com o tempo, os organizadores de roteiros ecoturísticos identificaram que deveria ocorrer um aprendizado do funcionamento de uma agência de viagens no que diz respeito à operação dos itinerários para que houvesse a satisfação plena da clientela, que somente assim retornaria para realizar novos pacotes com a mesma empresa, de forma a garantir a sustentabilidade econômica da atividade.

No final da década de 1990, começaram a surgir os roteiros aéreos ofertados semanalmente com duração de cinco ou oito dias para localidades mais distantes do principal centro emissor do país (São Paulo), como Pantanal, Bonito, Chapada Diamantina, Fernando de Noronha, Chapada dos Veadeiros, Amazônia e Lençóis Maranhenses (Marincek, 2008, p.217).

Para que os roteiros fossem viáveis de serem operacionalizados, necessitavam de um serviço de receptivo bem-estruturado nas localidades, o que ainda não havia naquele período. Para tanto, as operadoras tiveram de instituir o trabalho de capacitação profissional desses prestadores de serviços locais.

Foi nesta mesma época que as operadoras de turismo convencional ou de massa constataram o grande interesse do público pelo turismo de natureza. Assim, empresas como Marsans, Luxtravel, Visual, CVC e a extinta Soletur passaram a investir neste segmento (Marincek, 2008, p. 219).

Neste cenário, percebeu-se um conflito entre as vantagens competitivas, decorrente da *expertise* dessas empresas de viagens de massa frente às operadoras especializadas no setor.

> As grandes operadoras (...) possuem fundamentalmente três grandes vantagens competitivas: poder de negociação para reduzir preços, facilidade para conseguir disponibilidade de vagas nos hotéis e aviões para montar estoques de produtos e, por fim, a grande facilidade de distribuição dos produtos que vendem por meio de uma rede de agências e filiais espalhadas pelo país (Marincek, 2008, p. 223).

Atualmente, os pacotes de ecoturismo se destacam pelo detalhamento do dia a dia dos roteiros e maior número de serviços, inclusive os gastos com passeios e alimentação, ao contrário dos pacotes de massa de roteiros convencionais, que comumente ofertam o mínimo de itens. Em contrapartida, observa-se que muitos destinos de ecoturismo no Brasil ainda não se encontram com infraestrutura apropriada para receber o "ecoturista", que é um viajante normalmente mais experiente e muito exigente, e é nesse contexto que se destaca a relevância da atuação dos experientes profissionais organizadores dos roteiros.

As operadoras especializadas em ecoturismo detêm um conhecimento mais profundo dos produtos/serviços e um *know-how* e *expertise* específicos da elaboração e venda dos roteiros. No entanto, a parceria das empresas focadas no segmento com as operadoras de turismo de massa ou convencional tende a se tornar o caminho mais viável para os itinerários ecoturísticos.

Pode-se dizer que atualmente, no Brasil, as maiores operadoras de ecoturismo são Ambiental, Venturas & Aventuras e Freeway. Os roteiros considerados como "carros-chefe" de cada uma delas são Bonito, Chapada Diamantina e Lençóis Maranhenses, respectivamente, de acordo com Marincek (2008, p.218).

A Freeway é considerada uma das empresas pioneiras no país, tendo iniciado em 1983 seus primeiros roteiros desde o planalto paulistano até a Serra do Mar pela trilha de Paranapiacaba.[1] A Ambiental surgiu em 1987 como resultado das atividades dos sócios Israel Waligora e José Zuquim em ações de defesa do meio ambiente, principalmente na

---

[1] Disponível em: http://www.freeway.tur.br. Acesso em 15/01/2010.

criação de ONGs como a SOS Mata Atlântica e Greenpeace.[2] Por sua vez, a Venturas & Aventuras foi criada em 1992 e já transportou mais de 15.000 passageiros, sendo reconhecida pelo lançamento de roteiros inovadores como o Jalapão (TO) e especializada no destino Chapada Diamantina.[3]

Considerando as políticas de Turismo e seus reflexos na elaboração de roteiros, é fundamental explicitar como está hoje estruturada a atividade turística no Brasil. Em 2003 foi criado o Plano Nacional de Turismo (PNT), que consiste em um instrumento do Ministério do Turismo (MTur), que define diretrizes, metas e programas para o setor turístico no Brasil. Nesse momento, houve a mudança da estratégia de organização da atividade para uma forma descentralizada com a criação do Programa Roteiros do Brasil (PRT) a fim de contemplar as regiões de interesse turístico para o País, pois antes estava em vigor o Programa Nacional de Municipalização do Turismo (PNMT). Desta forma, entende-se que não se pode trabalhar os destinos de forma isolada, mas unidos em parceria em um contexto em que sejam formados itinerários conjuntos de acordo com características similares dos municípios. Nessa ótica, os roteiros de Ecoturismo têm muito a contribuir, pois estimulam a descoberta de novas regiões, beneficiando os autóctones, visitantes e todos os organismos envolvidos diretamente com a atividade turística.

De acordo com as Diretrizes Políticas (2004, p. 8 e 11), o Programa Roteiros do Brasil consiste:

> Num modelo de desenvolvimento integral, na perspectiva da inclusão social, com ênfase na igualdade de oportunidades desejadas pelas populações, em nome das quais se formula o Programa. Regionalizar é transformar a ação centrada na unidade municipal em uma política pública mobilizadora, capaz de provocar mudanças, sistematizar o planejamento e coordenar o processo de desenvolvimento local e regional, estadual e nacional de forma articulada e compartilhada.

O Plano Nacional de Turismo (2007-2010) tem como premissa básica a inclusão de todos os atores envolvidos na atividade turística em âmbito nacional, apoiada na diversificação e segmentação dos produtos turísticos brasileiros. O Mtur concebe o Plano como uma forma de unir os diversos setores políticos e econômicos da sociedade, como os governos federal, estadual e municipal, além das organizações não governamentais, a iniciativa privada e as comunidades locais, o que consiste em um dos principais pilares para o desenvolvimento sustentável, do qual o ecoturismo depende diretamente para sua estruturação.

---

[2] Disponível em: http://www.ambiental.tur.br/Conteudo.asp?ID_SITE_TEXTOS=1 (acesso em 30/01/2010) que também informa que "a Ambiental consagrou-se como a melhor operadora nos destinos Bonito, Pantanal, Amazônia, Fernando de Noronha, Lençóis Maranhenses, Itacaré, Chapada Diamantina, Chapada dos Veadeiros, entre outros, como também lançou no mercado vários desses roteiros. Os roteiros internacionais, como Patagônia, Atacama, Machu Picchu, Mendoza, África, Caribe, Galápagos, México, Costa Rica, entre outros, atingiram tal nível de excelência que tornou intenso e inesquecível o contato do passageiro com o ambiente natural, culturas e comunidades que tem forte relação com seus antepassados.

[3] Disponível em: http://venturas.com.br (acesso em 09/02/2010), que apresenta a estruturação atual da empresa em três departamentos: emissivo, receptivo e corporativo.

Assim, a compreensão do processo de estruturação dos roteiros tradicionais e das singularidades dos pacotes de destinos de ecoturismo envolve o conhecimento detalhado de suas etapas ou fases, que será tratado na próxima seção.

ETAPAS DO PLANEJAMENTO DE ROTEIROS DE ECOTURISMO

A tarefa de elaborar e estruturar um roteiro requer um acompanhamento detalhado que compõe um complexo processo dividido em etapas ou fases conforme a visão de diferentes autores que pesquisaram o tema.

Para Braga e Guerra (2008, p. 117), as fases que compreendem o planejamento e a organização de roteiros turísticos de modo geral são: concepção inicial, processo de preparação, contatos comerciais e contratações, definição de preço de venda, montagem do material promocional, política de distribuição e vendas, reservas e operação.

No entender de Moraes (2000, p. 115) o primeiro passo da montagem de itinerários de turismo consiste no conhecimento das preferências dos visitantes e, depois, na viabilidade de operação, tanto da agência quanto do próprio destino, com posterior levantamento dos atrativos de natureza geográfica, ecológica e social que mais se destacam na região e, principalmente, o acesso a eles, para então se detectar se poderão ser alcançados com ou sem meios de transportes. Assim, considera que o desenvolvimento de produtos ecoturísticos inclui os seguintes procedimentos: preparação do itinerário diário, obtenção de serviços e fornecedores, estabelecimento de uma estrutura de preços e desenvolvimento de uma sociedade com um operador ou agência.

Sob a ótica de Machado (2005, p. 75), para a elaboração dos princípios básicos dos roteiros de natureza, deveriam ser seguidas as seguintes fases: identificação do público--alvo; determinação do tema a ser trabalhado na visitação; reunião dos grupos interessados no projeto para o atendimento de todas as necessidades e anseios de cada equipe; estabelecimento de estratégias para alcançar os objetivos desejados; e elaboração e distribuição do roteiro.

A ideia da concepção inicial proposta por Braga e Guerra (2008) coincide com as de Moraes (2000) e de Machado (2005), pois é preciso partir de uma pesquisa de demanda real e potencial. Atrelado a isso, é necessário averiguar a viabilidade de operação no novo destino e as oportunidades de negócios, o que engloba verificar a flexibilidade dos fornecedores (prazos e preços), garantia de operação (regularidade dos serviços e limites – número mínimo de participantes para a viabilidade econômica do roteiro), sistemas de transporte disponíveis e adequados e a respectiva frequência, a oferta de alojamentos, serviços receptivos e de alimentação durante todos os meses do ano, que serão estudados adiante de forma pormenorizada.

Na etapa de desenvolvimento do itinerário, Moraes (2000) insere as questões relacionadas às transferências ou traslados de origem até o atrativo específico (veículos e horários), encontros e boas-vindas (o *city tour* comumente incluso nos pacotes, como já abordado por Tavares anteriormente), os hotéis (com destaque para assistência a imprevistos e segurança), refeições no percurso (horários e margem de erro), transporte doméstico ou local (veículos 4x4, trator, animais, charretes, barcos, vans, *mountain bike*), atrações, entretenimento e despedida.

Machado (2005) entende que, para organizar um roteiro a um destino de ecoturismo, é preciso se ater aos seguintes aspectos: elaboração de conceitos primários e de regulamentos específicos para a visitação, com especial enfoque na minimização dos impactos em seis etapas: análise das políticas regionais; análise dos objetivos das áreas; zoneamento e análise da área no contexto geral; definições de manejo da área; identificação das características de cada área; e determinação da capacidade de suporte de cada área.

A priori, todos os autores pesquisados são unânimes em afirmar que a verificação do tipo de público que participará do programa de viagens é essencial, pois irá indicar a aceitação de um novo produto para uma determinada clientela, já que, para a estruturação de um itinerário, haverá dispêndio de tempo e de recursos financeiros em pesquisas, tanto de destinos já visitados (roteiros convencionais – oferta real) quanto de localidades a serem exploradas (novos roteiros – oferta potencial). O roteiro deve ser montado sempre na perspectiva da demanda ou dos clientes-alvo segundo seus interesses, necessidades e anseios singulares. Nesta perspectiva, o conceito de segmentação de mercado deve ser aplicado para se atingir e superar as expectativas dos turistas.[4]

Para tanto, a investigação dos interesses ou razões dos viajantes para visitar uma ou outra localidade está em primeiro plano. No caso do turismo ecológico, as motivações podem envolver desde a busca pelo conhecimento geral do lugar, o maior contato com a natureza e/ou a cultura local até a prática de esportes tidos como de aventura. Por esta razão, a escolha de temas para os roteiros servem como fatores de atração para a aquisição de um pacote e da escolha de um destino e de uma operadora turística em detrimento de outra, de forma a posicionar a empresa ou o produto na mente do consumidor. Pode-se citar como exemplos os termos "expedições", "caminhos", "aventuras", "especiais" (portadores de necessidades especiais), entre outras denominações, além de citar apenas o nome do destino a ser visitado. A Venturas & Aventuras, uma das principais operadoras dos roteiros ecológicos no Brasil, por exemplo, identifica os estilos de viagem de seus clientes com as seguintes denominações: "caminhada, contemplativo, expedição, família em ação, lua de mel e mergulho, *trekking*, viagem em grupo, velhinho é a mãe!").[5] Por isso, cada turista deve selecionar o tipo de atividade que pretende realizar durante seu roteiro de acordo com o seu condicionamento físico e o grau de experiência, e o consultor de viagens tem o papel de orientar os viajantes potenciais, sobretudo os "marinheiros de primeira viagem" quanto a esse aspecto para um usufruto adequado do roteiro.

---

4 Os principais critérios usados pela maioria dos autores da área de *marketing* para se conhecer o perfil de um cliente são: geográfico (local de origem dos visitantes); socioeconômico e demográfico (dados estatísticos como faixa etária, gênero, classe social/renda, estado civil, entre outros); psicográfico (que reflete o comportamento do cliente tendo como base suas preferências, *hobbies* e valores); benefício (vantagens buscadas pelos consumidores, como economia, *status*, qualidade ou agilidade etc.).

5 Disponível em: http://www.venturaseaventuras.com.br. Acesso em 20/01/2010.

O conhecimento da melhor época para cada viagem implica na questão da sazonalidade (períodos de alta e baixa temporada ou estação, que variam de acordo com as condições climáticas de cada localidade, o período de férias escolares e eventos especiais), pois os valores e a procura dos destinos apresentam acentuada variação durante o ano. Se, por um lado, é recomendável que se organize grupos pequenos para uma maior harmonização com a natureza e um menor impacto ao ambiente, por outro, a previsão de tempo e de temperatura para cada época irá permitir ou não a realização de uma atividade junto à natureza (como, por exemplo, a maior possibilidade de visualização de determinados animais ou realização de atividades como esqui e mergulho).

Algumas práticas podem partir de cada visitante, mas devem ser pensadas e estabelecidas pela operadora que organiza o roteiro. Pode-se citar a fundamental preocupação em não se deixar lixo nos pontos visitados, que não pode ser queimado ou enterrado, mas acondicionado em embalagens que devem ser trazidas de volta pelos viajantes. Além de não deixar resíduos, não se pode considerar como suvenires os elementos que constituem os atrativos naturais, como flores, folhas, frutos, conchas, pedras etc. A máxima "da natureza nada se tira, apenas fotos, e nada se deixa, apenas pegadas" deve ser sempre seguida, restando as lembranças guardadas na memória.

É inegável que a segurança é elemento crucial em qualquer viagem, ainda mais em um roteiro de ecoturismo, tendo em vista a localização de muitos atrativos, em geral distantes de cidades e sem estrutura de apoio. Logo, o tamanho do grupo, o número de guias condutores e a quantidade e a qualidade dos equipamentos será essencial, principalmente em casos de acidentes. Assim, o conhecimento de técnicas de navegação e de primeiros socorros, bem como o uso adequado de mapas e Sistema Global de Posicionamento (Global Positioning System – GPS), por parte dos acompanhantes é obrigatório.[6]

Com a intenção de se conhecer de fato a qualidade dos serviços que serão prestados aos visitantes, é imprescindível a visita *in loco* dos receptivos nos destinos. Para que esta visitação ocorra de forma ordenada é necessário que se parta da criação de um conjunto de regras e regulamentos de acordo com as características pertinentes a cada área com uma equipe que fiscalize constantemente os possíveis impactos negativos ocorridos com os grupos de turistas, efetivando as devidas reestruturações dos projetos.

Não é raro notar que em muitos casos na fase de prospecção se idealiza um roteiro "de sonho" que não consegue se efetivar na prática, seja por questões técnicas, financeiras ou de negociações com os operadores locais. Por este motivo, é essencial o papel das empresas e órgãos planejadores dos roteiros de ecoturismo na conscientização dos visitantes, tanto nas centrais de informações turísticas (CITs) quanto nos centros de interpretação dos atrativos.

A partir dessas premissas básicas, deve-se olhar atentamente para cada item que compõe um roteiro turístico e suas especificações.

---

6 Independente se for um roteiro de algumas horas, um ou mais dias, não pode faltar em uma mochila lanterna, agasalho, capa de chuva, um estojo de primeiros socorros, alimento e água.

COMPONENTES DOS ROTEIROS TURÍSTICOS

Na etapa de definição de contatos comerciais e contratações serão observados os detalhes pertinentes aos seguintes tipos de serviços: meios de hospedagem, meios de transportes, serviços de alimentação, receptivo local, entretenimento, seguro-viagem, equipamentos e taxas, bem como outros itens.

Meios de hospedagem

Quanto a este quesito, é necessário se detectar a classificação e o porte do local de alojamento, sobretudo se faz parte de alguma rede ou cadeia hoteleira (que já apresenta um padrão em âmbito nacional ou internacional), principalmente o estado de conservação da estrutura geral do estabelecimento conforme sua tipologia.[7] Independente do meio de hospedagem, cabe verificar os tipos de unidades habitacionais (UHs) disponíveis e o tamanho das camas[8] existentes e mais apropriados para cada grupo.

No Brasil, os órgãos oficiais que realizam a classificação dos meios de hospedagem são: MTur, Embratur e a Associação Brasileira da Indústria de Hotéis (ABIH). O primeiro possui as categorias "simples, econômico, turístico, superior, luxo e luxo superior", já o segundo subdivide os equipamentos em hotel (H), hotel de lazer (HL), hotel histórico (HH) e pousada (P), enquanto o último estabelece a classificação por estrelas, de uma a cinco, conforme uma matriz de classificação, com itens obrigatórios para que cada estabelecimento seja enquadrado em determinado padrão, como mostra a **Tabela 8.2** abaixo.

Tabela 8.2 — Itens de classificação hoteleira da ABIH

1 - Itens gerais	2 - Itens específicos	
Posturas legais	Portaria/recepção	Alimentos e bebidas
Segurança	Acessos e circulações	Lazer
Saúde/higiene	Setor habitacional	Reuniões/escritório virtual
Conservação/manutenção	Áreas sociais	Serviços adicionais
Atendimento do hóspede	Comunicações	Ações ambientais

Fonte: ABIH. Matriz de Classificação. Disponível em: http://www.abih.com.br/principal/classificacao.php.

Para as viagens de turismo ecológico é recomendável que sejam escolhidos meios de hospedagem adequados a uma proposta que prime pelos princípios sustentáveis e que se busque, na medida do possível, os padrões de certificação que vêm sendo discutidos para destinos ecológicos. De modo geral, os hóspedes de ecoturismo procuram conforto ao invés de luxo e sofisticação nos estabelecimentos e, por este motivo, deve-se

---

7 De modo geral, os meios de hospedagem são divididos em: hoteleiros (com estrutura compatível à classificação por categorias aceita pelos órgãos oficiais ou pertencem às cadeias hoteleiras nacionais ou internacionais) e *extra-hoteleiros* (não possuem registro por nenhuma entidade) ou ainda atribuem uma autoclassificação, sem respeitar as matrizes dos estabelecimentos hoteleiros.

8 Conforme o número de hóspedes, as UHs podem acomodar de 1 a 4 pessoas, sendo consideradas as siglas SGL (individual), DBL (double), TPL (triplo) e QPL (quádruplo). Porém, em função das dimensões das camas segundo o padrão internacional (king size – casal – maior que o tamanho convencional no Brasil) e queen size (solteiro), é possível que maior número de pax (passageiros) possa ocupar um mesmo quarto.

selecionar aqueles que buscam uma integração harmoniosa do equipamento em meio à paisagem, com uso de materiais locais e práticas que conservem o meio ambiente, como emissão e tratamento de resíduos, utilização de energia solar, economia de água, entre outras ações sustentáveis.

Meios de transporte

Utilizados para se chegar ao destino turístico ou viabilizar a circulação do turista entre os atrativos visitados, os modos de deslocamento se classificam em: rodoviário, aéreo, ferroviário e hidroviário (marítimo, lacustre ou fluvial). O tempo de duração da viagem de ida e volta precisa ser acuradamente mensurado para a escolha correta do meio, a fim de que o turista possa dispor de mais tempo para usufruir de sua estada no destino de maneira satisfatória.

É fundamental que se escolham as datas e os horários preferenciais para uma pesquisa da frequência e disponibilidade de assentos nos meios de transporte que servem a localidade. Para tanto, é preciso se atentar para as distâncias, a duração estimada dos trajetos de acordo com o modo e, sobretudo, prever possíveis atrasos ou alteração de rotas em função de problemas metereológicos (caso dos aviões e navios) e de congestionamentos (para os roteiros terrestres). Cabe ressaltar que nem sempre "o calendário e o relógio" das transportadoras coincidem com as expectativas dos viajantes. Além disso, não se deve negligenciar as preferências ou restrições de empresas por parte de cada passageiro.

O transporte aéreo deve ser utilizado para grandes distâncias e localidades que possuem aeroportos próximos, podendo ser efetuados bloqueios de assentos nos *voos regulares* de companhias aéreas comerciais ou *voos charters*, caso o grupo exija o fretamento total de uma aeronave, o que pode propiciar tarifas mais econômicas.

Para o deslocamento de grupos pequenos (menos de 50 passageiros) entre origem e destino, com trajeto totalmente cumprido via terrestre em distâncias inferiores a 500km, o transporte rodoviário se apresenta como a melhor opção. Assim, as rotas ou estradas de menor tráfego que apresentem melhores condições de segurança e acesso aos atrativos devem ser preferidas. Nestes caminhos, deve-se identificar rotas de fuga se houver algum tipo de acidente ou imprevisto e incluir itinerários com acesso à água, sobretudo nas trilhas.

O transporte terrestre apresenta as modalidades de fretamentos de ônibus ou vans e, neste aspecto, é preciso checar se o valor cobrado para a operadora é do veículo e não dos assentos ocupados. Logo, é primordial que haja a lotação completa do equipamento para que a empresa organizadora não tenha prejuízos. Por outro lado, nos períodos de tempo livre de um roteiro aéreo, pode-se usar a locação de automóveis como alternativa para a realização de passeios opcionais.

Para roteiros que incluam localidades cujas condições geográficas tenham acesso ao mar, rios, lagos ou lagoas, pode-se inserir passeios com balsas, barcos ou embarcações para locação (barcos de pescadores em épocas ociosas ou específicas para lazer, como escunas, veleiros, iates, *jet-kis, banana boat*, entre outros). Também podem ser utilizados barcos-hotel em casos de destinos que os turistas devem pernoitar em barcos devido à peculiaridade da região que não oferece meios de hospedagem nem permite o acesso de grupos para a realização de atividades como mergulho, pesca e observação de fauna e flora.

Um item importante prevê a averiguação das diferenças de velocidade por parte dos vários componentes da equipe, sendo que "nas atividades do turismo de natureza autopropulsionadas, como caminhadas na mata, passeios de bicicleta, uso de caiaques no mar ou prática de esqui na modalidade *cross-country*, a velocidade do grupo terá de acompanhar a pessoa mais lenta" (Mckercher, 2002, p. 247).

De modo geral, é fundamental mensurar o tempo necessário ideal para desfrutar de cada atrativo ou realizar as atividades propostas, horários de início e término dos passeios e de cada dia do roteiro, o tempo de ida e volta para o destino ou meio de hospedagem e entre as atrações e atividades, com folga para imprevistos, períodos para pausas ou intervalos para descansos, realização de outras atividades ou passeios e efetivação de compras. Não se pode esquecer que os visitantes também precisam ter tempo livre para a recuperação das atividades de um dia e a preparação para o dia seguinte.

Serviços de alimentação

Dependendo do sistema de alimentação incluso no roteiro, pode-se incluir as refeições no próprio meio de hospedagem ou em locais específicos, como em restaurantes, ao longo do caminho, o que é muito comum nos roteiros de ecoturismo, considerando a distância dos atrativos naturais aos centros comerciais ou mesmo a falta de estrutura destes espaços.

De acordo com Perussi (2008, pp. 182-183), antes da contratação dos serviços de alimentos e bebidas a operadora de turismo deve se preocupar com uma investigação minuciosa dos seguintes fatores relacionados aos diversos estabelecimentos gastronômicos concorrentes (que oferecem o mesmo tipo de produto e serviço) no destino turístico, caso este não seja o próprio meio de hospedagem, conforme se observa na **Tabela 8.3**:

Tabela 8.3 — Lista de verificação dos itens de um estabelecimento gastronômico

Especialidade da casa – tipo de culinária;
Limpeza tanto da cozinha (local de preparo dos alimentos) quanto do aspecto do salão; (restaurante – espaço do serviço);
Tipo de cardápio (inclusive o "carro chefe") e a qualidade dos tipos de pratos oferecidos;
Eficiência e prestatividade do atendimento;
Dias e horários de funcionamento;
Espaços próprios ou conveniados próximos para estacionamento;
Localização e forma de chegar – distância em relação ao percurso;
Número de assentos apropriados para o tamanho da excursão;
Quantidade de mesas próximas para atender todos os componentes do grupo;

(continua)

Locais para fumantes e não fumantes;
Diversidade de ambientes, como abertos ou fechados, brinquedoteca, locais para *shows*;
Sistema de bufê, rodízio ou a la carte e existência de cardápio específico para crianças;
Acesso para portadores de necessidades especiais;
Cortesias para os guias de turismo e motoristas;
Tipo de ambientação (decoração e tipo de utensílios);
Existência de música ambiente ou ao vivo;
Possibilidade de realização de shows musicais ou atividades de integração como concursos, distribuição de brindes, discursos etc;
Acordos de preços justos e condizentes com o valor dos pacotes previamente adquiridos pelos passageiros.

Fonte: Perussi (2008, pp. 182-183)

◀ Os quatro tipos de sistema de alimentação existentes e que podem ser oferecidos nos pacotes turísticos são os apresentados na **Tabela 8.4** a seguir.

Tabela 8.4 — Sistemas de refeições

Pensão simples (Café da manhã – CM): inclui somente o café da manhã, que pode ser do tipo continental, *breakfast* ou tipo americano ou *brunch*;
Meia-pensão (*Half board* ou *Modified American Plan* – MAP): que abrange o café da manhã e uma refeição diária (que pode ser o almoço ou o jantar conforme acordo entre a operadora e o hotel para se adequar aos horários do pacote; em outros casos pode ser escolhido pelo hóspede), sem bebidas;
Pensão completa (*Full board* ou *Full American Plan* – FAP): com direito ao café da manhã, ao almoço e ao jantar, sem bebidas;
All inclusive (AI): que consiste em todas as refeições e bebidas inclusas com consumo ilimitado.

Fonte: adaptado de Perussi (2008, p. 179)

A escolha final sobre os estabelecimentos e os serviços de alimentação mais adequados ao roteiro e seu respectivo grupo (ou ainda para serem indicados aos passageiros em refeições onde têm livre opção de escolha) deve se basear em todos os quesitos acima apresentados conforme o tipo de destino, sobretudo naquele que oferecer o maior número de diferenciais significativos.

Receptivo local

Engloba tanto o traslado do aeroporto ou porto até o meio de hospedagem na chegada e na saída da viagem ou, na linguagem turística, *transfer in/out,* quanto aos serviços de *city tour*[9] ou *signtseeing,* além do *by night,* que se trata de um passeio pelas principais atrações noturnas de uma localidade turística.

> Em geral, os serviços de receptivo são oferecidos por operadoras de turismo de atuação local, responsáveis por dar assistência ao passageiro no destino visitado, desempenhando, inclusive, a função do guia acompanhante nos processos de *check-in* e *check-out.* Essas empresas podem auxiliar na negociação e na resolução de problemas com hotéis, restaurantes, atrativos e outros equipamentos de lazer e turismo da localidade, servindo como parceiros da operadora emissiva que está longe (Braga e Guerra, 2008, p.123).

Neste aspecto, é fundamental atentar-se para questões recorrentes na organização de roteiros de ecoturismo, pois, muitas vezes, não existem guias devidamente capacitados e credenciados nas destinações para acompanhar os grupos nas atividades que exigem conhecimentos e cuidados específicos. Portanto, para a realização das atividades, é preciso informar aos viajantes se haverá guias acompanhantes em todo o percurso, somente em cada destino de parada (guias locais), intérpretes (para roteiros internacionais, em que a maioria dos viajantes não domina o idioma) e instrutores ou monitores específicos para cada programa.

Como ocorre em roteiros de massa, nas viagens de ecoturismo normalmente não são oferecidos passeios extras, pois a maioria das atividades já está inclusa nos itinerários. Todavia, a contratação de empresas terceirizadas para os traslados se faz obrigatória em muitos casos, sobretudo quando a empresa organizadora do roteiro não dispõe de frota própria e em condições de atender à quantidade de passageiros do grupo. Por fim, neste item o guia de turismo local ou receptivo deve procurar obter ingressos para entradas de atrações com antecedência, em boas condições de usufruto dos atrativos (Braga e Guerra, 2008, p. 123).

Entretenimento

Corresponde aos passeios ou atividades realizadas durante o itinerário que, no caso dos roteiros ecológicos, é um quesito obrigatório, que já está implícito, como descrito no item anterior. Nos roteiros rodoviários, quase a maioria das atividades está embutida no itinerário e é realizada em conjunto, mas, nos roteiros aéreos de voos *charters* ou fretados, algumas atividades podem ser optativas e pagas como extras pelo viajante.

---

9 Passeio pela cidade com breves paradas com duração aproximada de três horas e realizado normalmente logo no início da estada ou um *city tour* apenas panorâmico, sem descida do ônibus.

Seguro-viagem

Atualmente, a maioria dos pacotes (sobretudo os nacionais) dá direito a este tipo de proteção com os serviços principais, como assistência médica e de perda ou extravio de bagagem, com coberturas mínimas. Outros tipos de auxílios como assistência odontológica e jurídica, compra de medicamentos, *traslado* antecipado (retorno à origem antes do término do pacote), viagem de um parente em caso de acidente ou *translado* (repatriação do corpo do passageiro em caso de falecimento) devem ser contratados à parte. Estas variedades de planos possuem valores superiores de garantia para cada tipo de serviço e número de utilizações e devem ser adquiridos junto às agências ou operadoras ou diretamente nas seguradoras de viagem, principalmente nos roteiros internacionais, quando os riscos de eventualidades são maiores. O turista precisa saber se o atendimento será feito em português, se os locais de assistência de saúde estarão próximos do percurso do viajante e se o sistema será de reembolso posterior com os comprovantes do pagamento dos serviços (Perussi, 2008, p. 175-176).

Equipamentos

Nos roteiros de natureza é muito comum a ocorrência de programas que exigem o uso de recursos. Por exemplo, a atividade de *rafting* necessita de caiaques, botes salva-vidas, capacetes, remos etc. para que possa ser realizada com segurança; já para a neve, o turista precisará de esquis e botas; roupas especiais, máscaras, tubos de respiração (*snorkels*), pés de pato e cilindro serão imprescindíveis para a efetivação de um mergulho.

Impostos e taxas

Na maioria dos roteiros os gastos que envolvem órgãos públicos ou privados não estão inclusos nos pacotes, como valores de sindicato de hotéis, taxas de embarque de aeroportos ou portos etc.

Dependendo do tipo de pacote, alguns itens podem ser inclusos ou excluídos, de acordo com o fator preço ou solicitações dos clientes. "Tudo o que os clientes com certeza vão precisar e que logicamente não se pode esperar que eles providenciem não deve ser deixado para trás" (Mckercher, 2002, p. 243).

Outros itens

É fundamental para qualquer roteiro a verificação dos itens que irão compor a bagagem, como o vestuário e os equipamentos necessários à realização das atividades, a atenção às condições do clima e da temperatura local, e, principalmente, o conhecimento das técnicas de primeiros socorros, já que na maioria dos casos os postos de atendimento se encontram mais distantes dos pontos de atração ecoturística.

Depois que todos os itens foram mostrados, será efetuada a montagem e a verificação das disponibilidades para confirmação das reservas. Entretanto, nenhum roteiro pode ser conhecido se a empresa que o idealizou não fizer a adequada divulgação, que implica não só na elaboração do material promocional, mas também na seleção dos melhores canais de comunicação.

Divulgação do roteiro

O material de divulgação, apresentado com fotos, imagens e mapas do(s) destino(s) e acrescido de logomarcas e mensagens da empresa organizadora em um folder ou prospecto, servem não somente para ilustrar, mas também para estimular o futuro viajante.

Para as agências de viagens responsáveis pela venda dos roteiros aos clientes, a operadora deve ainda fornecer informações mais específicas de forma a propiciar ao consultor de viagens os meios mais eficazes de comercialização e orientação dos clientes. Além disso, devem ser também definidos e informados os valores de comissão dos pacotes para os agentes de viagens diretos em lojas físicas ou por intermédio de portais eletrônicos na internet, especialmente quando se trata de novas destinações ou roteiros inovadores, que solicitam maiores esforços no convencimento da demanda.

Devem ser escolhidos os meios de comunicação mais apropriados para a divulgação, além de dimensionar a quantidade e a qualidade das peças, de acordo com a verba disponível e o perfil do público-alvo, escolhendo dias e horários das mídias para atingir o melhor resultado.

O estímulo aos consultores de viagem com *workshops* e viagens de familiarização dos destinos (*famtours*) e de incentivo (premiação) deve ser uma constante por parte das empresas idealizadoras dos roteiros. Tais estratégias servem para alavancar a produtividade dos colaboradores da empresa e incrementar o lucro das organizações, expandindo a divulgação e o conhecimento das localidades turísticas.

No caso dos *workshops*, a amostra de filmes, depoimentos e dinâmicas funciona como significativa maneira de prover os agentes com dados sobre localidades que não conhecem *in loco* ou nas quais não tiveram a oportunidade de realizar um *famtour*, distinguindo-se da viagem de incentivo pelo seu caráter de lazer como recompensa pelo alcance de metas de vendas. As *press trips*, similares aos *famtours*, são oferecidas aos profissionais da imprensa com o intuito de se divulgar matérias das destinações. É relevante frisar que sem a cooperação dos fornecedores dos serviços com descontos ou cortesias, estes roteiros de conhecimento para os profissionais se tornam praticamente inviáveis.

Após a realização das reservas dos passageiros e da posterior efetivação da compra dos pacotes pelos clientes, as operadoras devem providenciar a execução do roteiro, o que consiste no pagamento de todos os fornecedores envolvidos no itinerário e o envio dos dados específicos dos passageiros para que sejam preparados os serviços para a recepção dos turistas.

De posse da definição do itinerário, dos fornecedores e dos preços, é função da operadora elaborar o material promocional para a divulgação do roteiro junto aos distribuidores intermediários e aos consumidores finais.

A fim de cumprir as determinações do Código de Defesa do Consumidor[10] tal material publicitário deve apresentar a lista que consta na **Tabela 8.5** abaixo.

Tabela 8.5 — Itens do roteiro impresso

◖ Número correto de dias e noites[11]
◖ Categoria ou descritivo da infraestrutura do meio de hospedagem
◖ Meio de transporte entre origem e destino e nos destinos
◖ Passeios inclusos e não inclusos, com previsão de duração das atividades[12]
◖ Tipos de vestuários, acessórios e equipamentos recomendados
◖ Acompanhamento de guias de turismo de todo o roteiro e/ou de receptivo local
◖ Preços e formas de pagamento
◖ Taxas extras obrigatórias (conservação ambiental, ISS, de embarque, aeroportuárias etc.)
◖ Documentações, atestados e vacinas para embarque exigidas por autoridades, tanto para viagens nacionais quanto internacionais
◖ Condições de cancelamento e desistências com as respectivas formas de reembolso – quanto mais próxima a data de embarque do roteiro, menores serão os valores devolvidos aos viajantes, em função de multas dos acordos e pagamentos efetuados anteriormente com os prestadores dos serviços
◖ Roteiros rodoviários – salientar que, se não houver um número mínimo estipulado de passageiros, a viagem não poderá ser efetivada, pois não há viabilidade financeira para tal
◖ Cancelamento de atividades – em decorrência de condições climáticas ou outros imprevistos que possam ocorrer durante a viagem que inviabilizem por motivo de força maior e que por esta razão não serão ressarcidos aos passageiros

Fonte: elaborado pela autora (2010)

Primordial é considerar as opiniões dos clientes relatadas nos questionários avaliadores das viagens como principal instrumento de *feedback* para remodelar os itinerários e aperfeiçoar os serviços, de maneira a superar as expectativas da clientela.

Os turistas esperam viver experiências inovadoras, superar seus próprios limites e encarar novos desafios nas viagens junto à natureza. Porém, para proteger a própria vida, tanto no sentido físico quanto psicológico, tendo uma experiência única e enriquecedora, precisam planejar seus itinerários por meio da elaboração dos roteiros e pacotes, sendo que, indubitavelmente, esta tarefa será melhor realizada pelas operadoras especializadas em ecoturismo.

A participação de todos os atores locais é fundamental para o sucesso de um roteiro turístico, tanto na sua fase de prospecção quanto de implantação e posterior acompanhamento, considerando que, além das empresas públicas e privadas, o terceiro setor e, fundamentalmente, a comunidade local, devem se envolver de forma efetiva em todas as fases do projeto.

---

10 Conforme a Seção III do Capítulo V, que trata da Responsabilidade por Vício do Produto e do Serviço e a Seção III do Capítulo V, que tratada Publicidade (Brasil, 1990).

REVISÃO DOS CONCEITOS APRESENTADOS

Como se observou neste capítulo, planejar um roteiro pressupõe antever as possibilidades de uma viagem e de uma estada, o que se constitui em uma tarefa complexa, pois envolve diversos prestadores de serviços e a montagem do itinerário de acordo com as necessidades e desejos dos turistas. No caso específico do ecoturismo, é necessária a organização de um roteiro com maior nível de detalhamento do que de um pacote convencional, considerando as características específicas do turismo de natureza, com destinos peculiares, que exigem um conhecimento mais apurado das etapas e componentes dos roteiros. Além dos meios de transporte e de hospedagem a serem utilizados e os locais para alimentação, a logística é importante para se perceber as interfaces entre todos os itens que compõem os roteiros.

O trabalho de prospecção mercadológica requer pesquisa de campo e negociação com os fornecedores envolvidos, com a posterior criação do folheto promocional ou disponibilização direta no *site* da empresa, que exige constante manutenção e atualização dos dados.

Pela sua grande extensão territorial e diversidade de ecossistemas, paisagens e culturas, o Brasil ainda tem muitos roteiros a serem desenvolvidos. Cabe aos governos em diversas instâncias e aos gestores privados aliados às entidades não governamentais e à sociedade civil detectarem as potencialidades de muitas localidades que, de fato, podem se tornar destinos turísticos, e organizarem os roteiros integrados de forma a atender os anseios de todas as partes, mas fundamentalmente dos autóctones e dos visitantes, perpetuando o usufruto da localidade às futuras gerações.

ATIVIDADES PROPOSTAS

1. Na sua opinião, quais as principais diferenças entre os roteiros tradicionais de massa e os de ecoturismo?

2. Especifique as fases essenciais para a estruturação dos roteiros de ecoturismo.

3. Exponha os principais componentes de um roteiro turístico e as peculiaridades do turismo de natureza em cada um dos itens.

CAPÍTULO 9
Desenvolvimento turístico e gestão da sustentabilidade – perspectivas de novos processos de certificação

Fernando Kanni

CONCEITOS APRESENTADOS NESTE CAPÍTULO

O presente artigo delineia os mais recentes mecanismos de certificação da sustentabilidade aplicáveis ao setor de turismo, um genérico, que é o caso da norma ISO 26000 – que aborda as diretrizes em responsabilidade social para qualquer tipo de organização, e outro mais específico – os Critérios Globais do Turismo Sustentável (GSTC).

INTRODUÇÃO

Staycation. Esta é uma nova forma de uso das férias, ou seja, não viajar, permanecendo em casa – como uma suposta atitude politicamente correta de consumo consciente, segundo Megan Epler Wood, especialista em turismo sustentável, em sua conferência de abertura do curso de extensão Gerenciamento Ambiental do Desenvolvimento do Turismo Internacional (Environmental Management of International Tourism Development) da Universidade de Harvard (2010). Para aqueles que não querem os impactos negativos do turismo, pode ser uma solução: sem a visitação, não há mais problemas, contudo, também não há mais os benefícios dessa alternativa de desenvolvimento local.

O turismo, na atualidade, representa uma das principais atividades econômicas desenvolvidas em todo o mundo e, como sua "indústria" é formada por inúmeros fornecedores de produtos e serviços que compõem a experiência de viagem – em grande parte formada por micro e pequenos negócios –, também é uma das atividades mais complexas de se gerenciar, desde uma atuação institucionalmente legalizada e profissional até às atenções de uma operação socioambientalmente sustentável.

O fato é que, se estamos tratando de uma das maiores atividades econômicas mundiais, surgem as seguintes indagações: esse faturamento têm beneficiado a conservação do meio ambiente, as sociedades locais e seu *ethos* cultural? Seu lucro tem sido bem distribuído entre funcionários, trabalhadores ou fornecedores da cadeia de valor receptiva? Os clientes, turistas ou viajantes de forma geral, têm sido estimulados a enfrentar uma vivência enriquecedora pessoal ou profissional, tanto para eles próprios quanto para as comunidades receptoras as quais lhes acolhem?

A magnitude da economia do turismo está inversamente proporcional aos seus efeitos nos âmbitos socioambientais locais e global, muito embora esse fenômeno social do turismo tenha sido objeto de estudo de vanguarda na questão do uso sustentável, ou ao menos na reflexão e nos debates acerca de um desenvolvimento sem prejudicar a "matéria-prima" de seu processo produtivo (para saber mais sobre a evolução do conceito de turismo sustentável, consultar Kanni, 2002), o que compromete a "galinha dos ovos de ouro", até porque, de tão expansiva que se tornou a atividade, já não restam tantos destinos "novos" para explorar "até a exaustão".

A necessidade de revisão do tipo de relacionamento entre mercado, governos, meio ambiente e demais partes interessadas não é apenas um esforço setorial da área do turismo; também tem sido objeto de atenção das mais variadas atividades econômicas em nosso mundo capitalista por quase todas as nações, por um único motivo: a questão da sustentabilidade não se resume apenas na conservação da biodiversidade, dos recursos hídricos ou paisagens paradisíacas, mas também no prazo autoimposto pela sociedade contemporânea (das atuais e próximas gerações) em termos da sobrevivência da espécie humana no planeta (assista ao filme *Uma verdade inconveniente* e esteja atento aos acordos internacionais ligados ao meio ambiente).

Em 2012, o Rio de Janeiro sediará o evento Rio+20, uma avaliação dos alcances, fracassos e desafios desde a ECO-92, conferência mundial de meio ambiente, quando se solidificou o conceito de desenvolvimento sustentável e que, de diversas maneiras, e em diversas partes do mundo, foi sendo maturado e gradativamente aplicado. Em 2014, o Brasil receberá a Copa do Mundo, e, em 2016, as Olimpíadas no Rio de Janeiro, dois dos maiores megaeventos mundiais que servirão para expor o país e suas realizações por todo o globo. O Brasil, também como integrante primordial do Bric – grupo dos quatro países emergentes de maior potencial econômico da economia globalizada – juntamente com Rússia, Índia e China, e pela pujança de sua biodiversidade e de sua sociodiversidade, tem o dever e a necessidade de se estabelecer com relação ao desenvolvimento sustentável de forma mais assertiva, e, neste artigo, são destacados sua aplicação ao setor de turismo, atividade esta que pode contribuir sobremaneira com o desenvolvimento socioambiental brasileiro e mundial, para o bem dos brasileiros e de nossos futuros visitantes "convidados".

TURISMO, SUSTENTABILIDADE E ROTULAGEM AMBIENTAL

O desenvolvimento turístico pode ter dois enfoques distintos: um que o aborda como um todo enquanto atividade e também todos os fatores e aspectos a ele relacionados, e outro sobre a implantação e operação de organizações atuantes na atividade turística, seja nos núcleos emissores ou, majoritariamente, nas localidades receptoras (exemplos interessantes de gestão da sustentabilidade turística são o Destination Scorecard, da National Geographic, e o Tourism Sustainability Scorecard, metodologia de gestão de destinações turísticas balizada em um sistema que visa a equilibrar variáveis estratégicas para Private Sector Projects do Banco Interamericano de Desenvolvimento - BID), ferramenta de avaliação da sustentabilidade de projetos turísticos financiados pelo BID.

No primeiro caso, quando falamos no desenvolvimento sustentável de destinos turísticos, subentendemos não apenas um aproveitamento sustentável de atrativos e operação sustentável das organizações prestadoras de serviços do setor, mas, sobretudo, de toda a infraestrutura que serve não só aos turistas, mas também às próprias comunidades locais, como é o caso do suprimento de energia, água, coleta e tratamento de esgoto e resíduos sólidos, serviços de segurança, comunicações, saúde, educação, entre outros itens.

Essa abordagem de análise nos leva a perceber que muitos problemas atribuídos ao "turismo" na verdade não têm apenas nessa atividade um vetor exclusivo de pressão indutora. Sem dúvida, há inúmeros problemas "trasladados" dos núcleos emissores para o lugar visitado por conta da escala de usuários sazonais que usufruem de alguns desses serviços públicos; contudo, o fato é que, em muitos casos, há problemas estruturais na sociedade como um todo, e como governos, órgãos legislativos e entes privados gerenciam tais processos de maneira não sustentável, por exemplo, a questão do saneamento básico, que não deveria se limitar a uma rede de simples coleta, mas estender-se ao tratamento das águas servidas (a mesma crítica pode ser atribuída às tecnologias utilizadas que poderiam ser mais diversificadas e limpas).

Para o gerenciamento do fator socioambiental sob a esfera pública, então, poder-se-ia ter instrumentos de abrangência macro (como os pactos internacionais sobre mudanças climáticas e biodiversidade; Agenda 21; política nacional de meio ambiente e controle ambiental; zoneamento ambiental; gestão de recursos hídricos, monitoramento ambiental espacial, entre outros) e micro (como os processos de licenciamento ambiental com seus estudos de avaliação de impactos ambientais; fiscalização ambiental; e compensação ambiental). Nesse sentido, destaque-se a aprovação da Lei Geral do Turismo (Lei nº 11.771, de 17/09/2008), e sua regulamentação (Decreto nº 7.381, de 02/12/2010), que institucionalizaram a Política Nacional de Turismo não mais como ação de gestões do governo federal, mas numa política do Estado brasileiro doravante.

Por outro lado, quando se faz o gerenciamento sob a esfera privada, pode-se destacar como instrumentos de abrangência micro: a política socioambiental, de sustentabilidade ou responsabilidade social; a produção mais limpa; a auditoria ambiental; o monitoramento ambiental; a avaliação do ciclo de vida do produto; o usa de tecnologias limpas; a formação de *clusters* ambientais; e, por fim, a rotulagem ambiental.

A rotulagem ambiental (*ecolabelling*) caracteriza-se como método voluntário de participação visando à avaliação de desempenho ambiental praticado em todo o mundo e que pode ter abrangência regional, nacional ou mundial. Um "selo ecológico" caracterizaria a preferência ambiental por um produto ou serviço, dentro de uma categoria específica, baseado em avaliações do ciclo de vida do produto.

A certificação, enquanto tipologia de rotulagem ambiental, é um programa voluntário baseado em múltiplos critérios, aplicado por terceiros, que concede uma licença autorizando o uso de selos ecológicos em produtos, sugerindo a escolha, por critérios ambientais, de um produto dentro de uma categoria específica baseada em avaliações do ciclo de vida de um produto. Ou seja, toda certificação é uma forma de rotulagem ambiental, porém, nem toda rotulagem ambiental se trata de certificação, pois existem situações de autodeclarações ambientais das próprias organizações, ou mesmo programas voluntários com verificações externas de conformidade não tão criteriosas e mais flexíveis.

> **Para saber mais sobre certificações da sustentabilidade**
>
> *No site www.compendiosustentabilidade.com.br, é possível baixar dois estudos de uma trilogia: Gestão do conhecimento – compêndio de ferramentas de gestão de responsabilidade socioambiental (vol. 1, 2007) e Gestão do conhecimento – compêndio de indicadores de sustentabilidade de nações (vol. 2, 2009). O volume 3, previsto para 2010, ainda não foi publicado e trará o protagonismo como instrumento para o avanço de "uma sociedade civil forte, que permite que as pessoas, inclusive as mais vulneráveis, influenciem e monitorem políticas públicas de todos os níveis e exijam que os governos prestem contas, moral e financeiramente, das suas promessas de reduzir pobreza e exclusão social" (Willis Harman House).*
>
> *Tais estudos apresentam um amplo panorama das principais iniciativas de rotulagem ambiental de 29 países e da União Europeia e Nações Unidas e programas aplicáveis a organizações públicas, privadas e do terceiro setor, contemplando princípios e diretrizes internacionais, de governança corporativa, setoriais e instrumentos de gestão em aplicação nas Américas e na Europa (alguns enfatizando mensurações econômicas, ou sociais, ou ambientais, ou mesmo superando a abordagem do chamado tripple bottom line), constituindo-se portanto em obra de referência sobre o tema.*

As iniciativas e ferramentas de sustentabilidade mais conhecidas e aplicadas no Brasil são:

- Pacto Global (*The Global Compact*): é uma iniciativa da ONU com o objetivo de mobilizar a comunidade empresarial internacional para a adoção, em suas práticas de negócios, de valores fundamentais e internacionalmente aceitos nas áreas de direitos humanos, relações de trabalho, meio ambiente e combate à corrupção, refletidos em 10 princípios, fornecendo diretrizes para a promoção do crescimento sustentável e da cidadania, por meio de lideranças corporativas comprometidas e inovadoras;

- Iniciativa de Publicações Globais (*Global Reporting Initiative* – GRI): é uma rede internacional que congrega mais de mil organizações em mais de 60 países que adotaram os mesmos referenciais para a publicação de seus relatórios de sustentabilidade, constituindo-se até então como o principal referencial para transparência, prestação de contas, elaboração de relatórios e desenvolvimento sustentável. O Brasil é um dos países com maior representação no GRI, iniciado em 1997;
- Responsabilidade Social Internacional (*Social Accountability International* – SAI): trata-se de uma organização global e multi *stakeholder* que tem como missão o estabelecimento de plataformas para aprimorar os direitos humanos dos trabalhadores ao redor do mundo, atuando em mais de 60 países e em 77 setores produtivos;
- Indicadores *Ethos* de Responsabilidade Social Empresarial: trata-se de ferramenta de aprendizado e avaliação da gestão no que se refere à incorporação de práticas de responsabilidade social empresarial ao planejamento estratégico e ao monitoramento e desempenho geral da empresa. É um instrumento de autoavaliação e aprendizagem de uso essencialmente interno;
- ABNT NBR 16001: norma brasileira que trata dos requisitos dos sistemas da gestão da responsabilidade social, concebido em 2004. Esta normalização inspirou a concepção da ISO 26000 e é referência internacional, pois concebe a certificação às organizações em conformidade mínima, mediante auditoria externa.

Conforme mencionado anteriormente, os processos de certificação diferenciam-se das rotulagens ambientais por possuírem um mecanismo mais complexo, demorado e custoso devido às auditorias externas, a partir de entidades "acreditadas", ou seja, apesar da adesão voluntária, o processo tem a vigilância de órgãos internacionalmente reconhecidos e, às vezes, órgãos públicos que credenciam organizações a concederem os certificados àquelas organizações em conformidade mínima, de acordo com a normalização a ser seguida.

No Brasil, tal incumbência governamental está a cargo do Instituto Nacional de Metrologia, Normalização e Qualidade Industrial (Inmetro), ligado ao Ministério do Desenvolvimento, Indústria e Comércio Exterior (MDICE). Trata-se de uma autarquia federal, que atua como secretaria executiva do Conselho Nacional de Metrologia, Normalização e Qualidade Industrial (Conmetro), colegiado interministerial, que é o órgão normativo do Sistema Nacional de Metrologia, Normalização e Qualidade Industrial (Sinmetro). Sua missão é prover confiança à sociedade brasileira nas medições e nos produtos, através da metrologia e da avaliação da conformidade, promovendo a harmonização das relações de consumo, a inovação e a competitividade do país.

Além do lançamento da norma ISO NBR 26000 em dezembro de 2010, houve ainda o encerramento de consulta pública do documento Requisitos Gerais para a Sustentabilidade de Processos Produtivos, e que objetiva estabelecer princípios, critérios e indicadores de sustentabilidade para processos produtivos. Os requisitos propostos são de caráter geral, devendo ser complementados com outros específicos, adequados às especificidades de cada processo produtivo, nos quais o atendimento aos princípios de sustentabilidade é desejável.

Os princípios apresentados nesse documento constituem uma referência para a sustentabilidade de processos produtivos, e são desdobrados em critérios e indicadores. O atendimento de um princípio confirma-se quando os respectivos critérios são cumpridos. O cumprimento de cada critério é verificado mediante o atendimento dos respectivos indicadores, que podem ser quantitativos ou qualitativos. Considerando as características dos diversos processos produtivos, nem todos os indicadores serão aplicáveis. Desta forma, é definida uma estrutura hierárquica de princípios, critérios e indicadores, que tem a função de estabelecer boas práticas e uma referência para a avaliação da sustentabilidade de processos produtivos. O documento propõe que será considerado processo produtivo sustentável quando se evidenciar que os princípios são cumpridos.

Esta proposta do MDICE, aliada à outra consulta pública do Ministério do Meio Ambiente (MMA), que também se encerrou em dezembro de 2010, ligado à Política Nacional de Produção e Consumo Sustentável, demonstra que, efetivamente, as questões de sustentabilidade e responsabilidade social também entraram na pauta do governo, mesmo que com grande atraso, frente às mobilizações do setor empresarial e do terceiro setor nacionais e internacionais.

Já no que se referem a certificações em turismo, no Brasil, são poucos os artigos que tratam do assunto de forma aplicada (WWF-Brasil, 2001; Kanni, 2004; Salvati, 2005; Prochnow & Vasconcelos, 2008), mas, no cenário internacional, há interessantes estudos ligados a organizações não governamentais como o WWF e a Rainforest Alliance, agências das Nações Unidas e da União Europeia. Dois estudos de referência que merecem destaque são publicações da Organização Mundial de Turismo (sendo que uma delas já foi traduzida para o português – ver referência ao final).

Na última década, houve uma profusão de selos "socioambientalmente amigáveis" no setor de turismo, seja de países (como os *benchmarks* da Austrália com o Programa de Certificação de Natureza & Ecoturismo – Nature & Ecotourism Certification Programme NEAP, e da Costa Rica com o Certificado de Turismo Sustentável – Certification for Sustainable Tourism – CST), seja por tipos de negócios (como o Iniciativas de Operações Turísticas – Tour Operator Initiative, TOI, vinculado ao Programa das Nações Unidas para o Meio Ambiente-Pnuma, aplicável aos operadores de turismo; e o Green Globe 21, vinculado ao Conselho Mundial de Viagens e Turismo (World Travel and Tourism Council – WTTC), aplicável ao setor hoteleiro) ou por atrativo (como é o caso do Blue-flag, vinculado à Fundação para o Desenvolvimento da Educação na Europa – Foundation for Environmental Education in Europe, FEEE, aplicável a praias), por exemplo, cuja quantificação varia entre 100 e 250 selos "ecológicos" em todo o mundo, dependendo do órgão estimador.

No Brasil, já foram registradas iniciativas no final da década de 1990 e início dos anos 2000 como o Programa Hóspedes da Natureza, da ABIH, o Programa Melhores Práticas em Ecoturismo (MPE) do Funbio, e ainda os vigentes Programa de Gestão Ambiental da Associação de Hotéis Roteiros de Charme e o Sistema de Gestão na Área do Turismo do Inmetro – ABNT, com destaque para o Sistema de Gestão Sustentabilidade para Meios de Hospedagem da NBR 15401, além de diversas normas ligadas à gestão da segurança e operação de práticas ao ar livre do turismo de aventura e inúmeras normas de ocupações profissionais da área de hospitalidade.

A partir da criação da NBR 15401, espera-se que os meios de hospedagem do país sejam capazes de controlar os impactos ambientais no meio cultural; contribuir ativamente para a conservação, a revitalização e a recuperação dos recursos naturais; buscar resultados econômicos com ética, contribuindo para a justiça social e a valorização das culturas locais; buscar a legitimidade política em termos de participação e transparência nos processos de decisão e representação comunitária; e interagir com os integrantes da cadeia produtiva do turismo de maneira a construir as condições operacionais para instituir sistemas de gestão da sustentabilidade do turismo com abrangências setorial geográfica.

PERSPECTIVAS DA ISO 26000 E DO GSTC NO SETOR TURÍSTICO

A norma ISO 26000 e os GSTC foram selecionados por se constituírem nos mais atualizados e representativos processos legitimados de certificação da sustentabilidade atualmente em vigência. Para a verificação específica das demais certificações citadas neste artigo, recomenda-se a consulta aos *sites* respectivos (ver referências ao final).

A ISO, fundada em 1946, é a organização internacional de normalização, com sede em Genebra, na Suíça, e que tem como associados os organismos de normalização de cerca de 160 países. Seu propósito é a criação de normas que facilitem o comércio e promovam boas práticas de gestão e o avanço tecnológico, além de disseminar conhecimentos. Seus instrumentos mais conhecidos são a ISO 9000 para gestão da qualidade, e a ISO 14000 para gestão do meio ambiente.

Após cinco anos de intenso trabalho, que envolveu cerca de 450 especialistas de 99 países em intensa mobilização, a recente norma de responsabilidade social foi publicada em dezembro de 2010. Em decisão histórica de 2004, Brasil e Suécia – por meio de seus respectivos organismos de normalização, a Associação Brasileira de Normas Técnicas (ABNT) e o Instituto Sueco de Normalização (SIS, na sigla em inglês) – foram eleitos para presidir o grupo de trabalho encarregado de elaborá-la, o que demonstra mais uma vez a liderança brasileira nas questões de responsabilidade social, o engajamento de grandes empresas transnacionais com atuação no país e de estratégicas organizações do terceiro setor, historicamente preocupadas com essas questões.

Essa concepção multi *stakeholder* do processo de seu desenvolvimento foi uma inovação da norma no âmbito dos trabalhos na ISO, comumente confinada entre setores produtivos e representantes dos trabalhadores. Além da peculiaridade, é importante ressaltar que a ISO 26000 – Diretrizes em Responsabilidade Social é uma norma de diretrizes, sem o propósito de certificação (tal decisão é decorrência da própria complexidade da temática abordada, e no sentido apenas de referenciar, por enquanto, aos interessados de parâmetros internacionalmente consensuais), aplicável a todos os tipos e portes de organizações (pequenas, médias e grandes) e de todos os setores (governo, ONGs e empresas privadas), diferentemente da ABNT 16001, que concede a certificação às organizações.

A norma define que responsabilidade social é a "responsabilidade de uma organização pelos impactos de suas decisões e atividades na sociedade e no meio ambiente, por meio de um comportamento ético e transparente que: contribua para o desenvolvimento sustentável, inclusive a saúde e o bem-estar da sociedade; leve em consideração as expectativas das partes interessadas; esteja em conformidade com a legislação aplicável; seja consistente com as normas internacionais de comportamento; e esteja integrada em toda a organização e seja praticada em suas relações". Dessa forma, deve-se entender doravante, sob a égide da norma, que se incorporou a gestão da sustentabilidade sob essa nova denominação de responsabilidade social e, que complementa preocupações anteriores da ISO com a questão de meio ambiente, já detalhadas na ISO 14001. Seus princípios são:

- responsabilização (*accountability*): assumir voluntariamente as responsabilidades pelas consequências de suas ações e decisões, respondendo pelos seus impactos na sociedade e no meio ambiente, prestando contas aos órgãos de governança e demais partes interessadas;
- transparência: fornecer às partes interessadas, de forma acessível, clara, compreensível e em prazos adequados, todas as informações sobre os fatos que possam afetá-las;
- comportamento ético: agir de modo aceito como correto pela sociedade e de forma consistente com as normas internacionais de comportamento;
- considerações pelas partes interessadas (*stakeholders*): ouvir, considerar e responder aos interesses das pessoas ou entidades que tenham um interesse identificável nas atividades da organização;
- respeito ao Estado de Direito: ponto de partida mínimo para ser considerado socialmente responsável; cumprir integralmente as leis do local onde está operando;
- respeito às normas internacionais de comportamento: adotar prescrições de tratados e acordos internacionais favoráveis à responsabilidade social, mesmo que não obrigada por lei; e
- direito humanos: reconhecer a importância e a universalidade dos direitos humanos, cuidando para que as atividades da organização não os agridam direta ou indiretamente, zelando pelo ambiente econômico, social e natural que requerem.

Os temas centrais, sobre os quais se debruça a ISO 26000 são:

- governança organizacional: trata de processos e estruturas de tomada de decisão, delegação de poder e controle. O tema é, ao mesmo tempo, algo sobre o qual a organização deve agir e uma forma de incorporar os princípios da responsabilidade social à sua forma de atuação cotidiana;
- direitos humanos: inclui verificação de obrigações e de situações de risco; resolução de conflitos; direitos civis, políticos, econômicos, sociais e culturais; direitos fundamentais do trabalho; evitar a cumplicidade e a discriminação; e cuidado com os grupos vulneráveis;

- práticas trabalhistas: refere-se tanto a emprego direto quanto ao terceirizado e ao trabalho autônomo. Inclui emprego e relações do trabalho; condições de trabalho e proteção social; diálogo social; saúde e segurança ocupacional; desenvolvimento humano dos trabalhadores;

- meio ambiente: inclui prevenção da poluição; uso sustentável de recursos; combate e adaptação às mudanças climáticas; proteção e restauração do ambiente natural; e os princípios da preocupação, do ciclo de vida, da responsabilidade ambiental e do "poluidor pagador";

- práticas operacionais justas: compreende combate à corrupção; envolvimento político responsável; concorrência e negociação justas; promoção da responsabilidade social na esfera da influência da organização e respeito aos direitos de propriedade;

- questões dos consumidores: inclui práticas justas de negócios, *marketing* e comunicação; proteção à saúde e à segurança do consumidor; consumo sustentável; serviço e suporte pós-fornecimento; privacidade e proteção de dados; acesso a serviços essenciais; educação e conscientização; e

- envolvimento com a comunidade e seu desenvolvimento: refere-se ao envolvimento com a comunidade; investimento social; desenvolvimento tecnológico; investimento responsável; criação de empregos; geração de riqueza e renda; promoção e apoio à saúde, à educação e à cultura.

A amplitude do escopo da ISO 26000, como se verá em seguida, contempla aspectos não considerados tão detalhadamente pelos GSTC.

Conforme já citado, a própria profusão de selos, prêmios e códigos de conduta ao redor do mundo na área do turismo, propiciou, em 2007, uma coalizão de 27 das mais importantes organizações da área do turismo, nunca antes vista, para a concepção do *benchmark* mais representativo e atual acerca da certificação no setor. Fazem parte dessa empreitada desde organismos das Nações Unidas que se inter-relacionam com o assunto (OMT, Pnuma, Organização das Nações Unidas para a Educação, a Ciência e a Cultura – Unesco, entre outras), passando por tradicionais organizações do terceiro setor – algumas de atuação regional e diversas de abrangência internacional, seja da própria área de turismo ou correlatas, como a social (Tourism Concern, por exemplo) e ambiental (Conservação Internacional, por exemplo), passando por instituições educacionais e consultores da indústria do turismo.

A partir da compilação e análise dos principais mecanismos de certificação em turismo hoje utilizados em todo o mundo (60 processos e mais de 4.500 critérios), feitos por especialistas integrantes das organizações citadas, foram feitas cinco versões do GSTC, incluindo participações públicas em quatro idiomas em consulta na *web* em um período de dois meses em meados de 2009, em especial, dos setores hoteleiros e de *tour* operadores, dentre outras partes interessadas (mais de 1.500 indivíduos), o que renderam mais de cem mil comentários, visando o aprimoramento da proposta.

As visões apontadas pelos participantes quanto a contribuições do GSTC para o turismo sustentável foram (em ordem decrescente): a educação dos consumidores; a influência no comportamento de consumo para organizações responsáveis socioambientalmente; a possibilidade de ranqueamento dos negócios turísticos; a educação dos negócios turísticos; o próprio *benchmarking*; a definição de padrões; o engajamento da mídia; e a unificação da "indústria" turística.

Os hotéis e operadores de turismo que responderam a pesquisa têm a expectativa de que os GSTC possam, em suas organizações (em ordem decrescente): servir para mensurações internas e estabelecimento de metas; aprimorar a imagem pública e reputação institucional; convergir com exigências iminentes da demanda consumidora; satisfazer a demanda atual de usuários; alinhar-se a padrões de operadores e consolidadores de turismo; engajar-se em atividades da denominada responsabilidade social corporativa; buscar a certificação envolvendo organização externa de reputação reconhecida; entre outros fatores de menor representatividade.

Os GSTC estão alinhados com os desafios globais dos Objetivos do Milênio, preconizados com as Nações Unidas e com a preocupação da eliminação da pobreza, sustentabilidade ambiental, com destaque para as mudanças climáticas e visam à aplicação prática em todas as formas de turismo, focados em quatro aspectos: demonstração efetiva de gestão sustentável; maximização dos benefícios sociais e econômicos para as comunidades locais com minimização dos impactos negativos; maximização dos benefícios para o patrimônio cultural com minimização dos impactos negativos; e maximização dos benefícios para o meio ambiente com minimização dos impactos negativos. Cada um desses aspectos possui critérios específicos mais detalhados, além de indicadores de desempenho, materiais educacionais associados e outras ferramentas para criação.

Foi constituído um Conselho Global de Turismo Sustentável (denominado Travel Forever), que gestionará esse processo e que possui como expectativas de uso dos critérios:

- sirva como diretrizes básicas para negócios de todos os portes a se tornar mais sustentável, e colabore com tais empreendimentos na escolha de iniciativas de turismo sustentável que contemplem tais critérios globais;
- oriente as agências de viagens na escolha de fornecedores e de iniciativas de turismo sustentável;
- auxilie consumidores a identificar negócios e iniciativas de turismo sustentável;
- referencie os veículos de comunicação a reconhecer provedores de iniciativas de turismo sustentável;
- auxilie que certificações e outros programas de adesão voluntária assegurem que seus padrões de operação estejam referenciados por linhas de base (termo que caracteriza parâmetros de análise do que mais e menos conforme o critério em avaliação) aceitas internacionalmente;
- ofereça um ponto de partida para o desenvolvimento de requisitos de sustentabilidade no turismo para programas governamentais, não governamentais ou da iniciativa privada; e
- por fim, sirva de diretriz básica para entidades educacionais e de treinamento, como hotéis-escola e instituições de ensino.

CONSIDERAÇÕES FINAIS

Um questionamento fundamental na estratégia da sustentabilidade por meio da certificação é que, enquanto mecanismos voluntários, as organizações não são obrigadas a obter o selo para suas operações cotidianas. Contudo, essa lógica tem recebido apoio crescente de governos e adesão por parte de empresas, justamente devido à competitividade que se passa a ter mediante a obtenção dessa conquista, que é cada vez mais relevante para o mercado consumidor.

Para as empresas e os profissionais, passa a haver uma referência técnico-profissional, a vantagem competitiva frente à concorrência e o fortalecimento institucional da marca. Para o consumidor tem-se maior facilidade na identificação de fornecedores idôneos, referências reconhecidas de qualidade do produto ou serviço e maior confiança na responsabilidade socioambiental do empreendedor e sustentabilidade do negócio.

Obviamente, não devemos confundir a gestão da sustentabilidade no processo de desenvolvimento turístico exclusivamente pela certificação das organizações atuantes na operação do turismo; entretanto, só teremos uma oferta turística sustentável a partir de demandas turísticas sustentáveis. O que se espera não é apenas o atendimento a nichos de consumidores conscientes, mas governos, empresas e terceiro setor sensibilizados, mobilizados e articulados para a promoção da inclusão quantitativa para práticas de experiências turísticas, com qualidade para operadores, viajantes, comunidades e meio ambiente.

Quem ganha é a "aldeia global" em sua pequenina trajetória de vida na Terra. Por um turismo sustentável, para uma sociedade sustentável.

ATIVIDADES PROPOSTAS

Para explorar e se aprofundar no estudo das temáticas abordadas, é preciso estar atento às atualizações e novidades dos mecanismos de certificações que congreguem as organizações atuantes no setor de turismo, bem como aquelas envolvidas em toda a cadeia produtiva da atividade turística, ou mesmo da gestão de atrativos turísticos em si por meio de indicadores de sustentabilidade.

Criteriosas pesquisas na internet e em periódicos científicos internacionais são o meio mais ágil de estar antenado nas novidades das dificuldades e sucessos dos processos em vigência, pois se tratam de experiências em construção.

Esteja atento aos aprendizados de governos, empresas, organizações do terceiro setor, universidades e instituições de pesquisa, em especial dos Estados Unidos, Canadá, Reino Unido, França, Espanha, Austrália, Nova Zelândia e Costa Rica, países na vanguarda do estudo e monitoramento do desempenho da sustentabilidade aplicada ao turismo.

A fim de provocar discussões e consolidar o conhecimento, sugerimos os seguintes tópicos para debates ou pesquisa dos interessados:

1. compare exigências legais em prol da sustentabilidade no desenvolvimento do turismo com mecanismos de certificação voluntária;

2. monitore o comportamento de consumo dos viajantes em relação à sustentabilidade e ao cotidiano em si da vida dos cidadãos – é o poder do consumidor na mudança da oferta de produtos e serviços e a observação da evolução de sua educação para uma conduta mais responsável nas experiências de viagem;

3. atente às especificidades e peculiaridades da dinâmica do turismo em cada localidade receptora – os fatores naturais, sociais, culturais, econômicos e institucionais são diversificados e muitas vezes únicos; portanto, o gerenciamento da sustentabilidade pode merecer uma customização de procedimentos e indicadores de monitoramento.

Referências

ABRAMS, Peter; BORRINI-FYERABEND, Grazia; GARDNER, Julia; & HEYLINGS, Pippa. *Evaluating governance: handbook to accompany process for protected area.* 2003. Disponível em: http://www.iucn.org/themes/ceesp/Wkg_grp/CMWG/EVALUATIG%20GOVERNANCE%HANDBOOK.doc. Acesso em: 20/04/2010.

ALMEIDA JUNIOR, José Maria. *Desenvolvimento Sustentável: a universidade e a ética do planeta harmônico e da cidadania plena.* Educação Brasileira, 1993.

ANDRADE, Manuel Correa de. O pensamento geográfico e a realidade brasileira. São Paulo: *Boletim Paulista de Geografia*, nº 54. 1977.

ARAÚJO, T. C. D. *Ecoturismo ou greenwashing?* Disponível em: http://www.partes.com.br/Turismo/ Ecoturismo.asp. Acesso em 05/08/2007.

ARCHER, Brian & COOPER, Chris. Os impactos positivos e negativos do turismo". In: THEOBALD, William F. *Turismo global.* 2. ed. São Paulo: Senac, 2002. Tradução de Anna Maria Capovilla, Maria Cristina Guimarães Cupertino & João Ricardo Barros Penteado.

BENI, Mário Carlos. *Análise estrutural do turismo.* São Paulo: Senac, 2001.

BESANCENOT, J. P. Clima y turismo. Barcelona: Masson S.A., 1991. 223 p.

BERNALDÉZ, G. Turismo y médio ambiente. Cuadernos de Educación Ambiental, Madri, Centre Unesco de Catalunya, n. 15, 1994.

BERTRAND, Georges & BERTRAND, Claud. *Uma geografia transversal e de travessias: o meio ambiente através dos territórios e das temporalidades.* Messias Modesto dos Passos (org.). Maringá (PR): Massoni, 2007.

BERTRAND, Georges. *Paisagem e geografia física global. Esboço metodológico.* São Paulo: Instituto de Geografia da USP, 1972. Tradução de Olga Cruz.

BORGES, M. M. Levantamento do potencial ecoturístico (inventário). In: *Manual de Ecoturismo de Base Comunitária: ferramentas para um planejamento responsável.* Brasília: WWF-Brasil, 2003.

BORRINI-FEYERABEND, G., KOTHARI, A. & OVIEDO, G. *Indigenous and local communities and protected areas: towards equity and enhanced conservation.* 2004. Gland,

Switzerland, and Cambridge, UK: IUCN. Disponível em: http://www.iucn.org/dbtw--wpd/edocs/PAG-011.pdf. Acesso em 20/04/2010.

BOULLÓN, Roberto C. *Planejamento do espaço turístico*. Bauru (SP): Editora da Universidade do Sagrado Coração, 2002. Tradução: Josely Vianna Baptista.

BRAGA, Debora Cordeiro & GUERRA, Gleice Regina. Planejamento e operacionalização de pacotes. In: *Agências de viagens e turismo – práticas de mercado*. Rio de Janeiro: Elsevier, 2008.

BRASIL. *Áreas protegidas do Brasil 2 – gestão participativa do Snuc*. Brasília: MMA, 2004.

_____. *Plano Nacional de Áreas Protegidas*. Brasília: MMA, 2006.

_____. *Snuc - Sistema Nacional de Unidades de Conservação: texto da Lei nº 9.985, de 18/07/2000 e vetos da presidência da República ao PL aprovado pelo congresso Nacional*. São Paulo: Conselho Nacional da Reserva da Biosfera da Mata Atlântica, 2000. 2. ed. ampliada. Disponível em: http://www.rbma.org.br/rbma/pdf/Caderno_18_2ed.pdf. Acesso em 06/04/2010.

_____. *Diretrizes para uma política nacional de ecoturismo*. Brasília: Ministério do Meio Ambiente/Ministério da Indústria, do Comércio e do Turismo e Instituto Brasileiro de Turismo (Embratur), 1994.

_____. *Manual de Apoio ao Gerenciamento das Unidades de Conservação Federais*. Brasília: Instituto Brasileiro do Meio Ambiente e dos Recursos Naturais Renováveis (Ibama) e Cooperação Técnica da Alemanha/Deutsche Gesellschaft für Technische Zusammenarbeit (GTZ), 1999.

_____. Congresso. Senado. *Lei nº 9.985, de 18/07/2000. Regulamenta o art. 225, § 1º, incs. I, II, III e VII da Constituição Federal, institui o Sistema Nacional de Unidades de Conservação da Natureza e dá outras providências*. Brasília: Diário Oficial (da) República Federativa do Brasil, 2000.

_____. Ministério do Turismo e Instituto Brasileiro do Turismo (Embratur). *Estudo sobre o turismo praticado em ambientes naturais conservados. Relatório final*. São Paulo: dezembro, 2002.

_____. Ministério do Meio Ambiente. *Diretrizes para visitação em unidades de conservação*. Brasília: Secretaria de Biodiversidade e Florestas. Diretoria de áreas protegidas, 2006a.

_____. Ministério do Turismo. *Cartilha de segmentação em turismo*. Brasília: Secretaria Nacional de Políticas de Turismo. Departamento de Estruturação, Articulação e Ordenamento Turístico. Coordenação Geral de Segmentação. Programa de Regionalização do Turismo: Roteiros do Brasil, 2006b. Coordenação geral: Tânia Brizola.

_____. Ministério do Turismo. *Ecoturismo: orientações básicas*. Brasília: Secretaria Nacional de Políticas de Turismo, Departamento de Estruturação, Articulação e Ordenamento Turístico, Coordenação Geral de Segmentação, 2008.

_____. Ministério do Turismo. *Estudo da demanda turística internacional entre 2005-2007*. Brasília: Secretaria Nacional de Políticas de Turismo. Departamento de Estudos e Pesquisas. Abril de 2009.

_____. Ministério do Turismo e Instituto Brasileiro do Turismo (Embratur). *Estudo sobre o turismo praticado em ambientes naturais conservados. Relatório final*. São Paulo: dezembro, 2002.

_____. Ministério do Meio Ambiente. *Diretrizes para visitação em unidades de conservação*. Secretaria de Biodiversidade e Florestas. Diretoria de áreas protegidas. Brasília: 2006a.

_____. Ministério do Turismo. *Ecoturismo: orientações básicas*. Secretaria Nacional de Políticas de Turismo, Departamento de Estruturação, Articulação e Ordenamento Turístico, Coordenação Geral de Segmentação. Brasília: 2008.

BRUNHES, Jean. *Geografia humana*. Barcelona: Editorial Juventud AS. Traducción de Joaquina Comas Ros; revisión de Salvador Llobet, 1948.

CALVENTE, Maria Del Carmen M. Ilhabela: turismo e território. In: DIEGUES, A C. (org.). *Ilhas e sociedades insulares*. São Paulo: Nupaub-USP, 1997.

CARREIRO, P.; TABANEZ, M. F.; & SOUZA, S. A. de. *Contribuições do roteiro interpretativo da trilha das árvores gigantes às práticas de professores que visitam o Parque Estadual de Porto Ferreira*. Série Registros. São Paulo: Instituto Florestal, julho de 2009. nº 40.

CARVALHO, Marcos: *O que é natureza*. 2. ed. São Paulo: Brasiliense, 1999.

CASSETI, Valter. Ambiente e apropriação do relevo. São Paulo: Contexto, 1991.

CEBALLOS-LASCURÁIN, 1987. In: Instituto Ecobrasil. Documento do Banco Nacional de Desenvolvimento Econômico e Social (BNDS). Disponível em: http://pessoal.utfpr.edu.br/gustavothl/outros/doc2.pdf . Acesso em:10/01/2011.

CEDDET – Fundación Centro de Educación a Distancia para el Desarrollo Económico y Tecnológico; Ministerio de Industria, Turismo y Comercio, Secretaria de Estado de Turismo y Comercio. Recursos a productos en los destinos turísticos culturales. Curso *on-line*: Módulo 1: Creación y Gestión de Productos y Destinos Turísticos Culturales Competitivos. Espanha: 2005.

CIFUENTES, M. *Determinación de capacidad de carga turística en áreas protegidas*. Serie Técnica. Turrialba, Costa Rica: Centro Agronómico Tropical de Investigación y Enseñanza (Catie), 1992. Informe Técnico nº 194.

_____. et al. *Determinación de la capacidad de carga turística en los sitios de visita del Parque Nacional Galápagos*. Quito: Instituto Ecuatoriano Forestal y de Áreas Naturales y Vida Silvestre, 1996.

CLAVAL, Paul. A paisagem dos geógrafos. In: Corrêa, Roberto; Rosendahl, Zeny (orgs.). *Paisagens, textos e identidade*. Rio de Janeiro: EdUERJ, 2004.

_____. *A geografia cultural.* 2. ed. Florianópolis: Ed. da UFSC, 2001. Tradução de Luiz Fugazzola Pimenta & Margareth de Castro Pimenta.

_____. *Histoire de la geographie.* Col. Que sais-je? Paris: Press Univiersitaires, 1995.

_____. *Evolución de la geografia humana.* Barcelona: Oikos-Tau S.A. Ediciones, 1974.

_____. J.B. Considerações sobre mudanças climáticas globais. In: SANT'ANNA NETO, J.L.; & ZAVATINI, J.A. (orgs.). *Variabilidade e mudanças climáticas – implicações ambientais e socioeconômicas.* Maringá (PR): Universidade Estadual de Maringá, 2000.

COOPER, Chris et al. *Turismo, princípios e prática.* 2. ed. Porto Alegre: Bookman, 2001. Tradução de Roberto Cataldo Costa.

CORRÊA, Roberto Lobato. *Região e organização espacial.* São Paulo: Ática, 1986.

_____ & ROSENDHAL, Zeny. Geografia cultural: introduzindo a temática, os textos e uma agenda. In: Correa, R. & Rosendhal, Z. (orgs.) *Introdução à geografia cultural.* Rio de Janeiro: Bertrand Brasil, 2003.

COSTA, Patrícia Côrtes. *Unidades de conservação: matéria-prima do ecoturismo.* São Paulo: Aleph, 2002.

CRUZ, R.C.A. Introdução à Geografia do Turismo. 2. ed. São Paulo: Editora Roca Ltda, 2003. 126 p.

DAEMON, I. G. E. & SAAB, W. G. L. *Os principais polos de ecoturismo no Brasil.* Embratur e Banco Nacional de Desenvolvimento Econômico e Social. Área de Operações Industriais 2, Gerência Setorial de Turismo. Boletim 11/03/2000.

Dicionário Houaiss da Língua Portuguesa. Rio de Janeiro: Objetiva, 2001.

DIEGUES, Antonio Carlos. *O mito moderno da natureza intocada.* São Paulo: Hucitec, 2001.

_____. Etnoconservação da natureza: enfoques alternativos. In: DIEGUES, A. C. (org.). *Etnoconservação: novos rumos para a proteção da natureza nos trópicos.* São Paulo: Hucitec, 2000.

DIRETRIZES PARA VISITAÇÃO EM UNIDADES DE CONSERVAÇÃO. Coleção Áreas Protegidas do Brasil. Ministério do Meio Ambiente, 2006. V. 3.

DREW, David. *Processos interativos homem-meio ambiente.* 4. ed. Rio de Janeiro: Bertrand Brasil, 1998. Tradução de João Alves dos Santos.

EAGLES, Paul F. J., MCCOOL, Stephen F. & HAYNES, Christopher D. A. *Sustainable tourism in protected areas: guidelines for planning and management.* Gland, Switzerland, and Cambridge, UK: IUCN, 2002.

ESPÍNOLA, Andréa Maximo. Certificação Ambiental para Meios de Hospedage. Disponível em: http://www.usp.br/nutau/CD/77.pdf. Acesso em 20/03/2011.

FARREL, Tracy A. & MARION, Jeffrey L. The protected area visitor impact management (Pavim) framework: a simplified process for making management decisions. *Journal of Sustainable Tourism,* 2002. vol. 10, nº 1.

FORMAN, Richard T.T. & GODRON, Michel. *Landscape Ecology*. New York: John Willey & Sons, Inc. 1986.

FREIXÊDAS-VIEIRA, Valéria M., PASSOLD, Anna Júlia & MAGRO, Teresa Cristina. Impactos do uso público: um guia de campo para utilização do método VIM. II Congresso Brasileiro de Unidades de Conservação. *Anais*. Campo Grande: Rede Nacional Pro Unidade de Conservação, Fundação O Boticário de Proteção a Natureza, 2000.

FURLAN, Sueli Ângelo. Lugar e cidadania: implicações socioambientais das políticas de conservação ambiental. In: Diegues, A.C. (org.) *Enciclopédia Caiçara*. São Paulo: Hucitec-Nupalb-CEC/USP, 2004. vol. 1.

FURTADO, L. M. V.; JESUS, F. de; GONÇALVES, V.; LIMA, S. F.; & FERREIRA, L. M. *Roteiro para elaboração do Projeto de Uso Público (PUP)*. Anexo ao Termo de Referência para contratação da elaboração de projeto específico de uso público para unidades de conservação (unidade de conservação) federais. Brasília: MMA/IBAMA. 2001.

GIATTI, L. L. Ecoturismo e impactos ambientais na região de Iporanga, Vale do Ribeira (SP). São Paulo: USP/FSP - Faculdade de Saúde Pública. 2004. Tese de Doutorado.

GOHN, Maria da Glória. Conselhos gestores na política social urbana e participação popular. *Cadernos Metrópole*. São Paulo: 1º sem. 2002. nº 7. Disponível em: http://web.observatoriodasmetropoles.net/download/cm_artigos/cm7_29.pdf. Acesso em 15/05/2010.

GOMEZ MARTIN, M.B. Reflexión geográfica en torno al binomio clima-turismo. Boletin de la A.G.E. n. 40, p. 111-134, 2005.

GORINI, A. P. F; MENDES, E. F.; & CARVALHO, D. M. P. Áreas naturais protegidas: viabilização financeira, turismo e oportunidades na concessão de serviços. Rio de Janeiro: Banco Nacional de Desenvolvimento Econômico e Social (BNDES) Setorial, 2006. Setembro de 2006. nº 24.

GRAEFE, A.R.; KUSS, F.R.; & VASKE, J.J. Visitor impact management. The planning framework. Washington, D.C: National Parks and Conservation Association, 1990. Vol 2.

GRAHAM, John; AMOS, Bruce; & PLUMPTRE, Tim. *Governance principles for protected areas in the 21st century*. Durban: UICN, 2003. Disponível em: http://iog.ca/en/publications/governance-principles-protected-areas-21st-centur. Acesso em: 20/04/2010.

GUIMARÃES, Solange T. L. *Reflexões a respeito da paisagem vivida, topofília e topofobia à luz dos estudos sobre experiência, percepção e interpretação ambiental*. Florianópolis: Geosul, 2002. n. 33, v. 17.

HAUFF, Shirley Noely. Aplicação do espectro de oportunidades de recreação (Recreation Opportunity Spectrum – ROS) para unidades de conservação brasileiras. II Congresso Brasileiro de Unidades de Conservação. *Anais*. Campo Grande: Rede Nacional Pro Unidade de Conservação, Fundação O Boticário de Proteção a Natureza, 2000.

HINTZE, H.C. Ecoturismo na cultura de consumo: possibilidade de educação ambiental ou espetáculo? *Revista Brasileira de Ecoturismo*. São Paulo: 2009. v. 2, nº 1.

HOCKINGS, M., STOLTON, S., LEVERINGTON, F., DUDLEY, N. & COURRAU, J. *Evaluating effectiveness: a framework for assessing management effectiveness of protected areas*. 2nd edition. Gland, Switzerland, and Cambridge, UK: UICN, 2006. Disponível em: http://www.iucn.org/dbtw-wpd/edocs/PAG-014.pdf. Acesso em 20/04/2010.

IBAMA. *Gestão participativa em unidades de conservação: guia do conselheiro*. Rio de Janeiro, 2007. Disponível em: http://www.gestaoparticipativa.org.br/.../guia_conselheiro_nearj.pdf. Acesso em 06/04/2010.

IBASE. *Elaboração de plano de ação em unidades de conservação*. Rio de Janeiro: 2006. Disponível em: http://www.ibase.br/userimages/ap_ibase_pa_01c.pdf/. Acesso em 22/09/2010.

INGEGNOLI, Vittorio. *Fondamenti di ecologia del paesaggio: studio dei sistemi di ecossistemi*. Milano: CittàStudi, 1997.

INSTITUTO DE HOSPITALIDADE. Programa de Certificação em Turismo Sustentável. *Manual de Boas Práticas: implementação do Sistema de Gestão*. Salvador: Instituto de Hospitalidade, 2004a.

INSTITUTO DE HOSPITALIDADE. *Certificação em Turismo Sustentável*. Norma Nacional para Meios de Hospedagem. Requisitos para a sustentabilidade. NIH-54. São Paulo: Conselho Nacional da Biosfera da Mata Atlântica, 2004b.

IRVING, M. de A. Ecoturismo em áreas protegidas: um desafio no contexto brasileiro. *Espaço e Geografia*, 2000. v. 3, nº 1.

_____. A. Transformação da realidade e percepção do ecoturismo no Brasil: refletindo sobre as potencialidades e tendências. *Revista Territoris. Revista Del Departamento de Ciências de La Terra*. 2004. v. 04.

JANÉR, A. & VASCONCELOS, A. *Roteiro para elaboração de planos de negócios e estudos de viabilidade para terceirização de serviços de uso público em parques nacionais*. Brasília: Ibama, 2002.

_____. *Turismo e parques nacionais*. Ministério do Meio Ambiente/Serviço Social do Comércio, 2003.

_____. *Turismo sustentável: uma visão ambientalmente responsável, socialmente justa e economicamente viável*. IV Seminário Internacional de Turismo de Fronteiras. Cuiabá: 2007.

KANNI, Fernando Nogata. *Turismo sustentável – contribuições para um desenvolvimento socioambiental*. São Paulo: ECA-USP, 2002. Dissertação de Mestrado.

_____. Sustentabilidade e responsabilidade socioambiental nas empresas turísticas – a certificação ambiental no segmento de hospedagem. In: *Turismo – uma visão empresarial*. Barueri (SP): Manole, 2004.

KINKERR, Sônia. *Ecoturismo e conservação da natureza em parques nacionais.* Campinas (SP): Papirus Editora, 2002.

KRIPPENDORF, Jost. *Les devoreurs de paysages: le tourisme doit-il detruire les sites qui le font vivre?* Série Visages sans fronteires. Lausanne: 24 Heures, 1977.

LACOSTE, Yves. *A geografia - isso serve, em primeiro lugar, para fazer a guerra.* 4. ed. Campinas (SP): Papirus, 1985. Tradução de Maria Cecília França.

LEITE, Maria Ângela F. P. *Destruição ou desconstrução: questões da paisagem e tendências de regionalização.* São Paulo: Hucitec/Fapesp, 1994.

LINDBERG, Kreg & HAWKINS, Donald E. (ee.). *Ecoturismo: um guia para planejamento e gestão.* 2. ed. São Paulo: Senac, 1999.

LOUREIRO, C.B. et al. *Educação ambiental e gestão participativa em unidades de conservação.* 3. ed., revisada e ampliada. Rio de Janeiro: Ibase/Ibama, 2008. Disponível em: http://www.sustentabilidade.org.br/imagens/.../EA_GP_UC_NEARJ.pdf. Acesso em 25/03/2010.

_____. *Educação ambiental e conselho em unidades de conservação: aspectos teóricos e metodológicos.* Rio de Janeiro: Ibase/Instituto Terra Azul, 2007. Disponível em: http://www.ibase.br/userimages/liv_ibase_pnt.pdf. Acesso em 25/03/2010.

MACEDO, Heitor Schulz. *Movimentos sociais, participação e democracia.* Florianópolis: UFSC, 2007. Núcleo de Pesquisa em Movimentos Sociais (NPMS). Anais do II Seminário Nacional, 25 a 27 de abril. Disponível em: http://www.sociologia.ufsc.br/npms/programa_final.pdf. Acesso em: 17/05/2010.

_____. *Processos participativos na gestão de áreas protegidas: estudos de caso em unidades de conservação de uso sustentável da zona costeira do sul do Brasil.* Florianópolis: UFSC-Centro de Filosofia e Ciências Humanas, 2008. Tese de Mestrado. Disponível em: http://www.sociologia.ufsc.br/npms/heitor_schulz_macedo.pdf. Acesso em: 17/05/2010.

MACHADO, Álvaro. *Ecoturismo: um produto viável – a experiência do Rio Grande do Sul.* Rio de Janeiro: Senac Nacional, 2005.

MAGRO, Teresa Cristina. *Modelos de avaliação de impactos da visitação pública em UCs.* São Paulo: Fapesp, 2000.

MALDONADO, Wanda. T. P. de V. *Da mata para o mar: a construção da canoa caiçara em Ilhabela/SP.* São Paulo: Procam-Interunidades em Ciência Ambiental/USP, 2001. Dissertação de Mestrado.

MANIDIS Roberts Consultants. *Developing a tourism optimisation management model (TOMM), a model to monitor and manage tourism on Kangaroo Island.* Adelaide, Austrália: South Australian Tourism Commission, 1996.

MANOSSO, F. C. *Ecoturismo: alguns avanços importantes no Brasil.* Portal Ambiente Brasil. Disponível em http://www.ambientebrasil.com.br. Acesso em 30/11/2005.

MANUAL DE MONITORAMENTO E GESTÃO DOS IMPACTOS DA VISITAÇÃO EM UNIDADES DE CONSERVAÇÃO. Fundação para a Conservação e a Produção Florestal do Estado de São Paulo. Disponível em: http://www.fflorestal.sp.gov.br/publicacoes.php#221.

MARINCEK, Jota. Mercado de Ecoturismo. In: Braga, Debora Cordeiro (org.). *Agências de Viagens e Turismo – práticas de mercado.* Rio de Janeiro: Elsevier, 2008.

MASTERS, David, SCOTT, Peter & BARROW, Graham. *Sustainable visitor management system.* Scotland: 2002.

MAZZEI, K. *Uso público em unidades de conservação.* Entrevista concedida à Silvia Maria Bellato Nogueira. São Paulo: 05/11/2008.

MCCOOL, Stephen F. *Limits of acceptable change: a framework for managing national protected areas: experiences from the United States.* Trabalho apresentado no Workshop on Impact Management in Marine Parks. Kuala Lumpur, Malásia: 1996.

MCDOWELL, Linda. A transformação da geografia cultural. In: Gregory, Derek; Martin, Ron & Smith, Graham (orgs.). *Geografia humana: sociedade, espaço e ciência social.* Rio de Janeiro: Jorge Zahar, 1996. Tradução de Mylan Isaack.

MCKERCHER, Bob. *Turismo de natureza: planejamento e sustentabilidade.* São Paulo: Contexto, 2002.

MENDONÇA, F.; DANNI-OLIVEIRA, I.M. *Climatologia: noções básicas e climas do Brasil.* São Paulo: Oficina de Textos, 2007. 206 p.

MENDONÇA, Francisco. Geografia socioambiental. In: Mendonça, Francisco & Kozel, Salete (orgs.). *Elementos de epistemologia da geografia contemporânea.* Curitiba: Ed. da UFPR, 2002. Revisão de texto de Maria José Naime.

MERLO, Márcia. 2000. *Memória de Ilhabela: faces ocultas, vozes no ar.* São Paulo: Educ/Fapesp, 2000.

MINISTÉRIO DO TURISMO. *Programa de Regionalização do Turismo – Roteiros do Brasil: diretrizes políticas.* Brasília: Ministério do Turismo/SNPT, 2004.

_____. *Plano Nacional de Turismo 2007-2010.* Brasília: Ministério do Turismo/SNPT, 2007.

MINISTRY OF FORESTS. *Recreation opportunity spectrum inventory: procedures and standards manual.* Columbia, Canadá: Resources Inventory Committee, 1998.

MOLINA E., Sergio. *Turismo e ecologia.* Bauru (SP): Editora da Universidade do Sagrado Coração, 2001. Tradução de Josely Vianna Baptista.

MONTEIRO, C.H.B., NETO, A.O.F., AULICINO, A.L. & PETRONI, L.M. *Gestão participativa na formulação de estratégias e políticas com desenvolvimento sustentável das unidades de conservação do Instituto Florestal.* IX Encontro Nacional sobre Gestão Empresarial e Meio Ambiente (Engema), Curitiba, 19 a 21 de novembro de 2007. Disponível em: http://engema.up.edu.br/arquivos/engema/pdf/PAP0180.pdf. Acesso em: 17/05/2010.

MONTEIRO, Carlos Augusto de F. *Geossistemas: a história de uma procura*. São Paulo: Contexto, 2000.

_____. *A questão ambiental no Brasil: 1960-1980*. Série Teses e Monografias nº 57. São Paulo: Igeog-USP, 1980.

MORAES, Antonio Carlos R. *Meio ambiente e ciências humanas*. São Paulo: Hucitec, 1997

MORAES, Werter Valentim de. *Ecoturismo: um bom negócio com a natureza*. Viçosa: UFV, 2000.

MOURÃO, R. M. F. (org.). *Manual de melhores práticas para o ecoturismo*. Rio de Janeiro: Funbio/Instituto Ecobrasil, Programa MPE, 2004.

MURTA, S. & GOODEY, B. *A interpretação do patrimônio para o turismo sustentável: um guia*. Belo Horizonte: Sebrae, 1995.

MYANAKI, Jacqueline. *Geografia e arte no ensino fundamental: reflexões teóricas e procedimentos metodológicos para uma leitura da paisagem geográfica e da pintura abstrata*. São Paulo: Depto. de Geografia, Faculdade de Filosofia, Letras e Ciências Humanas/USP, 2008. Tese de Doutorado.

NATIONAL PARK SERVICES. *The Visitor Experience and Resource Protection (VERP) framework: a handbook for planners and managers*. U.S.A.: U.S. Department of the Interior.

OLIVEIRA, João Bosco Biase de. *Ecoturismo e Desenvolvimento Sustentável*. Publicado em 2007. Disponível em: em http://www.universoambiental.com.br/novo/artigos_ler.php?canal=9&canallocal=14&canalsub2=40&id=165. Acesso em 20/09/2009

OMT. *Iniciativas voluntárias para o turismo sustentável*. Departamento de Desenvolvimento do Turismo Sustentável. São Paulo: Roca-OMT, 2004.

PADOVAN, M. da P. *Certificação de unidades de conservação*. São Paulo: Conselho Nacional da Reserva da Biosfera da Mata Atlântica, 2003.

PAGANI, M. I. (org.). As trilhas interpretativas da natureza e o ecoturismo. In: Lemos, Amália Inês G. de. *Impactos socioambientais*. São Paulo: Hucitec, 1996.

PAIVA, S. M. C. *Os programas governamentais para o desenvolvimento do turismo, incluindo o turismo ecológico*. Estudo nº 50 de 2001. Disponível em: http://www.senado.gov.br/conleg/artigos/economicas.

PASSOS, Messias Modesto dos. *Biogeografia e paisagem*. 2. ed. Maringá: s. n., 2003.

PERUSSI, Regina Ferraz. *Agências de viagens e turismo – práticas de mercado*. Rio de Janeiro: Elsevier, 2008.

_____ ; & TELES, Reinaldo Miranda de Sá. A importância da comunicação para a consolidação da Imagem do Produto Turístico São Paulo. In: *Communicare*. São Paulo: Faculdade Cásper Líbero, 2007. Vol. 7, nº 2.

PHILLIPS, Adrian. *Management Guide lines for IUCN category V protected areas: protected landscapes/seascapes*. Gland, Switzerland, and Cambridge, UK: IUCN. Disponível em: http://data.iucn.org/dbtw-wpd/edocs/PAG-009.pdf. Acesso em 20/04/2010.

PINTO, L. P. Unidades de Conservação. *Revista Divers*, Minas Gerais: julho de 2008. Ano VII, nº 14.

PIRES, P. de T. de L. *Alternativas jurídicas para o uso sustentável das unidades de conservação no Bioma Florestal com Araucária no Estado do Paraná*. Curitiba: Universidade Federal do Paraná (UFPR), 2003. Tese de Doutorado.

PORTAL da Fundação Florestal. Disponível em: http://www.fflorestal.sp.gov.br. Acesso em 06/04/2010.

PORTAL da Secretaria do Meio Ambiente. Disponível em: http://www.ambiente.sp.gov.br. Acesso em 06/04/2010.

POTENCIANO e Silva, C.; SALDANHA, E. G.; SILVA, L. M. da; NUNES, T. A. E. *A prática do ecoturismo em parques nacionais: o caso do Parque Nacional da Chapada dos Veadeiros (GO)*. Ecoterra. Disponível em http://www.ecoterrabrasil.com.br. 2004.

PROCHNOW, W. E. & VASCONCELOS, E. C. de. *O estado-da-arte das ações para certificação em ecoturismo*. Caderno Virtual de Turismo, 2008. vol. 8, n° 3.

QUEIROZ, Odaléia Telles M. M. Turismo paisagístico. In: Panosso Netto, Alexandre & Ansarah, Marília (edits.) *Segmentação do mercado turístico: estudos, produtos e perspectivas*. Barueri (SP): Manole, 2009.

QUEIROZ, O.T. Turismo e ambiente: temas emergentes. Campinas/ SP: Editora Alínea, 2006. 199 p.

RAIMUNDO, Sidnei. *Nos bananais de Ubatuba (SP): dilemas e desafios para a gestão das unidades de conservação de proteção integral com comunidades tradicionais residentes*. São Paulo: Depto. de Geografia-FFLCH-USP, 2001. Dissertação de Mestrado.

_____. *As ondas do Litoral Norte (SP): difusão espacial das práticas caiçaras e do veraneio no núcleo Picinguaba do Parque Estadual da Serra do Mar (1966-2001)*. Campinas (SP): Instituto de Geociências-Unicamp, 2007. Tese de Doutorado.

_____. Análise integrada dos fatores naturais no extremo norte do litoral paulista como ferramenta para o planejamento ambiental da área. Geografia. Ensino & Pesquisa, 2008. v. 2.

RAIMUNDO, S; STIGLIANO, B. V.; CÉSAR, P. de A. B.; & NUCCI, J. C. Planejamento do ecoturismo em áreas protegidas. Módulo III: planejamento do ecoturismo em áreas protegidas. In: Almeida, Regina Araújo; Leite, Édson; Malcher, Maria Ataíde. (orgs.). *Ecoturismo: livro do professor e do aluno*. Brasília: Ministério do Turismo/AVT/IAP, 2007. v. 4.

RISSER, P. G. Toward a holistic managemnent perspective. *BioScience*, n. 7, vol. 35, 1985.

ROCKTAESCHEL, B. M. *Marco conceituais e diretrizes para terceirizações administrativas em unidades de conservação*. Brasil: Ibama, março de 1999.

RODRIGUES, Geraldo Stachetti. Gestão Ambiental de Atividades rurais: estudo de caso em agroturismo e agricultura orgânica. *Revista eletrônica*. 2005.

RODRIGUES, Carla. *Turismo de natureza - o desporto de natureza e a emergência de novos conceitos de lazer*. Lisboa: ICN, 2002. Disponível em: http://www.geografia.uminho.pt/uploads/carla.doc.

RODRIGUES, Carmem L. Na safra do Turismo. In: Adyr A. B. Rodrigues. (org.). *Ecoturismo no Brasil: possibilidades e limites*. São Paulo: Contexto, 2003. v. 1

_____. Conflitos territoriais e gestão participativa. In: Rojas J.R. (org.). *Dez experiências de cogestión entre municipalidades, áreas protegidas y sociedad civil em América Latina*. Granada: UIM, 2002. v. 1.

RODRIGUEZ, José Manuel Mateo; da Silva, Edson; Cavalcanti, Agostinho. *Geoecologia das paisagens: uma visão geossistêmica da análise ambiental*, 2. ed. Fortaleza: Edições UFC, 2007.

ROMÃO, M. Apostila de Meteorologia para o Ecoturismo. 2005. 22 p.

ROSS, Jurandyr Luciano Sanches. *Ecogeografia do Brasil: subsídios para planejamento ambiental*. São Paulo: Oficina de Textos, 2006.

RUSCHMANN, Doris van de Meene. *Turismo e planejamento sustentável: a proteção do meio ambiente*. 5. ed. Campinas (SP): Papirus Editora, 1997.

RYLANDS, A. B. & BRANDON, K. Unidades de conservação. *Revista Megadiversidade*, julho de 2005. Volume 1, nº 1.

SAALISMAA, Nina. *Local people and protected areas: a case study from Miraflor, Nicarágua*. Finland: University of Helsinki, 2000. Master's Thesis. Disponível em: www.doria.fi/bitstream/handle/10024/3131/localpeo.pdf?...2. Acesso em: 14/03/2010.

SALVATI, S. S. O perfil do ecoturista. Ecosfera. Disponível em: http://ecosfera.sites.uol.com.br. 2001.

_____. Turismo responsável como instrumento de desenvolvimento e conservação da natureza. In: *Diálogo entre a esfera global e local: contribuições de organizações não governamentais e movimentos sociais brasileiros para a sustentabilidade, equidade e democracia planetária*. Rubens Born [org.]. São Paulo: Peirópolis, 2002.

_____. A certificação e as dimensões da sustentabilidade e da qualidade dos produtos e serviços em ecoturismo. In: Neiman, Zysman & Mendonça, Rita. *Ecoturismo no Brasil*. Barueri (SP): Manole, 2005.

SANTOS, A. L. & CAMPELO, M. S. *Os impactos causados pelo turismo na Vila de Conceição de Ibitipoca (MG)*. IV Encontro Nacional da Anppas. Brasília: 4, 5 e 6 de junho de 2008.

SANTOS, A. C., LOPES, L. F., GRAÇA, R. M., ALBERTO, S. G. & NUNES, T. C. *Gestão participativa: uma alternativa viável para o século XXI*. Curitiba: XXII Encontro Nacional de Engenharia de Produção, 23 a 25 de outubro de 2002. Disponível em: http://www.abepro.org.br/biblioteca/ENEGEP2002_TR15_0343.pdf. Acesso em: 17/05/2010.

SANTOS, Milton. *A natureza do espaço: técnica e tempo razão e emoção*. São Paulo: Hucitec, 1996.

SÃO PAULO. *Avaliação de desempenho econômico-financeiro das unidades dos parques estaduais do Vale do Ribeira e Litoral Norte. Relatório final*. São Paulo: Secretaria do Meio Ambiente do Estado. Programa de Desenvolvimento do Ecoturismo na Região da Mata Atlântica, FGV Consulting, 2005.

_____. *Projeto de desenvolvimento do ecoturismo na região da Mata Atlântica. Informe ambiental*. Documento revisado pela Unidade de Coordenação do Projeto de Desenvolvimento do Ecoturismo na Região na Região da Mata Atlântica no Estado de São Paulo. São Paulo: Secretaria de Estado do Meio Ambiente, 2008.

_____. *Resolução SMA nº 59*. Secretaria de Estado do Meio Ambiente. 27/08/2008.

_____. *Plano de Manejo do Parque Estadual da Campina do Encantado*. São Paulo: Secretaria de Estado do Meio Ambiente. Fundação Florestal, 2009.

_____. *Plano de Manejo do Parque Estadual da Serra Do Mar - Relatório Turismo Sustentável Módulo - Uso Público*. Créditos técnicos: Milton Dines, André Mascaro Peres, Francisco de Assis Honda. Consultoria independente do Projeto de Preservação da Mata Atlântica (PPMA) e pelo Instituto Ekos Brasil. 2006.

SCHERL, L. M. (org.). *As áreas protegidas podem contribuir para a redução da pobreza? Oportunidades e limitações*. Gland, Suíça, e Cambridge, Reino Unido: IUCN, 2006.

SEABRA, Lilia. Por um turismo do cuidado – discussões acerca dos estudos de capacidade de suporte ecoturístico. IV Encontro Nacional de Turismo com Base Local. *Anais*. Joinville. 2000.

_____. Monitoramento participativo do turismo desejável: uma proposta metodológica preliminar. In: Marinho, Alcyane e Bruhns, Heloísa Turini. *Turismo, lazer e natureza*. Barueri (SP): Manole, 2003.

SERRANO, Célia Maria de Toledo. O "produto" ecoturístico. In: Turismo. Como aprender, como ensinar. Marília Gomes dos Reis Ansarah (org.). 3. ed. São Paulo: Senac, 2004. vol. 2.

SILVA, Charlei A. da. *Análise sistêmica, turismo de natureza e planejamento ambiental de Brotas: proposta e metodológica*. Campinas (SP): Instituto de Geociências-Unicamp, 2006. Tese de Doutorado.

_____. Geografia, turismo e análise sistêmica. In: Vitte, Antônio Carlos (org.). *Contribuições à história e epistemologia da geografia*. Rio de Janeiro: Bertrand Brasil, 2007.

SILVESTRE, T. Programa busca fomentar ecoturismo em unidades de conservação. *Revista Meio Ambiente*. Disponível em http://www.revistameioambiente.com.br. Publicado em 14/09/2008.

SORRE, M. (1934) Traité de climatologie biologique et médicale. Paris: Piery Masson et Cie Éditeurs. p.1-9.

SOTCHAVA, Viktor B. *Por uma teoria da classificação dos geossistemas de vida terrestre*. São Paulo: Igeog-USP, 1978. n. 14 (comunicação apresentada na Reunião do Setor de Problemas Físico-Geográficos Complexos em 09/02/1972).

SPINOLA, C. de A. O ecoturismo, o desenvolvimento local e a conservação da natureza em espaços naturais protegidos: objetivos conflitantes? *Revista de Desenvolvimento Econômico*. Salvador: janeiro de 2006. Ano VIII, nº 13.

SWARBROOKE, John. *Turismo sustentável: conceitos e impacto ambiental*. São Paulo: Aleph, 2000a.Vol 1. Tradução Margarete Dias Pulido.

_____. *Turismo sustentável – turismo cultural, ecoturismo e ética*. São Paulo: Aleph, 2000.

TAKAHASHI, L. Y. *Uso público em unidades de conservação. Cadernos de Conservação*. Paraná: Fundação O Boticário de Proteção à Natureza, outubro de 2004. Ano 2.

_____. Monitoramento de indicadores de impactos nas trilhas e percepção dos visitantes em unidades de conservação. In: I Congresso Nacional de Planejamento e Manejo de Trilhas, 2006, Rio de Janeiro. Anais... Rio de Janeiro, 2006. CD-ROM.

_____. Limite Aceitável de Câmbio (LAC): manejando e monitorando visitantes. Congresso Brasileiro de Unidades de Conservação. *Anais*. Curitiba: IAP/Unilivre, Rede Nacional Pro Unidade de Conservação, 1997.

TAVARES, Adriana de Menezes. *City tour*. São Paulo: Aleph, 2002.

TELES, Reinaldo Miranda de Sá. *Fundamentos geográficos do turismo*. Rio de Janeiro: Campus/Elsevier, 2009.

_____. Implantação de polos turísticos: reflexões sobre essa categoria – litoral pernambucano no Brasil e outros casos. In: *A USP e a invenção da propaganda – 40 anos depois*. AQUINO, Victor (org). São Paulo: Fundac, 2010.

TULIK, Olga. Turismo e desenvolvimento no espaço rural: abordagens conceituais e tipologias. Ver livro.

_____. *Turismo rural*. Coleção ABC. São Paulo: Aleph, 2003.

UNIVERSIDADE ANHEMBI MORUMBI (UAM). *Subsídios à formulação da Política Nacional de Turismo* (Carta de Turismo Anhembi Morumbi). São Paulo: 2002.

VERA, J. F.; PALOMEQUE, F. L.; MARCHENA, M. J.; & ANTON, S. (1997). *Análisis territorial del turismo*. Barcelona: Ariel Geografía, 1997.

YÁZIGI, Eduardo Abdo. *A alma do lugar*: turismo, planejamento e cotidiano em litorais e montanhas. São Paulo: Contexto, 2001.

WADDINGTON, H. *Turismo sustentável no Brasil*. Eco 21, agosto de 2004. Ano XIV, nº 93.

WEARING, Stephen e NEIL, John. *Ecoturismo: impactos, potencialidades e possibilidades*. Barueri (SP): Manole, 2001. Tradução de Carlos David Szlak.

WWF-Brasil. *Certificação do turismo: lições mundiais e recomendações ao Brasil*. Brasília: 2001. Vol. 9.

_____. *Turismo responsável: Manual para Políticas Públicas*. Sergio Salazar (org.). Brasília: Salvati, 2004.

_____. *Certificação em turismo – lições mundiais e recomendações para o Brasil*. Programa de Turismo e Meio Ambiente. Brasília: WWF-Brasil, 2001.

WUNDRAM, Manfred. *Renascimento*. Madrid: Taschen, 2007.

ZAMPARONI, C. A. G. P. Turismo, (re) organização do espaço e alterações climáticas locais: o exemplo de Chapada dos Guimarães. In: Anais do XI Simpósio Brasileiro de Geografia Física Aplicada. São Paulo/SP: EDUSP, 2005. CD ROM. v. 1. p. 4000-4008.

Acreditamos que sua resposta nos ajuda a aperfeiçoar continuamente nosso trabalho para atendê-lo(la) melhor e aos outros leitores.
Por favor, preencha o formulário abaixo e envie pelos correios ou acesse www.elsevier.com.br/cartaoresposta. Agradecemos sua colaboração.

Seu nome: _____

Sexo: ☐ Feminino ☐ Masculino   CPF: _____

Endereço: _____

E-mail: _____

Curso ou Profissão: _____

Ano/Período em que estuda: _____

Livro adquirido e autor: _____

Como conheceu o livro?
☐ Mala direta   ☐ E-mail da Campus/Elsevier
☐ Recomendação de amigo   ☐ Anúncio (onde?) _____
☐ Recomendação de professor
☐ Site (qual?) _____   ☐ Resenha em jornal, revista ou blog
☐ Evento (qual?) _____   ☐ Outros (quais?) _____

Onde costuma comprar livros?
☐ Internet. Quais sites? _____
☐ Livrarias ☐ Feiras e eventos ☐ Mala direta

☐ Quero receber informações e ofertas especiais sobre livros da Campus/Elsevier e Parceiros.

Siga-nos no twitter @CampusElsevier

Cartão Resposta
05012048-7/2003-DR/RJ
Elsevier Editora Ltda
CORREIOS

ELSEVIER

SAC | 0800 026 53 40
ELSEVIER | sac@elsevier.com.br

CARTÃO RESPOSTA
Não é necessário selar

O SELO SERÁ PAGO POR
Elsevier Editora Ltda

20299-999 - Rio de Janeiro - RJ

Qual(is) o(s) conteúdo(s) de seu interesse?

Concursos
- [ ] Administração Pública e Orçamento
- [ ] Arquivologia
- [ ] Atualidades
- [ ] Ciências Exatas
- [ ] Contabilidade
- [ ] Direito e Legislação
- [ ] Economia
- [ ] Educação Física
- [ ] Engenharia
- [ ] Física
- [ ] Gestão de Pessoas
- [ ] Informática
- [ ] Língua Portuguesa
- [ ] Línguas Estrangeiras
- [ ] Saúde
- [ ] Sistema Financeiro e Bancário
- [ ] Técnicas de Estudo e Motivação
- [ ] Todas as Áreas
- [ ] Outros (quais?): _____

Educação & Referência
- [ ] Comportamento
- [ ] Desenvolvimento Sustentável
- [ ] Dicionários e Enciclopédias
- [ ] Divulgação Científica
- [ ] Educação Familiar
- [ ] Finanças Pessoais
- [ ] Idiomas
- [ ] Interesse Geral
- [ ] Motivação
- [ ] Qualidade de Vida
- [ ] Sociedade e Política

Jurídicos
- [ ] Direito e Processo do Trabalho/Previdenciário
- [ ] Direito Processual Civil
- [ ] Direito e Processo Penal
- [ ] Direito Administrativo
- [ ] Direito Constitucional
- [ ] Direito Civil
- [ ] Direito Empresarial
- [ ] Direito Econômico e Concorrencial
- [ ] Direito do Consumidor
- [ ] Linguagem Jurídica/Argumentação/Monografia
- [ ] Direito Ambiental
- [ ] Filosofia e Teoria do Direito/Ética
- [ ] Direito Internacional
- [ ] História e Introdução ao Direito
- [ ] Sociologia Jurídica
- [ ] Todas as Áreas

Media Technology
- [ ] Animação e Computação Gráfica
- [ ] Áudio
- [ ] Filme e Vídeo
- [ ] Fotografia
- [ ] Jogos
- [ ] Multimídia e Web

Negócios
- [ ] Administração/Gestão Empresarial
- [ ] Biografias
- [ ] Carreira e Liderança Empresariais
- [ ] E-business
- [ ] Estratégia
- [ ] Light Business
- [ ] Marketing/Vendas
- [ ] RH/Gestão de Pessoas
- [ ] Tecnologia

Universitários
- [ ] Administração
- [ ] Ciências Políticas
- [ ] Computação
- [ ] Comunicação
- [ ] Economia
- [ ] Engenharia
- [ ] Estatística
- [ ] Finanças
- [ ] Física
- [ ] História
- [ ] Psicologia
- [ ] Relações Internacionais
- [ ] Turismo

Áreas da Saúde
- [ ]

Outras áreas (quais?): _____

Tem algum comentário sobre este livro que deseja compartilhar conosco?

_____

_____

Atenção:
- As informações que você está fornecendo serão usadas apenas pela Campus/Elsevier e não serão vendidas, alugadas ou distribuídas por terceiros sem permissão preliminar.